U0934250

北京外国语大学欧洲语言文化学院／主办

CHINESE JOURNAL OF EUROPEAN LANGUAGES AND CULTURES

2019年第1辑／总第9辑
VOLUME

主　编／赵　刚
副主编／林温霜　董希骁

社会科学文献出版社
SOCIAL SCIENCES ACADEMIC PRESS (CHINA)

本集刊的出版，受到北京市重点学科共建项目资助。

《欧洲语言文化研究》
编辑委员会

〔意大利〕Federico Masini（费德里科·马西尼）
〔波兰〕Józef Włodarski（约瑟夫·弗沃达尔斯基）
〔罗马尼亚〕Luminița Bălan（白罗米）
〔塞尔维亚〕Radosav Pušić（拉多萨夫·普西奇）
〔斯洛文尼亚〕Danilo Türk（达尼洛·图尔克）
〔瑞典〕Peter Sivam（席沛德）
〔美国〕Maria Todorova（玛莉亚·托多洛娃）

主　　编　赵　刚

副 主 编　林温霜　董希骁

英文编审　李长栓

编　　辑　庞海丽

目 录

聚焦欧洲社会

中国与欧洲

译介传播

Contents

European Literature

European Society

China and Europe

Communication through Translation

卷首语

有人说，这是一个充满不确定性的时代。的确，在人类社会即将迈入二十一世纪的第三个十年之际，通信技术、人工智能、基因工程、新能源、新材料，一个个技术领域的全新突破，让人们在欣喜之余不得不生出诸多担忧与畏惧，或事关个人隐私，或事关就业替代，或事关生命规律，或事关气候变化。当然，凡此种种，都可以一言以蔽之，曰"成长的烦恼"。

然而另外一些忧惧，则未必能以"人类发展进步的副产品"这一标签搪塞过去，而更应归咎于人类天性中某些固有的弱点，诸如健忘和排他。但凡熟悉人类历史的人，从当今世界的种种乱象中不难找到过去的影子，尽管其中不少尚未远去。德国总理默克尔在 2018 年 12 月 31 日的新年电视讲话中警告称，两次世界大战的教训正在被人们遗忘，国际合作精神面临越来越大的压力。这句话从德国总理的口中说出，听来令人倍感沉重。

至少从目前天文学的发展程度来看，人类仍是宇宙中的孤旅，人类的发展和未来，绝无他人的经验可循。人类唯一的老师是人类自己，是人类曾经走过的每一个或坚定，或蹒跚的足迹。而每个民族的文化，就是这个民族的步履，而语言则是标记这些步履的符号。每个民族，在或长或短的发展历程中，都创造出属于自己的独特文化，其中记载着这个民族的全部智慧和所有经验。而这些民族的语言，则是解读其文化的最佳钥匙。

在中国大力提倡构建人类命运共同体的今天，构建人类文化共同体应是题中应有之义。每个民族创造的文化，都是人类文化的共同组成部分，都应倍加珍惜。世界各民族若能相互欣赏，取长补短，亦即费孝通先生所言"各美其美，美人之美，美美与共，天下大同"，则当今时代的种种忧惧，或可有所减少或避免，人类也才会有光明的未来。

由北京外国语大学欧洲语言文化学院主办的《欧洲语言文化研究》学术集刊，就是秉承"美美与共，天下大同"的信念，将视角聚焦于欧洲众多的中小国家，关注他们在人类文明史上曾经或正在留下的足迹，将之呈现于中国读者面前，或引之为经验，或戒之为教训，为中国与欧洲全方位、多角度、深层次的交流互信，贡献自己的一点绵薄之力。

北京外国语大学欧洲语言文化学院是中国开展欧洲非通用语人才培养的重要基地，是中国开展欧洲非通用语国家全方位研究的重要平台，也是中国与欧洲非通用语国家人文交流的重要窗口。在65年的办学历程中，一代代教师甘为人梯、砥砺奋进，为新中国培养了数以千计的优秀外语人才，为新中国的建设，为改革开放事业，为中欧交流与合作，做出了自己突出的贡献。今天的欧洲语言文化学院开设25个欧洲非通用语种本科专业，能够培养本科、硕士、博士等不同层次的外语人才。2001年，学院被教育部列为首批“国家外语非通用语种本科人才培养基地”，2007年经教育部、财政部批准进入第一批“高等学校特色专业建设点”，2008年入选“北京市高等学校特色专业建设点”。2010年以欧洲语言文化学院为主体的北外欧洲语言文学二级学科入选北京市重点学科。从2011年开始，依托欧语学院建立的中东欧研究中心等13个国别和区域研究中心，先后入选教育部国别和区域研究基地和备案中心。

欧洲语言文化学院有着悠久的办刊传统。早在改革开放之初，就顺应时代需要，创办《东欧》杂志，集中开展对原东欧社会主义国家的全方位研究。2004年，学院又创办《欧洲语言文化研究》学术集刊，成为国内唯一一个面向欧洲非通用语学界的学术园地。

近年来，随着国内欧洲非通用语教育事业的蓬勃发展，教学科研力量的日益壮大，建设好《欧洲语言文化研究》这一欧洲非通用语界自己的学术园地，成为各方的热切期待。为此，我们对《欧洲语言文化研究》学术集刊进行了又一次改版，以满足学术界和广大读者的期望。改版后的《欧洲语言文化研究》将继续秉持“追求学术、倡导创新、突出特色、扶掖后人”的办刊方针，依托北京外国语大学多语种、多学科的综合优势，凝聚国内外学术力量，聚焦欧洲非通用语国家的基础性研究，关注当今欧洲人文社会科学的学术前沿，努力促进中欧之间的文化交流。

本次改版，我们组成了新一届编委会，聘请国内外相关领域的知名专家参与集刊的建设工作；出版频次由过去的不定期出版改为每半年出版一期；在保持原有一些优秀栏目的基础上，也将新设“名家谈欧洲”等全新栏目，进一步提升刊物的知识性、专业性和学术性。我们相信，在“一带一路”建设不断推进，中欧关系迅速发展的大背景下，在全国欧洲非通用语学术界的共同呵护下，在广大读者的鼎力支持与帮助下，《欧洲语言文化研究》这一个聚焦欧洲非通用语国家语言文化的学术园地，必将不断为中国与欧洲的人文交流事业，做出自己独特的贡献。

赵　刚

2019 年 1 月 22 日

名家谈欧洲

Insights on Europe

阿尔巴尼亚总统伊利尔·梅塔访谈录

柯　静*

柯： 总统先生，首先请允许我祝贺您当选总统！我们给您准备了一个小礼物——一件T恤衫，上面写着“尊敬的伊利尔·梅塔总统先生，祝愿阿尔巴尼亚在您的引领下，更加团结一心、繁荣昌盛、兼容并蓄，中阿关系向前推进！——北外阿尔巴尼亚语教研室敬赠”，希望您喜欢。

您曾于1999~2002年期间担任总理，之后担任过四年议长，如今是阿尔巴尼亚总统。您是唯一一位担任过国家最重要的三个职位的人，对吧？非常感激您拨冗会见并接受采访。

问题1：

在您担任总理期间，阿尔巴尼亚开启与欧盟签署《稳定与联系协议》的谈判，这是加入欧盟必不可少的一步。2010年，经过不断努力，您成功实现阿尔巴尼亚公民在申根国的自由流动。从您创立的党派名称可以看出，您致力于阿尔巴尼亚与欧盟的一体化。您如何看待这些年阿尔巴尼亚与欧盟的一体化进程？您对一体化进程满意吗？一体化对阿尔巴尼亚有哪些积极和消极影响？

答： 首先感谢您对这个问题的关注，以及用这个问题作为我们访谈的开

---

* 柯静，博士，北京外国语大学国际交流与合作处处长，欧洲语言文化学院教授，主要从事阿尔巴尼亚语言文学、巴尔干区域等领域的研究。

头。这表明不仅仅是阿尔巴尼亚人，还有外国人及他们的朋友对该进程重要性的了解。

对阿尔巴尼亚来说，加入欧盟是最大的战略规划。整个阿尔巴尼亚社会，所有的国家机构都积极参与其中，以实现这个目标。

我们明白这是个漫长且艰巨的过程，与社会结构的深度改革紧密相关，但是我们坚定前行，因为这不仅能使阿尔巴尼亚达到欧盟成员国的水平，也可以保证阿尔巴尼亚经济长期稳定发展。

至于我对目前进程是否满意，这肯定不是三言两语就可以解释清楚的。不是所有事情都掌握在我们手里，我个人认为，由于各种不同的主客观原因，包括与地理环境、经济传承、政治成熟度等有关的原因，这个进程的长度超出了我们在 1996~2003 年的预期。正如跳探戈舞，需要一对舞伴互相配合，在这个一体化过程中，阿尔巴尼亚是其中一方，欧盟是另一方。

不过无论怎样，需要特别强调的是，该进程在以不可逆转的方式推进。我们坚信，终有一天我们会成为欧盟成员国。目前，我们正以欧盟候选国的身份等待开启与欧盟的入盟谈判，这是个重要阶段，也需要大量的精力和特别的投入。

问题 2：

在 2010 年，您获得“对外政策最正向人物”国际奖，由克罗地亚时任总统斯捷潘·梅西奇向您颁发该奖。我相信，您加强区域一体化的理念和建设性想法是您获得这一奖项的重要因素。您对巴尔干的区域一体化，特别是西巴尔干地区的合作有什么样的预期？这个进程中哪些因素至关重要？同时，阿尔巴尼亚国内的融合团结想必也是您政治纲领的一部分，尤其是您现在担任了总统一职。您在这一方面的目标是什么？

答：我们看到，欧洲一体化进程总是与区域合作密切相关，这一方面，我们可以很自豪地说，我们为维护区域和平与安全，改善合作环境和促进巴尔干国家间相互理解做出了特殊的贡献。

区域内国家间健康的合作关系和不断增长的相互理解，对于建立新型关系及保证地区长期和平稳定是不可或缺的。同样，欧洲一体化对整个地区至关重要，因为通过该区域各自国家的改革，通过实施各种欧盟项目，该地区及其人民不仅能更好地在基础设施和能源方面互联互通，还将在人文交流方面有助于逐步打破过去的偏见和刻板印象。

我强调过，欧洲是这一问题的最好解药，加入欧洲让我们有了合作和联系的可能。在前南瓦解的武装冲突之后，由于欧盟的介入和美国的支持，塞尔维亚和科索沃之间开始进行严肃认真的对话。如今，区域内各国都积极参与所有倡议和区域组织，这是十年前不敢想象的。不可能再倒退到民族主义和过去的冲突中，这一点非常重要。

我个人在这个方面参与并承担了很多工作，现在作为国家元首，我会继续努力，为加强该区域各国间的合作做出我的贡献。

问题 3：

您除了是一名出色的政治家，还参与了一项为阿尔巴尼亚在国际赛场上夺得最多奖牌的运动。对于许多人来说，举重是一件单调的事情，但是这项运动一定有它自己的魅力。我们知道索古一世就曾对举重有很大的热忱，您能告诉我们为什么选择了这项运动，它有哪些益处吗？

答：除了其他事情之外，人们参加体育运动也是非常重要的，特别对年轻人来说很关键，因为只有运动和体育训练才能帮助他们成长并在生活中找到平衡。

举重是我最喜爱的一项运动，但并不是唯一的。在一次次尝试挑战极限时，举重带给我力量和信心。我认为这项运动帮助我在生活中、在政治上更为谨慎和理性。特别是在政治领域，因为肩负对民众和合作伙伴的责任，需要懂得评估各种可能，在合适的时间采取合适的行动、做出合适的决定，这至关重要。

问题 4：

您能谈一谈您的家庭吗？我们知道，您的妻子，同时也是您的战友，同样是一位很成功的政治家。您有三个孩子，博拉（Bora）、埃拉（Era）和贝萨里（Besari）。我们是否可以认为你们是一对很浪漫的夫妇，喜欢白色的雪（Bora）和怡人的风（Era），同时也非常重视保留阿尔巴尼亚的传统美德“信义”（Besa）？《谁带回了杜伦迪娜》一书的主题就是信义，即阿尔巴尼亚民族的精神核心。请问当今社会中信义的价值何在？它在阿尔巴尼亚民族事务中扮演什么样的角色？

答： 谢谢您的提问和对我家庭的关注。

作为一个懂阿尔巴尼亚语的人，您完美解读了我孩子名字的含义以及我与妻子莫妮卡的关系。我和莫妮卡来自阿尔巴尼亚两个最高大的山区，那儿有清新的空气、强劲的风和洁白的雪，或许这在潜意识中影响了我们给孩子取名博拉（Bora：雪）和埃拉（Era：风）。至于男孩的名字，贝萨里，显然与信义这一行为准则有关，是信义与黄金的象征意义的结合（Besar = Besa+Ar），也就是说，可以解读为"金子般的信义"。

信义作为几个世纪以来重要的道德准则，逐渐演变成一种社会制度，成为阿尔巴尼亚社会的根基。该准则的作用也延伸到阿尔巴尼亚与邻国或外国的关系上，尤其是在二战期间，这一准则使数百名犹太人从纳粹的屠杀中得到拯救。中世纪以来的传说、歌谣和故事传承了该道德规范，阿尔巴尼亚社会注重发扬和保护该民族精神，使其代代相传。

问题5：

我本人在普里什蒂纳完成了阿尔巴尼亚语言文学本科学业。回到北京后，我被称为"科索沃人"。我喜欢这个称呼，并且热爱科索沃，热爱我在科索沃的老师和朋友。我最近一次去科索沃是在2011年，科索沃的情况让我心疼。我看不到经济活力，许多人没有工作。您认为是哪些原因阻碍了科索沃的发展？目前阿尔巴尼亚发展较好，您怎样看科索沃的未来？

答： 科索沃是所有区域倡议中积极的一员，渴望尽快成为联合国以及其他国际组织的会员。目前，已有115个联合国成员国承认科索沃"独立"，我相信这一趋势将在今后的日子里持续下去。

正如我前面所提到的，在欧盟和美国的调解下，科索沃正与塞尔维亚进行严肃而艰难的谈判。我们一贯支持并将继续大力支持这一谈判进程，并且欢迎双方迄今达成的协议，因为我们相信这些协议为双方人民间的和解与合作创造了氛围。双方特别是塞尔维亚方面须认真执行这些协议并恢复谈判，以达到更高的合作水平。

当然，科索沃仍面临许多困难和障碍，主要障碍在于科索沃人没有免签进入申根区国家的权利。

科索沃拥有欧洲最年轻的人口，我相信科索沃会有很好的未来。

问题 6：

除语言之外，共同的历史和文化也是一个民族必要的因素。对阿尔巴尼亚民族来说，斯坎德培是民族统一的历史人物。会说阿尔巴尼亚语的人一定知道斯坎德培。但是最近十年，出现了许多关于阿尔巴尼亚民族认同的争论，其中也包括民族英雄斯坎德培。在一个言论自由的社会中，有不同的声音乃至质疑斯坎德培这样的人物也属正常。我们不希望显得很传统，但同时也不想颠覆历史，在我们的教学中，斯坎德培一直被看作阿尔巴尼亚的民族英雄，为阿尔巴尼亚民族和欧洲都做出了许多贡献。从宗教方面，纵观其一生，我们也认为斯坎德培最能代表和体现具有三种信仰的阿尔巴尼亚人民。您在这个问题上想对阿尔巴尼亚人民和国外研究斯坎德培的学者说些什么？

答：斯坎德培是我们民族的象征和民族英雄，对我们阿尔巴尼亚人来说，他所代表的民族象征意义是不可撼动的。他的事迹受到来自不同国家的许多国际作者的尊重和崇敬。

我对近年来国内外一些学者试图对斯坎德伯培去神化的倾向表示遗憾。

我们不能忽视试图给斯坎德培增添宗教或民族色彩的危险倾向，这对民族团结及邻国关系危害极大，我很高兴看到全民族都有反对这些倾向的声音。

我想强调的是，就像阿尔巴尼亚语一样，斯坎德培始终是阿尔巴尼亚民族团结的英雄。不管是 6 个世纪前他在世时，还是在阿尔巴尼亚民族复兴时期，或是在阿尔巴尼亚现代国家奠定基础之时，乃至当今阿尔巴尼亚全面参与欧洲一体化的形势下，斯坎德培都是民族团结的英雄。

阿尔巴尼亚政府为纪念他逝世 550 周年，宣布 2018 年为“乔治·卡斯特里奥蒂·斯坎德培年”，为此策划了许多活动，包括意大利的阿尔布莱什人和世界各地的阿尔巴尼亚老社区等都将积极参与。

问题 7：

对中国人来说，阿尔巴尼亚语十分难学，因为我们没有变格和变位的概念。在教学中，除了语法之外，我们还教学生阿尔巴尼亚语的历史及其方言，尤其是阿尔巴尼亚语在阿尔巴尼亚民族生存中扮演的角色，让他们明白阿尔巴尼亚语是阿尔巴尼亚民族性的基础，是阿尔巴尼亚民族团结的保证因素。至于语言如何更好地服务于国家发展，这取决于语言政策。阿尔巴尼亚语自20世纪90年代后经历了重大变化，与此同时，对于标准阿尔巴尼亚语，也出现了质疑社会主义时期语言政策公正性的各种声音。面对这些变化和挑战，亟待科学院发布标准化规则，出版新词词典。然而要完成这项工作，需要国家的大力支持。您如何看待这个问题？作为阿尔巴尼亚总统，您能做些什么来推动这项重要的工作？

答：阿尔巴尼亚国家元首所拥有的宪法特权之一就是代表人民的团结一致。我高度赞赏您对语言政策的评论，因为具体到阿尔巴尼亚人民，语言确实在民族发展和维护团结统一方面做出了重要贡献。

阿尔巴尼亚语和其他语言一样，都经历了不断的变化，不断因新成分的增加而丰富，而对新的语言成分的吸纳，通常应该是经过学术界和语言科研机构的审议。

近年来，阿尔巴尼亚在有关问题上的争论是积极健康的。作为总统，我对此十分关注，也会在宪法和法律允许的范围内在这个方面做出我的贡献。

问题8：

2016年10月，您作为议长到中国进行访问。当得知您会来我们学校时，大家非常高兴。虽然最终您未能到访北外，我们还是为您有此意愿感到高兴，这表明您对我们培养阿尔巴尼亚语专业人才工作的高度重视和肯定。年轻一代，特别是懂得对方语言的年轻人，是传承两国人民友谊的重要力量。在中国，创立于1961年的阿尔巴尼亚语专业培养了数百名高质量的阿尔巴尼亚语人才。在阿尔巴尼亚，由于两国政府的支持（地拉那大学孔子学院2013年成立，总理埃迪·拉马参加了成立仪式并发表了鼓舞人心的演讲），由于地拉那大学和北京外国语大学的良好合作，以及孔子学院的出色工作，现在越来越多的学生在学习汉语，并对中国产生了兴趣。请问您如何评价中国和阿尔巴尼亚之间的关系？您对进一步发展中阿关系有什么建议？

答：两国的关系非常稳固、非常友好。对于我们阿尔巴尼亚人来说，中国是我们的朋友，在过去的近七十年中，两国建立了牢固的友谊和合作关系。

几个星期前，我有幸参加了在阿尔巴尼亚举办的中国国家主席习近平著作的阿尔巴尼亚语译本宣介活动。我在讲话中很高兴地强调，阿尔巴尼亚和中国发展了非常好的关系，而且这种友好关系在20世纪90年代后变得更有质量，为加强和扩大双方合作创造了更大的空间。

我认为更加重视两国间的经贸合作非常重要。我相信参与和实施“16+1”和“一带一路”的重大项目将为扩大经贸合作创造新的前景。同样，我们需要做更多的事情来培育和促进两国间的文化关系及民众间特别是年轻人之间的直接交流。

问题9：

最后，我想借此机会向您介绍一下我们阿尔巴尼亚教研室的科研工作：出版了关于卡达莱研究的专著、阿尔巴尼亚语法书和阿尔巴尼亚语教材等，即将出版中阿阿中词典、阿尔巴尼亚经典作品的译介等，还参与了国家重大科研项目“中国与中东欧国家文化关系研究”。在读博士生的研究方向包括阿尔巴尼亚文学中的中国形象、卡达莱和安德里奇作品中所折射的民族身份认同、阿尔巴尼亚宗教和谐问题等。希望我们的工作能使阿尔巴尼亚、阿尔巴尼亚语和阿尔巴尼亚文学被人们更多地了解，更好地为加强中阿关系服务。最后一个问题，同时也是我们的愿望和邀请，您再次来北京的时候，可以来访问我们吗？

答：肯定的，我非常乐意。我跟北京外国语大学校长彭龙先生会晤时就承诺过。

我相信在今后作为阿尔巴尼亚共和国总统访华时，中国礼宾司会考虑我访问北京外国语大学和阿尔巴尼亚语专业的愿望。

我高度赞赏北外阿尔巴尼亚语教研室为促进阿尔巴尼亚语言和文化在中国传播，加深两国人民尤其是青年人之间的友好关系而做出的贡献。我向您本人以及所有在中国文化机构传播阿尔巴尼亚语言和文化的阿语工作者和学生表示祝贺。

我相信，随着说阿尔巴尼亚语的中国人和说汉语的阿尔巴尼亚人人数的增加，两国人民的友谊将进一步加深，而两国经贸合作也将更加便利。

【注】2017年9月30日，北京外国语大学校长彭龙率团访问阿尔巴尼亚期间，得到阿尔巴尼亚总统伊利尔·梅塔接见。梅塔总统对北京外国语大

学阿尔巴尼亚语教研室所取得的成绩表示赞赏和感谢，希望北外今后在中阿文化交流中发挥更大作用。由于会见时间有限，未能完成对梅塔总统的采访。总统先生愉快地接受了阿尔巴尼亚语教研室精心准备的T恤衫，并收下了采访问题。以上为梅塔总统的书面答复。

在与北外冰岛语学生座谈会上的讲话

张卫东*

老师们、同学们：

今天回到母校，感到十分亲切。我有幸成为一名北外人，对此深感光荣和自豪。第一，北外是革命的学校。她在战争中诞生，历经战火的考验。北外的前身是 1941 年成立于延安的中国抗日军政大学的一个俄文大队，后来发展成为延安外国语学校，一直隶属党中央领导。新中国成立后，先后更名为北京外国语学校、北京外国语学院、北京外国语大学，相继划归外交部、教育部领导。第二，北外是外交官的摇篮。据我了解，北外的校友中，先后出任驻外大使的就有 400 多人，出任参赞的有 1000 多人。无论天涯海角，凡是有五星红旗升起的地方，就有我们的校友。北外是名副其实的“共和国外交官的摇篮”。第三，北外是人才辈出的地方。在过去的 70 多年中，北外紧密结合国家发展需要，以“兼容并蓄、博学笃行”为校训，除外交官之外，还培养出翻译、经贸、新闻、法律、金融、文化等领域的众多高素质人才。我从小就对外语充满好奇，很荣幸能在教育改革的 1977 年考入北外英文系，毕业后成为一名外交官，现在是驻冰岛大使。我也是从这个摇篮中成长起来的。十分感谢北外领导和老师的培养。

我与冰岛是有缘的。上中学时，有一次地理考试，要求填空写冰岛的首

---

* 张卫东，1957 年生，山东人，研究生学历，北京外国语大学毕业。2014~2018 年担任中国驻冰岛大使。本文是 2016 年 4 月 27 日张卫东大使访问北外时的讲话稿。

都，我未能写出，事后才想起是雷克雅未克。虽然那次考试我丢了几分，但正因为这样，我记住了这个国家和她的首都。可是我万万没想到，时隔 40 多年后，我会成为中国驻这个国家的大使。

2014 年 9 月 25 日，我赴冰岛履新，对冰的第一印象是与冰航工作人员的接触而留下的。9 月 25 日晚上我抵伦敦转机，走到冰航柜台，询问冰航登机之事。冰航服务员面带微笑给我留下深刻的印象。这是友好的笑、朴实的笑、真诚的笑。登上冰航飞机，空乘人员周到细致的服务，冰语的节奏感，使我感受到一股奇特的韵味。抵达雷克雅未克凯夫来特机场时，已是深夜 11 时，冰岛外交部礼宾官亲临迎接，令人感到温暖。在从机场到雷市中国使馆的路上，我们交谈甚欢。坦诚、友好的气氛，驱走了初冬深夜的寒气。我对冰岛人的第一印象是友好、热情。他们的言谈举止中洋溢着北欧人的爽朗和善良，令人倍感亲切！

冰岛是一个很独特的国家。第一，地形地貌独特。火山、湖泊众多，地热资源丰富，景色秀丽。有分隔欧亚和北美大陆的大裂谷；有间歇泉、大冰川。冬夜，还可看到北极光。第二，历史文化独特。冰岛人的祖先在维京时期自挪威来冰。冰岛虽只有 1000 多年的历史，但有著名的古议会旧址，《埃达》《萨迦》等史诗在北欧文学史甚至世界文学史上占有一席之地。冰岛人口不多，但还有一位作家拉克斯内斯获得过诺贝尔文学奖。第三，民风民俗独特。特殊的地理和气候条件，使冰岛人民具有一种坚韧不拔、自强不息的民族精神。冰岛地方饮食丰富多彩，味道鲜美，小龙虾、羔羊肉、臭鲨鱼、“黑死”酒，令人回味无穷。

中冰两国远隔重洋，但我们“天涯若比邻”，传统友谊源远流长。1971 年建交后，两国关系持续稳定发展，两国高层交流密切，政治互信日益加深，经贸、人文、地热、北极事务等领域合作富有成果，多边领域相互理解、相互支持。抵冰以来，我先后拜会了冰岛总统、总理、议长、外长、内阁部长、地方官员，广泛接触文化、教育、企业、媒体等各界人士。我们谈论中冰友好、经贸合作、人文交流。内容丰富，气氛热烈，大家的友谊之情溢于言表。

中冰两国有差异，但更多的是共同点。中国有五千年的文明，拥有 960 万平方公里的陆地国土面积，近 14 亿人口；冰岛只有 10.3 万平方公里国土，33 万人口。新中国成立以来，特别是改革开放以来，中国经济社会发展取得巨大成就，经济总量已跃居世界第二，人民生活水平显著提高。面对持续低迷的国际经济形势，中国经济保持定力，顶住压力，精准发力，定向调控，平衡运行，经济增长保持在合理区间，中国经济增长对世界经济的贡献率不断提高；而冰岛人民经过不断努力，使冰岛从一个欧洲最穷的国家发展成为世界上较富裕的国家之一，人均收入名列世界前茅。近几年，又较快地摆脱了 2008 年经济危机的影响，从危机中获得重生。

中冰两国共同探索出一条不同经济规模、不同发展水平国家之间互利合作的道路，两国关系是不同社会制度国家之间友好相处的典范。两国都面临新的发展机遇和挑战，两国的发展互为对方提供机遇，互利、共赢、合作的前景广阔。中国支持冰岛恢复经济增长的努力。2014 年 7 月 1 日，中冰自贸协定生效，为两国经贸等各领域发展插上了新的翅膀。中冰双边贸易体量虽不大，但增长数据持续向好。

中冰人文交流活跃。20 世纪 50 年代初，冰岛就派文化代表团访华。冰岛的音乐、现代舞，受到中国人民的喜爱。中国京剧、杂技、民族歌舞代表团也先后多次访冰。中国的书法、武术吸引着冰岛人民。老子、孔子作为世界著名思想家、教育家，影响了中国和世界，在冰岛也大受关注，《道德经》《论语》已被译成冰文。冰岛的《埃达》《萨迦》也出了中文本。冰岛大学里成立了“北极光孔子学院”。北外设立了冰岛语专业。中冰还互派了留学生。中冰旅游合作也在不断扩大。

当前，中冰关系处于历史最好时期。我深深感到中冰各界对两国友好未来充满期待。他们希望增加各层级的友好往来，增进政治互信；他们希望加强经济贸易合作，促进共同繁荣和发展；他们希望深化人文交流与合作，增进人民之间的了解和友谊。中国有句老话：亲戚越走越亲，朋友越走越近。我希望中冰人民像亲戚一样多走动，像朋友一样多往来，不断增进了解，求同存异，合作共赢，促进两国友好关系不断迈向新台阶。我深信，中国的未来会更美好，冰岛的未来也会更美好，中冰友好关系的未来一样会更加美好。

同学们进入北外，学习冰岛文，这是与冰岛的缘分。冰岛语是一门独特的古老语言文字，学好她很重要，也不容易。我希望大家充分利用这个机会，勤奋学习，掌握这个工具。一是要培养对冰岛的兴趣，增进对她的好奇和了解，才能有学习冰岛语的动力，才能学得进去，学得好。二是要有远大的志向，明确学习的目的，立志成为冰岛和冰岛语的专家。有梦想，才能有方向。梦想只要与自己的兴趣相结合，学起来就有干劲，不觉得累。三是要扩充各方面的知识。各种知识都是相通的。要想学好冰岛语言，有时就要跳出冰岛语本身。要有效利用时间，多看书，看好书。知识丰富了，将有利于学好冰岛文。四是要多参与实践，增长各方面才干。把每一件事情都当作对自己能力的挑战，严肃认真地做好，妥善处理，历练自己，为将来使用冰语、服务社会打好基础。

从北外大门曾经走出去很多人才，为社会做出了巨大贡献。我相信，你们当中也会涌现出新时期的外交官、翻译家、文化名人和企业大亨。

谢谢大家！

惊喜巴尔干

殷桐生*

我从事德国和欧盟的教学与研究已有数十年了，到过欧洲大多数国家，但从未去过巴尔干半岛，深感是一大憾事。

由于外族入侵、民族矛盾和宗教冲突，巴尔干的政权不断更迭，尤其是500多年的奥斯曼帝国的统治，巴尔干半岛逐渐被披上了一层神秘的面纱，除希腊文明外，其他的似乎都被边缘化了。随着巴尔干地区新的发展，随着“一带一路”这一倡议不断深入人心，我日益感到需要去看看这个长期被边缘化了的欧洲一角，看看“一带一路”在南部欧洲的发展前景。趁着目前自己腿脚还比较利索，决定早日补上这一课。于是去年（2017年）我们终于举家去了大多数巴尔干国家，尽管走马观花看到的很多都是面纱，但实在感到收获良多。看到这个欧洲角落竟然这么美好，这么值得研究，实在令人惊喜。因此我很想把我们看到、读到和听到的有关巴尔干辉煌的起点、苦难的历史和多元的文化以及旖旎的风光、火药桶的印记和经济现状简述给大家，以引起更多的有志者来研究，更希望有愈来愈多的人能够撩起它的面纱，看到巴尔干的正身和全貌。

---

* 殷桐生，1937年生，江苏镇江人。1959年毕业于北京外国语学院（今北京外国语大学），并留校任教至今，现为教授、博士生导师，主要从事德语、德国外交、德国经济的教学和科研工作。曾任北外校教务处副处长，德语系系主任，高校外语教学指导委员会副主任委员、德语组组长，中国欧洲学会理事。现任北京外国语大学《德语国家资讯与研究》主编、中国德国研究会理事。

“巴尔干”一词涵盖的地域目前还不统一。1993 年 3 月在欧洲对话论坛上，斯洛文尼亚总统说：“斯洛文尼亚不在巴尔干”，不少斯洛文尼亚人也持这一观点，他们认为斯洛文尼亚应该同德国、奥地利一样落脚在中欧。而马其顿总统紧接着就说，“马其顿不仅在巴尔干，而且是巴尔干的心脏”，因而迎来了一片掌声。本文还是根据国人约定俗成的习惯，把斯洛文尼亚归在巴尔干半岛内，而不把土耳其包括进巴尔干国家的行列，因为土耳其只有 3% 的领土（东色雷斯地区）位于巴尔干。

巴尔干最早的居民是伊利里亚人、色雷斯人和克尔特人。一部欧洲文明史就是从希腊文明开启的，而希腊文明则是从克里特文明发端的，它包括希腊半岛、爱琴海诸岛和小亚细亚半岛西岸，因而能俯瞰和掌控欧、亚、非三洲的要冲。

克里特文明兴起于公元前 6000 年，主要集中在克里特岛。它横亘在希腊与非洲之间，紧邻亚细亚半岛，当时正开始进入新石器时代。

爱琴文明是爱琴海地区的青铜文明；米诺斯是传说中克里特首领的名字，他最早组织起了海军，征服了众多的城池，并创建了“爱琴海帝国”，于是那一时期所产生的文明便被称为米诺斯文明；迈锡尼文明则是古希腊青铜时代的文明。公元前 1900 年，迈锡尼人开始在伯罗奔尼撒半岛定居，到公元前 1600 年建国，由此迈锡尼文明盛起。

自公元前 2500 年，克里特开始进入金石并用时期。公元前 1700 年，米诺斯开始进入新王宫时期，这是克里特文明的盛世。公元前 1450 年，操希腊语的民族入侵克里特岛，导致克里特文明衰落，爱琴文明的中心转移到了希腊本土。公元前 1200 年，迈锡尼文明亦开始呈现衰微之势，后马其顿的多利亚人入侵，迈锡尼文明宣告消亡。这是古希腊青铜时代的最后一个阶段，包括《荷马史诗》在内的大多数古希腊文学和神话历史皆设定为这一时期。

此后希腊的奴隶制有了迅速的发展，阶级斗争逐步激化，内战频仍。公元前 350 年马其顿崛起，十余年后其国王腓力二世大败雅典盟军，确立了对全希腊的统治地位。公元前 334 年其子亚历山大率马其顿—希腊联军远征亚洲，建立了横跨欧、亚、非三洲的大帝国，出现了 300 年的希腊化文明时期。

希腊古典文明的这一空前的发展深深镌刻在雅典的卫城、伯罗奔尼撒半岛和克里特岛的各类文物之中。

公元前 30 年罗马人消灭了残存的马其顿人在希腊、埃及等地建立的托勒密王朝，希腊文明消亡，巴尔干也陷入了连年不断的外敌入侵和内战不休的惨痛境地。它曾先后被罗马帝国、拜占庭帝国（即东罗马帝国）、奥斯曼帝国、威尔士王国、奥匈帝国和沙皇俄国入侵和统治。其间奥斯曼帝国的统治更是长达500年。匈牙利人、阿瓦尔人（柔然人）、伦巴第人、保加利亚人、罗马人、突厥人、俄罗斯人以及其他斯拉夫各民族对半岛的统治权进行了轮番、激烈的争夺。半岛人民由此陷入了长期的、英勇而残酷的反侵略战争，巴尔干地区与欧洲主流经济体日益疏远，并逐渐被人遗忘。1914年奥匈帝国皇储弗兰茨·斐迪南在萨拉热窝的“拉丁桥”处被刺，这又一次引爆了这个“火药桶”，煽起了第一次世界大战。二战中巴尔干半岛各国起初分属不同的阵营，罗马尼亚、保加利亚、克罗地亚和黑山站在德意日一边，塞尔维亚和希腊则属美英法阵营，但最终半岛均被德、意占领，以铁托为首的共产党游击队则领导巴尔干人民对法西斯进行了可歌可泣的斗争，并最终建立了南斯拉夫社会主义联邦共和国，成为世界上拥有“七条国界、六个共和国、五个民族、四种语言、三种宗教、两种文字”的一个国家。1980年铁托去世后，南斯拉夫仍然保持了相当一段时间的稳定。但90年代开启后整个南斯拉夫又重新陷入一片战争的烽火之中，直至2001年的马其顿武装冲突，算是给“欧洲火药桶”做了一个完整的诠释。

巴尔干半岛处在东西方民族迁移的通衢之上，再加上外族的涌入，形成了多民族、多文化和多宗教共存的局面，这里有斯拉夫、拉丁和日耳曼这欧洲的三大文化。巴尔干甚至还有一条假想线，它划分出公元4世纪前该地区受到的文化影响，线以南受希腊文化影响，线以北受拉丁文化影响。

关于世界民族存在多种分类方法，国际上一般以语言谱系为基础来划分，结论是：全世界的语言分属17个语系，在其下面有语族、语支。据此统计，世界共有2000多个民族，亚洲有1000多个，欧洲有160多个。而巴尔干地区就集中了其中的数十个，50万人以上的民族就有8个。他们成百上千年地在这里繁衍生息，维系并发展自己的文化，自然出现了其他各处少有的文化融合和文化冲撞，不仅涉及表层结构，同样涉及深层结构，涉及民族信仰和价值观念。这种融合和冲撞大多采取长期的、缓慢的、悄然的渐变方式：融合带来的是多元文化的共存、和谐和同化，而冲撞则会导致危机和仇视，带来领土纷争、宗教迫害和民族仇杀，因而也留下了千古的芥蒂、龃龉、积怨和仇恨。

文化融合的典型例证是，几乎在全部巴尔干国家中都是三教鼎立，大批原来信奉东正教和天主教的斯拉夫人转而信奉伊斯兰教。其他文化融合的事例则俯拾皆是，如克罗地亚的特罗吉尔受希腊、古罗马和威尼斯的影响；卢布尔雅那城公元前一世纪由罗马人建成，受奥地利、意大利的影响；克罗地亚扎达尔这个海滨城市的老城门却系威尼斯人建造的等。

在巴尔干半岛居住的主要是斯拉夫人，但他们的宗教信仰并不相同。在信教的居民中，穆斯林、东正教徒和天主教徒分别占46.5%、38.2%和15.3%。波黑的穆斯林主要来自塞尔维亚，却与信奉东正教的塞尔维亚人格格不入；希腊、塞尔维亚、罗马尼亚、保加利亚、黑山和马其顿主要信奉东正教，斯洛文尼亚和克罗地亚则主要信奉天主教，阿尔巴尼亚信奉伊斯兰教和东正教，波黑则信奉伊斯兰教、东正教和天主教。

上述人文景观的核心就是多元，它也大大推动了巴尔干风光的多彩，而多姿的自然景观又反过来使这多元的文化大为增值。

“巴尔干”一词源于保加利亚和塞尔维亚境内的巴尔干山，原意就是“山脉”。这说明，巴尔干地区多山（约占总面积的70%），自然在平原居多的欧洲就显得突出了。其主要山脉有：西部沿海的狄那里克阿尔卑斯山脉，中东部的喀尔巴阡－巴尔干山脉，南部的罗多彼山脉和马其顿山丛。半岛地表切割强烈，形成一些谷地，成了交通干线。河流不少，但除多瑙河和萨瓦河外，大多短小而湍急。海岸线曲折，长达9300公里。这就构成了巴尔干特殊的地形和地貌，也烘托出了本地区旖旎的风光：高山、大海、湖泊、溶洞、峡谷、运河和红沙滩、黑沙滩；多元的文化推出了各类风格的宫殿、教堂和桥梁；多战的背景则促进了各处固若金汤的城堡和要塞的建设。因而使面积不大的巴尔干半岛涌现出了如此众多的联合国世界文化遗产。

巴尔干半岛三面环海：东边的黑海，南边的地中海（爱奥尼亚海和爱琴海）和西边的亚得里亚海。按说，各海之间既有共性，也有特性。但是由于我是首次结识这几个大海，再加上我们大多在近海和内海徜徉，又没有遇上暴风骤雨和惊涛骇浪，还难以揣摩出各海的细微特性。我们既没有看到海浪如匹匹战马蜂拥地追逐争先，也没有看到它像头头雄狮在昂首怒吼，更没有看到它似条条巨龙在飞跃奔腾。这里给我留下深刻印象的是：一是海天一色。天蓝，海也蓝，而且比天更蓝，尤其是亚得里亚海，似乎比其他各海更蓝，据说是因为该海含盐度更高；二是这些海的常态都是碧波粼粼，白帆点点，有时你甚至感到，海面风平浪静，海水正在酣睡。只有当海风拂过，人们才能重新看到它给海面带来的一片一片的涟漪；三是大海有时会变脸，它在阳光的照射下或是受其他生态的牵动，有时会失去它湛蓝湛蓝的本色，呈现出五光十色：瓦蓝、淡青、浅绿、嫩紫、烟白等；四是人们总能看到那些在蓝天碧海之间穿梭的海鸥和海燕，它们时而冲上蓝天，时而紧贴海面。无论是海鸥悠闲自得的群飞鸣噪，还是海燕不知疲倦地搏击长空，都给这不善变化的海景带来了无限的生机。

巴尔干半岛湖多，著名的有黑山的斯库台湖，有阿尔巴尼亚与马其顿和希腊边境上的奥赫里德湖、普雷斯帕湖，有斯洛文尼亚的布莱德湖和克罗地亚的普里特维采湖等。

布莱德湖位于阿尔卑斯群山之中，是著名的“冰湖”。这是由“三头山”顶部积雪融化形成的清泉潺潺注入湖内而形成的。重峦叠嶂的山岳、烟雾缭绕的丛林形成天然的屏障，拥抱着明镜般的湖面和巧夺天工的湖心小岛及多姿多彩的圣岛修道院，使湖水托出梦幻般的阿尔卑斯山的倒影。这一切都是仰仗这一“山上眼睛”的鬼斧神工。看着布莱德湖不由使人想起范仲淹的“春和景明，波澜不惊，上下天光，一碧万顷”和释惠标的“舟如空里泛，人似镜中行”的千古绝唱。

普利特维采湖区是克罗地亚最有名的十六湖国家公园。十六个湖梯次分布、错落有致。第一湖与第十六湖之间的高度相差 135 米。串联于诸湖之间的是大小瀑布，其形似带、似链，更似哈达。最大瀑布落差 76 米，飞流直下，奔流不息。环顾四周，巍峨葱茏的群峰，古朴幽静的林莽，娇丽典雅的翠海，丽珠溅玉的飞瀑，涓涓不息的溪流，徐徐穿浪的扁舟，都令人惊叹不已而流连忘返。茂密的森林中榉、杉、松等参天大树竞相生辉，给狗熊、羚羊、秃鹰、慈鸦等珍稀动物营造了安全舒适的家园。此情此景很快使人们想起我国的九寨沟。特别是当人们得知这两个地方都是由钙华钡围出时就更有此感。果然，十六湖公园已被热情的中国游客一致称为“欧洲的九寨沟”了。人们常言：“五岳归来不看山，黄山归来不看岳”，现在又增加了一句“九寨回来不看水”，看来十六湖与九寨沟还真有得一比，至少不会让人弃之而别。

斯洛文尼亚的波斯托伊那溶洞是欧洲的第二大溶洞（最大的溶洞是 Scarisoara 冰窟，在罗马尼亚，我们没有去看）。据考证，它从恐龙时代就已经存在了，是由比弗卡河的潜流对石灰岩地层长期溶蚀而成的，属喀斯特地貌，得名于该国伊斯特半岛的喀斯特地区。溶洞全长 27 公里，洞深 115 米，海拔 562 米。一入洞内映入眼帘的就是数不尽的石乳和石笋：洞顶垂下的是石乳，地面向上的是石笋，两者连接便形成石柱、石幔、石枝、石花、石瀑等珍奇绝顶的构架，冰清玉洁、玲珑剔透，令游客目不暇接；洞内仙花奇卉、珍禽异兽和神灵鬼怪的造型可谓栩栩如生；还有地下河，若隐若现，时而涓涓细流，时而湍急奔泻；岩洞中还生活着一种珍奇动物，斯洛文尼亚人称之为“人鱼”，学名蝾螈；洞内套洞，洞厅交错，有窄轨铁路、隧道相连，形成一条珠联璧合的岩洞长廊，有辉煌厅、帷幔厅、水晶厅、音乐厅等4处主要大岩洞，其中尤以音乐厅令人叹为观止，其面积约3000平方米，音响效果极好，人们经常在此举办别具风情的岩洞音乐会；游客入洞，按英、德等语种分组，先乘约两公里的小火车，然后步行参观，走一小段看一片景点，前后约一公里长。坐着现代化的交通工具穿梭于几百万年历史的石乳、石笋仙境之间，这种时空的反差实在超出了人们最大胆的想象。

据同游的旅友介绍，波斯托伊那溶洞景观只能在特殊的自然条件下形成和存在，洞内湿度、亮度的改变等都会对其产生不良影响，因此，溶洞管理机构便在洞内安装了传感器，确保仅在游客进入的区域才开启照明设施，且只有一种灯光颜色，以此来保护溶洞。

这就使笔者进一步联想起国内的七星岩和芦笛岩，想起波兰的维利斯卡盐矿。它们都是人间奇迹，但各有精妙之处。至于在照明上，“单色限时环保”同“五彩缤纷诱人”之间，孰对孰错，只能请专家去解答和论证了。

巴尔干拥有各类风格的宫殿、教堂等建筑。据统计，马其顿的奥赫里德这座小城，仅有42000个居民，却曾拥有365座教堂和修道院。希腊的雅典娜神殿、巴（帕）特农神殿、埃（依）瑞克提翁（修）神庙、宙斯神庙、赫菲斯托斯神庙更是举世闻名。此外，还有贝尔格莱德的圣萨瓦教堂，萨格勒布圣母升天大教堂、圣马可教堂、圣方济会教堂，斯普利特的戴克里先宫殿和圣杜金教堂，扎达尔的罗马教堂、圣多纳特教堂，科托尔大教堂，卢布尔雅那的圣尼古拉大教堂，萨拉热窝的耶稣圣心大教堂、东正教堂，希贝尼克的圣雅各布大教堂，波黑的格兹·胡色雷·贝格清真寺、费尔哈迪亚清真寺，保加利亚索菲亚的班亚巴什清真寺，马其顿泰托沃的帕因特德清真寺，波奇泰尔伊斯兰建筑，等等。它们既可能是穆斯林清真寺，也可能是天主教教堂或是东正教教堂；它们既可能是巴洛克式、哥特式或罗曼式，也可能是文艺复兴式、洛可可式或新古典主义式。有时它们相距只在咫尺之间，但都是游客重点参观的景点。

波黑的格兹·胡色雷·贝格清真寺建于1531年，是巴尔干最大的清真寺，波黑战争时遭受很大破坏，2000年按照“修旧如旧”的原则进行了全面修复。该清真寺是典型的奥斯曼风格：外敛内扬、圆顶多、窗户多。祈祷厅高耸的穹顶俯瞰着 26 米高的各类钟乳石装饰，51 扇窗户保证了充分的采光和通风，主顶直径 13 米，旁边建有各类精致的小顶，祭坛呈半圆形，宣礼塔高 47 米，威严庄重。

贝尔格莱德的圣萨瓦教堂是世界上最大的东正教堂，也是贝尔格莱德最大的纪念性建筑，拜占庭式风格，通体以纯白大理石砌成，显示出教堂的伟岸与圣洁。教堂的主体采用了四边基本等长的正十字结构，使教堂无论从哪一个角度观看均显得整齐划一。在十字形的四个直角处均匀镶嵌着四座钟楼，与教堂主建筑浑然一体，蔚为壮观。

克罗地亚杜布罗夫尼克大教堂也叫圣母升天大教堂，1192 年建成，是一座罗马天主教教堂，典型的巴洛克风格。大教堂的穹顶高耸入云，教堂外观雄伟，内部藏宝，在克、塞战争期间曾遭破坏，现已修复。大教堂的祭坛精美异常，特别是圣约翰祭坛，全由紫大理石砌成。珍宝馆内藏有上百件 11~18 世纪的圣物，最有价值的当数意大利著名画家提香 15 世纪绘制的作品《圣母升天》。

巴尔干名桥众多，如塔拉河峡谷大桥、莫斯塔尔古老石桥，卢布尔雅那的龙桥、三重桥，萨拉热窝的“拉丁桥”等。

塔拉河峡谷大桥位于黑山的北部，是一座钢筋混凝土公路桥。它横跨欧洲最深的峡谷——塔拉河大峡谷，全长 366 米，主桥拱 114 米，桥距河面 149 米，1938~1940 年修建。1942 年德国法西斯进攻南斯拉夫，游击队奉令炸毁了这座刚刚建起的大桥，于是法西斯便把参与炸桥的工程师拉扎莱·亚乌克维奇杀死在桥头。南斯拉夫电影《桥》就是根据当年游击队炸桥的史实改编并在此拍摄的。1946 年大桥修复。人们为了纪念这位工程师，便在桥头立了一块丰碑，永远缅怀他。

莫斯塔尔凭借一座古老石桥而闻名遐迩。该桥有 427 年的历史，是一座石拱桥，始建于 1566 年，毁于 1993 年。它横跨流经莫斯塔尔老城中心的内瓦特河，连接河两岸的穆斯林族和克罗地亚族居民。老石桥的风貌与四周的古石建筑和河卵石古道异常协调，充分展示了当年波斯尼亚的古朴风情和建筑风格，是“内瓦特河上的彩虹”。波黑战争期间古石桥遭到破坏，2004 年得以重建，并成为集市。桥上桥下，人头攒动，游客扶老携幼，摩肩接踵，每前进一步，都会感到是一次成功。

萨拉热窝的“拉丁桥”也叫普林西普桥。1914 年奥匈帝国皇储弗兰茨·斐迪南就是在这里被塞尔维亚青年加夫里若·普林西普刺杀的，从而引爆了第一次世界大战。

希腊的科林斯运河连接科林斯湾和萨罗尼克湾，联通爱奥尼亚海和爱琴海，把从亚得里亚海到比雷埃夫斯的航程整整缩短了320公里。它1881~1893年开凿，长6.3公里，深7米，河谷底宽21米，河面宽25米，是世界上在坚硬石区人工挖掘而成的最深的运河。

此外，在希腊的圣托里尼岛伊阿镇艺术村人们还可以欣赏“夕阳落入爱琴海”的壮美景观。在被世界旅游组织评为十佳观赏日落的地区中，这里应该是最美丽的观景点了。

巴尔干的旅游景点中还有一个特别的地方，即铁托的故居、行宫、休养地和陵寝。约瑟普·布罗兹·铁托生于克罗地亚的库姆罗韦茨村，是南联邦的缔造者、总统、总理和元帅。尽管他的执政被人批评为独裁统治，但他个人却被视为国内各民族统一的化身。在他的领导下，1929年建立的南斯拉夫真正克服了长期的分裂，建成了一个团结、和谐的国家，经济也有了较快的发展。1980年铁托去世，100多个国家的领导人云集，包括金日成、阿拉法特、勃列日涅夫、大平正芳和蒙代尔等人。铁托去世后的最初四年间，共有超过1100万人前来谒灵，这是南斯拉夫人口的一半。直到今天铁托仍然受到人们的尊敬，凭吊者络绎不绝，并会被一再提醒，切勿喧哗。

凡此种种，再加上一片白色的雅典城，蓝顶白墙的圣托里尼岛、扎达尔的海风琴和“向太阳致敬”的太阳能圆盘设计，巴尔干，你给人们带来了多大的惊奇和遐想啊！

旖旎的风光本就代表美丽、和平和宁静，同战争自然是风马牛不相及，在巴尔干它们却联系在了一起，惨痛历史的铁证和欧洲火药桶的印记也成了旅游的重要景点。

欧洲语言与外语教学

European Languages and Foreign Language Teaching

冰岛语非主格主语研究

王书慧[*]

摘　要：冰岛语中存在大量的主语以非主格形式存在的句子，这是一个引起语言学界关注的特殊语法现象，同时也是外语学习的难点。本文试图通过丰富的实例，在全面描述这一语法现象的基础上，研究归纳非主格主语，并探讨其特点，发现其规律。经过分析，冰岛语的非主格主语共有三类：被动句的非主格主语、系表结构的非主格主语、谓词决定的非主格主语。而谓词决定的非主格主语中，谓语动词总是含有说话人特定的语义在其中。

关键词：格关系　谓词语义　非主格主语　冰岛语

一　研究问题

冰岛语，同德语、英语、荷兰语、佛兰芒语、弗里西亚语、丹麦语、瑞典语、挪威语共同构成了印欧语系的日耳曼语族。日耳曼语的共同特征之一是高度屈折，表现在名词上就是格标记体系的存在。[①]这样的语言经常要求学习者在学习过程中能够记住大量的词缀变格表。“虽然记忆过程并非乐事，但是高度屈折的语言的特点也展露出来：语法角色通过最凝缩的方式呈

*　王书慧，硕士，北京外国语大学欧洲语言文化学院冰岛语教师，研究领域为冰岛语语言文学。曾发表论文《配价理论下冰岛语动词的分析》，出版译著《蓝狐》。

①　金全:《日耳曼语浅说》,《四川外语学院学报》1989 年第 1 期。

现——名词后面的一个小小的词缀。”[①] 格标记体系在其中一些语言中还完整地保存，而另外一些语言在进化过程中已经很难看出这个特点。英语中个别词语上存留屈折特点，因此可以借助英语的例子来理解格标记的概念。拿疑问代词 who，whom，whose 来说，who 是主格形式，whom 是宾格 / 与格形式，而 whose 则是所有格的形式。-m，-se 就是格标记。如果这样的标记适用于一类词，而非个别词，那么屈折变化就是其显著特征。这个特征在冰岛语里很典型。冰岛语的名词有一组系统的格标记，每个名词都带有一个特定词缀，名词词缀有：-ur，-i，-s，-a，-u，-ir，-ar，-um，-na，词语如：strák-ur（男孩），sérfræðing-i（专家），strák-s（男孩），stelp-a（女孩），stelp-u（女孩），strák-ir（男孩们），stelp-ar（女孩们），strák-um（男孩们），stelp-na（女孩们）。同样意义的名词，在不同的句法角色中有不同的格标记。格标记与句法角色的关系，构成了冰岛语语法的精致和复杂。[②]

在名词有格标记的语言中，由主格的名词做主语，是普遍的情况。《论“主语”》这篇文章介绍，确立现代意义上的“格”的概念的斯多葛学派，根据形态把名词的格分为直格和斜格。直格就是主格，而其他非主格的形式统称为斜格。[③] 戴曼纯在讨论最简语法的格问题时，沿用了“斜格”这一术语，指代主格之外的其他格。[④] 在本篇讨论中，“斜格”与非主格为同一概念。斯多葛学派对主语名词的形式特征做过如下分析：“直格作为主语格，与定式动词之间有数的一致关系，而斜格则在其他方面与句子成分构成关系。”[⑤] 这一分析指出了主语名词的两个显著特点，一是它的形式是直格，也就是主格，二是它决定后面动词跟自己保持数的一致。非主格的名词似乎只能在其他方面与句子成分构成关系，跟主语不相关了。然而在冰岛语中，非主格的名词也可以作为主语。安德鲁斯（Andrews）[⑥] 通过对现代冰岛语动词短语的句法分析，最早证明了：冰岛语的主语并非总是主格名词。作为主语的

① Blake Barry, *Case*（Peking University Press, 2005）p.3.

② Ásta Svavarsdóttir og Margrét Jónsdóttir, *Íslenska fyrir útlendinga*, Málvísindastofnun Háskóla Íslands, 2009.

③ 陈脑冲:《论“主语”》,《外语教学与研究》1993 年第 4 期。

④ 戴曼纯:《最简句法的格问题》,《外国语》(上海外国语大学学报) 2011 年第 3 期。

⑤ 陈脑冲:《论“主语”》,《外语教学与研究》1993 年第 4 期。

⑥ Andrews, Avera D., “The VP Complement Analysis in Modern Icelandic,” *Proceedings of the North East Linguistic Society,* 6（1982）: 1-21.

名词，可以以宾格、与格、属格（有些文献称为升格）的形式出现。[①] 这些非主格的名词是否是主语呢？“主语”是个十分复杂的语言现象，根据《论“主语”》分析，可以从形式上、逻辑上、心理上三个角度将主语划分为“语法主语”“逻辑主语”“心理主语”。[②] 用三个角度分析冰岛语的非主格主语句会得到不同的结果，也就是一个句子的“语法主语”“逻辑主语”“心理主语”很可能不一致。为了统一效果，在分析冰岛语非主格主语句时，统一采用形式上的角度，使用的是语法主语，也就是谓词前面的名词为主语。一是因为冰岛语句子的顺序相对固定，一般是主谓顺序；二是因为很多情况下非主格名词是一个完整句子中的唯一名词，并且位于动词之前，说这样的句子没有主语不太合适。所以，尽管其非主格的形式让人怀疑，但它们仍然是句子的主语。

冰岛语的名词格有四个，分别命名为主格 (nominative)、宾格 (accusative)、与格 (dative) 和属格 (genitive)。格的区分通过名词词尾一套比较规律的字母组合实现。最常见的格标记见表 1。[③]

表 1　冰岛语名词的格标记

	词尾格标记	例词 1（男孩）	例词 2（马）	例词 3（心理专家）
主格（nominative）	-ur	strákur	hestur	sálfræðingur
宾格（accusative）	-Ø	strák	hest	sálfræðing
与格（dative）	-i	stráki	hesti	sálfræðingi
属格（genitive）	-s	stráks	hests	sálfræðings

奥思塔和玛格丽特（Ásta & Margrét）指出，名词使用哪个格，取决于它在句子中的位置，以及它的角色。句子的主语经常是在动词前面的、表示施动者的名词，多数动词都至少含有一个论元，这就是主语，而且以主格形式出现。

① Andrews, Avera D., “The Representation of Case in Modern Icelandic,” in Joan Bresnan ed., *The Mental Representation of Grammatical Relations* (The MIT Press, Cambridge, Massachusetts, 1982), pp.427-503.

② 陈脑冲:《论“主语”》,《外语教学与研究》1993 年第 4 期。

③ Ásta Svavarsdóttir og Margrét Jónsdóttir, *Íslenska fyrir útlendinga*, Málvísindastofnun Háskóla Íslands, 2009.

作为一般性的概括，这段对冰岛语主语的描述是准确的，符合汉语为母语者的认知习惯。但是随着更多语料的出现，如下的句式会引起对冰岛语主语更深入的思考。①

（1）Strák vantar nýjar buxur.（strákur strák stráki stráks）

Boy needs new pants.

男孩 需要 新的 裤子。

上面的例句中，主语是宾格的形式。为了清晰呈现名词的格，例句后面的括号里都将依次给出名词的主格、宾格、与格和属格，下面画线所示为例句中的词形。

（2）Stráki þýkir ýsa góð.（strákur strák stráki stráks）

Boy thinks cod tasty.

男孩 认为 鳕鱼 美味。

以上两个例句中，按照语义来判断，谓词前面的名词应该是主语，但是在形式上它们分别以宾格、与格出现，打破了传统印象中主语一定是主格的判断。事实上，非主格主语的存在最早就是在冰岛语里得到论证的。② 基文（Quibén）在论证西班牙语的非主格主语时，把冰岛语的非主格主语作为对比标准③，可见非主格主语在冰岛语中是系统而典型的存在。

在本文中，试图用实例和语料库数据具体描述冰岛语非主格主语的语言现象，并且回答以下问题：既然传统认为主语都是主格，那么这些非主格的名词为何界定为主语，是什么因素决定了其非主格的形式，这些决定因素有无规律。

二　文献综述

“格”的问题，最终是动词的问题。吕叔湘认为，动词和句型是语法研

① 本文在例句的寻找和翻译时使用了如下词典和词形工具：Íslensk-ensk orðabók (2007); http: // www.bin.arnastofnun.is/; http: // www.islex.hi.is.

② Miriam Butt, *Theories of Case* (Cambridge University Press, 2006)，p.13.

③ Norberto Moreno Quibén, Datives, *Quirky Subjects and PRO in Spanish* (paper presented at UCLM/IUOG, Spain, 2001).

究的第一号重要问题。“动词为什么重要，因为在某种意义上，动词是句子的中心、核心、重心，别的成分都跟它挂钩，被它吸住。”[①] 因此考察格的规律，不能孤立地分析研究名词本身，还要跟动词和语义因素相结合。

冰岛语的句子在多数情况下是主格做主语，语法结构跟英语相似。非主格主语的发生频率不高但是稳定。大多数情况下，冰岛语中做主语的名词用主格形式，做宾语的名词用非主格形式。Barðdal 通过语料库的数据分析，呈现了名词的格跟语义角色之间的对应情况，如表 2 所示。

表 2　名词的格在句法角色中的数量

	Nominative	Accusative	Dative	Genitive
Subject	4351	49	221	9
Object	110	1268	479	38
Indirect Object		5	74	
Attribute			16	417

Jóhanna Barðdal, *Case in Icelandic-A Synchronic, Diachronic and Comparative Approach* (Lund University Press, 2001).

这个研究试图对冰岛语名词的格标记、语法功能和语义角色以及它们的关系进行详细的描述和分析。为了实现这一目标，笔者建立了一个文体分布均衡、覆盖广泛的小型语料库进行数据统计。语料库的规模是 40000 词，语料的构建仿照冰岛词频语料库[②]——一个语料权威、内容丰富、分布全面的语料库。表 2 中的统计数字表明，主语角色中，绝大部分是主格担当，非主格中包含宾格、与格和属格。担当主语的非主格与主格之比是 6.4%。在笔者建立的另一个冰岛大学生毕业论文语料库中，通过正则表达式提取非主格主语句和主格主语句，得出的结论是担当主语的非主格与主格之比是 12%（30，239），而我国 2008 级冰岛语学生的本科毕业论文集和数据显示，他们使用的担当主语的非主格与主格之比是 11.5%（50，435）。[③]

① 吕叔湘:《句型和动词学术讨论会开幕词（代序）》，载中国社会科学院语言研究所现代汉语研究室编《句型和动词》，语文出版社，1987。

② Hrafn Loftsson, “Tagging Icelandic Text: A Linguistic Rule-based Approach,” *Nordic Journal of Linguistics* 31 (2008): 47-72.

③ 王书慧:《基于我国首届冰岛语学习者语料库的语法分析》，硕士学位论文，北京外国语大学，2013。

Barðdal 的数据跟笔者收集的毕业论文数据存在差异的主要原因在于文体的不一致：前者是 6 类文体的综合，包括文学、翻译、儿童小说、大众传媒、学术类以及口语类；后者是毕业论文。而这并不代表非主格主语的使用频率随着学历层次的提升而增加，相反，日常语言和儿童读物中非主格主语出现更频繁。一本为学龄前儿童写的小故事 *Stubbur*，全文 100 多个句子，非主格作为主语的句子多达 15 个，见下方。由此可见，非主格主语在冰岛语的句子中所占绝对比例不大，占据主导地位的还是主格的主语，但是比例不大的非主格主语却以稳定频率出现，相对于熟悉的主格主语，非主格主语显得异常突兀。

Stubbi þykir þetta ósköp leiðinlegt. (Stubbur, Stubb, Stubbi, Stubbs)

Mig langar í epli. (ég, mig, mér, mín)

Mig langar líka í epli. (ég, mig, mér, mín)

Honum þótti það leiðinlegt. (hann, hann, honum, hans)

Honum þóttu epli svo góð. (hann, hann, honum, hans)

Ykkur er illt í maganum. (þið, ykkur, ykkur, ykkar)

Það þótti þeim leiðinlegt. (þeir, þá, þeim, þeirra)

En Pétri og Óla þóttu droparnir vondir. (Þétur og Óli, Þétur og Óla, Þétri og Óla, Þéturs og Óla)

Honum var ekkert illt í maganum. (hann, hann, honum, hans)

Stubbi litla leiddist Þetta. (Stubbur, Stubb, Stubbi, Stubbs)

Hundinum var illa við Pétur. (hundurinn, hundinn, hundinum, hundsins)

Hundinum leist vel á Stubb. (hundurinn, hundinn, hundinum, hundsins)

Það þótti Stubbi litla leiðinlegt. (Stubbur, Stubb, Stubbi, Stubbs)

Stubbi var ekkert illt í maganum. (Stubbur, Stubb, Stubbi, Stubbs)

上述语料库数据和实例证明了冰岛语的非主格主语是一种不可忽视的语法形式。非主格主语是什么引起的，自然会到句法成分层面寻找答案。形式和句法成分的紧密关系从概念上也有显现：主格、宾格、与格、属格这些术语本身也凸显了这些词语的形式和句法成分的关系：引用 Fillmore 对深层语义关系的分类①，大致来说，主格代表主语，跟谓词是施事关系；宾格表示

① 张烈材：《格语法的研究和应用》，《外国语文》1984 年第 3 期，第 42~52 页。

宾语，跟谓词是受事关系；与格表示间接宾语，表示工具关系；属格表示所属，在冰岛语中，也作为宾语的一种形式。

然而，主语一定是施事，宾语一定是受事吗？《施事、受事和句法分析》[①]中提到，在20世纪50年代我国曾经展开过关于汉语主语、宾语的大讨论。划定标准有两个，一是根据形式，具体为在句子中的位置：谓语前面的名词是主语，后面的是宾语。二是根据意义，施事名词是主语，受事名词是宾语，不管其位置。在被动句中，这两种标准会造成截然相反的划分结果。冰岛语的名词形式首先考虑的是词形，词形丰富的语言往往导致其位置比较灵活。然而，在这一点上，冰岛语比较特别，虽然词形丰富，位置也比较固定，一般认为，冰岛语的主语就是位于谓词前方的名词。[②]

主语在大多数情况下表示施事，在李临定的讨论中，引入“意志”的角度更加细致地划分了施事：意志施事、非意志施事。意志施事是人“有意志”地发出动作行为，例如：我买词典。“买”这个动作是“我”主动地、有意志地发出的，因而“我”是意志施事。而非意志施事指的是人或物作为主语，谓词的动作并非主语有意志地发出的，例如：天晴了。这个句子的主语“天”是非人的名词，“晴”这个动作不受任何人的意志操纵。另外，这个句子：他们失败了。虽然“他们”这个主语指人，但是“失败”这个动作不是主语主动地、有意志地发出。这个角度将作为一个重要的考量，用于冰岛语非主格主语的分析中。

冰岛语言学家约翰纳斯（Jóhannes）曾经对非主格主语现象做了专门的论说。[③]结合Fillmore的格关系理论，文章讨论了冰岛语主语可以呈现的所有关系，最终得出结论：主格主语可以承担表示施事、受事、目标、主题、感受的语义角色，而非主格主语不可能是施事。约翰纳斯的研究系统地从语义句法关系关注了冰岛语的非主格主语，然而研究的结论只说了非主格主语不是什么，而没有给出是什么。对于非母语的研究者或者学习者来说，更为关心的是这类主语是什么的问题。而且Fillmore格关系的划分具有主观性，他本人对格关系的划分做过深化和扩充，使用这个理论的学者在有些格的划分上存在争议。因而这种格关系与其说是一种理论，不如说是一种思路。本

---

① 李临定：《施事、受事和句法分析》，《语文研究》1984年第4期。

② Miriam Butt, *Theories of Case*（Cambridge University Press，2006），p.28.

③ Jóhannes Gísli Jónsson. “Sagnir með aukafallsfrumlagi,” *Íslenskt mál og almenn málfræði*. 19-20. edition (1998): 123-137.

研究试图顺延“语义－语法的关系”的思路，从语料库中提取充足的例句，找出非主格主语的特点和决定因素。

三　分析问题

前面在论述非主格主语的频率问题时，曾经提及笔者建立的冰岛大学生的毕业论文语料库。这个语料库是通过随机抽取的6篇冰岛大学学士和硕士论文汇集而成的小型语料库，共有60000词。通过控制句首词的格与其后紧跟动词的条件，提取例句，经过人工检验，排除拼写和使用错误，得到如下例句。

（3）Lesendum dettur margar spurningar í hug. (lesendur, lesendur, lesendum, lesenda)

The readers get/fell many questions on mind.

读者　突然想到了　　很多问题。

（3）中句子主语lesendum是与格。而英文对动词dettur的翻译很牵强。dettur有“掉下来、摔倒”的意思。引申出来描述一种思维活动，瞬间获得灵感、主意等。在这个句子中，主语“读者”是没有任何的能动性的，是“很多问题”降临到读者，而非主语主动在控制的动作。这个动作在汉语中要通过添加副词“突然”来完成。“突然想到”从语义上割裂了主语与动词之间的控制关系。

（4）Konum var leyft að ...（konur, konur, konum, kvenna）

Women were allowed to ...

女人们　被允许　去……

（4）是冰岛语的被动句式。句子的主语是动词作用的对象。这个及物动词规定宾语名词为与格形式，而转换为被动句时，与格名词仍然保留其词形。

（5）Kennara batnar mjög fljótlega. (kennari, kennara, kennara, kennara)

Teacher recovered very fast.

老师　恢复　　得　很快。

（5）中主语“老师”是与格形式。动词“恢复、康复”强调自身的恢复，而非主语能控制的行为。这个动词上，再次体现了主语能动性不存在的语义。

（6）Sögnum er skipt í flokka. (sögn, sögn, sögnum, sagna)

Stories are divided into genres.

故事　被分成　了几类。

（6）同（4），是冰岛语的被动句。动词所带的宾语要求是与格。转换成被动句后，宾语成为主语，但是保留与格形式。

（7）Presti var vandi á höndum.（prestur, prest, presti, prests）

(For) the priest var a problem at hand.

从牧师的角度看去，这是个棘手的问题。

（7）为系表结构的句子。通常情况下，系动词前面是主格，表语对主语进行定性。而在非主格主语的句子中，主语的人表达的是一种视角，意义是“对……而言”，就这个句子而言，表示“从牧师的角度看去”、“对牧师而言”。推导开来，系表结构中的非主格主语表达的是主语的主观感受。

（8）Orðmyndunum er skipt í ... (orðmyndirnar, orðmyndirnar, orðmyndunum, orðmyndanna)

Word forms are divided into...

词形　被分成　……

同（4）（6），（8）是被动句。谓词决定宾语用与格，变成被动后，词形保留。

（9）Mönnum er sagt að ...（menn, menn, mönnum, manna)

Men are told that...

人们被告知……

此句同（8），是被动句。谓词决定后接名词与格。

（10）Fimmvörðuhálsi var breytt.（háls, háls, hálsi, hálss）

The place was changed.

这个地方（被改）变了。

同上，被动句。谓词 breyta 决定宾语用与格的形式，变成被动句后，宾语名词移动到主语位置，保持与格的形式。

通过对以上提取的例句的分析，冰岛语的非主格主语可以做如下初步的归纳：被动句的非主格主语句：（4），（6），（8），（9），（10）；动词决定的非主格主语句：（3），（5）；系表结构的非主格主语句（7）。下面分别就这三类的非主格主语句做出分析。

被动句的非主格主语句由句法决定。比如：

（11a）Sálfræðingi　var breytt.（sálfræðingur, sálfræðing, sálfræðingi, sálfræðings）

Phycologist　was changed.

心理学家（被改）变了。

主语名词是谓词动作的承受者，在意义上是受事。句子被还原成主动句是：

（11b）Eitthvað breytti sálfræðingi.

Something changed phycologist.

某些事情改变了心理学家。

谓词 breyta（breytt 是过去分词形式）在接宾语表示改变的对象时，规定后面的名词必须以与格的形式出现。前面提到过，冰岛语中，动词后面的受事元素可能是宾格、与格和属格三类形式中的一种。当受事名词是宾格时，变成被动句后，受事名词变成主语，要还原主格形式。

（12a）Eitthver týndi bílinn.　(bíllinn, bílinn, bílnum, bílsins)

Someone lost the car.

有个人　丢了　车。

（12b）Bíllinn var týndur. (bíllinn, bílinn, bílnum, bílsins)

The car was lost.

车　丢了。

与之相对的是，如果在主动句中，受事名词是与格形式，那么这类句子变成被动句时，受事名词虽然在句法上成了主语，其词性仍然保持与格形式。同样的，受事名词是属格的形式，变成被动句时，受事名词就变成属格形式的主语。而一个动词后面的受事是什么形式，是这门语言天然规定的，所以这类被动句的主语的形式最终是由谓词决定的。谓词后面的名词必须是与格和属格时，转化成被动句的过程中，被动句的主语保留受事名词的非主格。因此相当一部分冰岛语被动句的主语都是非主格主语，根本原因在于，这些被动句的主语表示谓词的受事，而这些谓词规定受事必须是与格或者属格，即使这些名词都作为主语成分。

系表结构的非主格主语句由意义决定。从上文的例句（7）来看，它跟一般系表结构的不同在于句意上：一般的系表结构是对主语的描述，主语是被观察的对象，而非主格主语的系表结构中，主语是观察视角，对“主语”来说，在“主语”看来，（7）句中，主语“牧师”就是观察视角，意思是“对牧师来说”。主语的形式是与格 (dative)。

再比较下面同样是系表结构的句子：

（13a）Strákur er kaldur.（strákur, strák, stráki, stráks）

Boy is cold.

男孩 体温 冷。

（13b）Straki er kalt. (strákur, strák, stráki, stráks）

Boy feels cold.

男孩 觉得 冷。

（13a）是一般的系表结构，“冷”是对主语“男孩”的修饰，而（13b）是非主格的系表结构，主语表示的是角度，“在男孩看来”，（天气）是冷的。一个名词格的不同，句子意思是非常不一样的。一般的系表结构形容词移动到主语前面做表语，意义跟原句是一致的，但是在非主格主语的系表结构中，表语不可以直接移动到名词前面。

第三类非主格主语句，是由谓词决定的。这类谓词规定其前面的主语名词必须以非主格出现。有的要求必须是宾格，如例句（1）中的 vantar，有的要求必须是与格，如例句（2）中的 þýkir。这类动词数量较多。这类动词有什么共同的语义特点，规定主语的非主格形式呢？下面列举一些比较常见的要求主语是非主格的动词，一组是要求主语为宾格的动词，另外一组是要求主语为与格的动词①：

要求主语是宾格的动词

festa（固定）

（14）Snjó festir ekki.

Snow settles not.

雪固定不了。

（形不成积雪）

fylla（填充）

（15）Bátinn fyllir.

The boat is getting swamped.

船灌满了水。

leggja（结冰、充满）

（16a）Tjörnina lagði.

The lake froze over.

湖面冻冰了。

（16b）Reykinn lagði um húsið.

The smoke filled the house.

烟充满房子。

leysa（融化）

（17）Snjóinn leysti um vorið.

The snow thawed around spring.

春天，雪化了。

lægja（减弱）

① Jóhannes Gísli Jónsson. "Sagnir með aukafallsfrumlagi," *Íslenskt mál og almenn málfræði*. 19-20. edition (1998): 123-137.

（18）Storminn lægði með kvöldinu.

The storm subsided with night.

到了晚上，风暴减弱。

saka（伤亡）

（19）Engan sakaði í árekstrinum.

Nobody got hurt in the car-crash.

在车祸中没人受伤。

ysta（凝结）

（20）Mjólkin ystir ef hún er hituð.

The milk curdles if it is heated.

牛奶加热就凝结了。

bera（行驶）

（21）Bátinn bar að landi í lítilli vík.

The boat drives towards land in a small bay.

船驶向陆地一个窄小的海湾。

reka（推送，随波逐流地漂浮）

（22）Flöskuna rak á land.

The bottle floats to the land.

瓶子漂向陆地。

bresta（缺失）

（23）Hana brestur áræði til að biðja hann um greiða.

She lacks courage to ask him for favour.

她没有勇气向他求助。

furða（惊诧于）

（24）Mig furðaði hvað borgin var fögur.

I was amazed how beautiful the city was.

我惊诧于这座城市有多漂亮。

fýsa（向往）

（25）Hana fýsir mjög að fara til Ameriku.

She longs much to go to America.

她特别向往去美洲。

hrylla við（恐惧）

（26）Mig hryllir ekkert við því að sjá blóð.

I am not scared at all to see blood.

我不害怕看见血。

iðra（纠结，在乎）

（27）Hana iðraði þess sárlega að hafa ekki verið við jarðarförina.

She is troubled with not having attended the funeral.

她纠结于没出席葬礼。

langa（想得到）

（28）Mig langar í köku.

I want to eat a cake.

我想吃蛋糕。

lysta（愿意）

（29）Við drukkum eins og okkur lysti.

We drunk as we like.

我们尽兴地喝酒。

skorta（差，缺）

（30）Lögregluna skortir sannanir.

The police lacks evidences.

警察缺少证据。

ugga（担心）

（31）Mig uggir að úrslitin kunni að vera tvísýn.

I am worried that the results could be unclear.

我担心结果可能不明了。

undra（惊异于）

（32）Hana undraði hvað hún var föl í speglinum.

She was surprises how she was pale in the mirror.

她惊诧于在镜子里看到的苍白的自己。

vanta（需要，缺少）

（33）Stofnunina vantar mikla peninga.

The institute needs a lot of money.

这个机构需要很多钱。

þrjóta（耗尽，枯竭）

（34）Orku sólarinnar þrýtur aldrei.

Energy of the sun never runs up.

太阳的能量不会枯竭。

drcyma（做梦，梦见）

（35）Mig dreymdi draum í nótt.

I had a dream tonight.

晚上我做了个梦。

hungra（饿）

（36）Mig hungrar.

I feel hungry.

我觉得饿。

kala（长冻疮）

（37）Hana kelur á fingrum.

She got frostbites on fingers.

她手指上长了冻疮 。

kitla（痒）

（38）Mig kitlar í nefið.

I tickles on my nose.

我鼻子痒。

klígja（恶心）

（39）Hana klígjaði við kaffinu.

She feels sick of the coffee.

她闻到咖啡觉得恶心。

sundla（眩晕）

（40）Mig sundlaði þegar ég horfði fram af bjargbrúninni.

I feel dizzy when I look outdown from the stone-bridge.

我觉得眩晕，当我从石桥看下去。

svengja（饿）

（41）Mig svengir.

I feel hungry.

我觉得饿。

svima（晕）

（42）Hún sneri sér í hringi uns hana svimaði.

She turned herself in circles till she feels dizzy.

她一直转圈，直到觉得眩晕。

svíða（疼）

（43）Hana sveið í augun af reyknum.

She felt pains in her eyes of the smoke.

她觉得眼睛被烟熏得疼。

syfja（困）

（44）Mig syfjaði svo mikið að ég varð að leggja mig.

I felt so sleepy that I had to lay down.

我觉得困，得躺下一会儿。

velgja（厌恶）

（45）Marga velgir líka við þeirri leiðinlegu blöndu af Biblíutrú og viðskiptamóral.

Many feel sick of the boring combination of Bible belief and commercial morals.

很多人都觉得厌恶，那种世俗的圣经信仰和商业道德的结合。

verkja（疼痛）

（46）Hana verkjaði í höfðið.

She feels pain in her head.

她觉得头疼。

þyrsta（口渴，渴求）

（47）Suma þyrstir í hrós og viðurkenningu.

Some people long for praises and recognition.

有些人渴求表扬和认可。

gruna（怀疑）

（48）Mig grunnar að hún hafi heyrt samtal okkar.

I suspect that she has overheard our conversation.

我怀疑她无意中听到了我们的谈话。

minna（想起，提醒）

（49）Mig minnir að ég hafi keypt þetta í Frakklandi.

I remembered that I have bought this in France.

我想起了我是在法国买的这个。

这些词在语义上可以归纳为以下几类：第一类为以自然现象为主语的，表示自然界依据物理或者化学规律变化而生发的动作，以上例句中的 festa（固定），leggja（结冰），leysa（融化），lægja（减弱），ysta（凝结）属于此类 。第二类为以人或物体做主语，而动作的发生不是主语意志作用的，而是外力形成的。主语甚至在语义上是谓词动作的受动，如上述例句中的 fylla（填充），saka（伤亡），bera（行驶），reka（推送，随波逐流地漂浮），þrjóta（耗尽，枯竭），minna（想起，提醒）。这类动词往往有主格主语的用法，如人为地、有意志地发出这些动作。而当主语表示的是谓词作用的对象时，则使用宾格的形式。第三类是人做主语，谓词描述的是人的生理感受：hungra（饿），kitla（痒），klígja（恶心），sundla（眩晕），svíða（疼），syfja（困），verkja（疼痛），þyrsta（口渴，渴求），kala（长冻疮）。 还有心理感受，自然升发的情绪：furða（惊诧于），fýsa（向往），hrylla við（恐惧），iðra（纠结，在乎），lysta（愿意），velgja（厌恶），ugga（担心），undra（惊异于）。还有三个谓词，表示“人”“缺少”某物：bresta（缺失），skorta（差，缺），vanta（需要）。观察第三类词中人作为主语的这些谓词，可以发现，动作的发生都不是主语靠意志控制的，而是含有“自然地、客观地”发生之意。在这个意义上，第一类的表示“天气等自然物”的主语和第三类的“人”的主语后的谓词都含有“自然、客观地”发生的动作。第二类谓词对主语则含有被动之意，主语名词“被动地”发生了谓词所表示的动作。

运用相同的方法，下面将对要求主语是“与格”的谓语做语义分析：

fjölga（增长）

（50）Nemendum hefur fjölgað.

Students have grown in numbers.

学生（数量）增长了。

fleygja fram（进展）

（51）Læknavísindunum hefur fleygt mikið fram á síðustu árum.

Medicine has developed a great deal on the last decades.

医学在过去几十年发展很快。

fækka（减少）

（52）Nemendum hefur fækkað.

Students have decreased in number.

学生数量减少了。

hnigna（下降）

（53）Heilsu hans hnignaði og hann varð að hætta að vinna.

His heath worsened and he had to stop working.

他的健康每况愈下，不得不停止工作。

létta（轻松）

（54）Mér létti stórlega við úrskurð lækisins.

I lightened much with the discharge of the doctor.

被医生放出院，我轻松了不少。

linna（终止）

（55）Óveðrinu linnti ekki fyrr en daginn eftir.

Bad weather didn´t stop before the next day.

坏天气直到第二天才停下来。

ljósta niður/saman（遭遇，碰撞）

（56）Mótmælendum og lögreglu laust saman við ráðhúsið.

Protesters and police collided outside the townhouse.

示威者和警察在议会大楼外发生了冲突。

ljúka（结束）

（57）Skólanum lýkur í júlí.

School ends in July.

学校 7 月结束。

lykta（结束，结局）

（58）Fótboltaleiknum lyktaði með jafntefli.

The football match turned out to be a draw.

足球赛以平局结束。

seinka（延迟）

（59）Mér seinkaði vegna umferðarinnar.

Ég was late because of the traffic.

因为交通状况我迟到了。

slota（风暴）停止

（60）Rigningunni slotar.

The rain stopped.

雨停了。

vaxa fylgi（支持增长）

（61）Henni fór að vaxa fylgi.

She started to grow her support.

她的支持率上升。

hvolfa（倾覆，翻转）

（62）Bátnum hvoldi í óveðrinu.

The boat turned upside down in the bad weather.

船在风暴中翻了。

kyngja niður（塌陷）

（63）Snjónum kyngir niður.

Snow swallowed.

积雪塌了。

skola（顺水流，漂）

（64）Flöskunni skolar á landi.

The bottle is washed ashore.

瓶子顺水漂上了岸。

þoka（向前移动）

（65）Honum varð ekki þokað.

He did not move forward.

他一点儿都没往前挪。

áskotnast（获得，意外获得）

（66）Mér áskotnaðist talsvert of peningum.

I got a considerable amount of money.

我意外获得了一大笔钱。

berast（闻听）

（67）Mér barst fréttin um fæðingu barnsins.

I got the news about the birth of the child.

我得到了这个孩子出生的消息。

bjóðast（受邀）

（68）Henni bauðst að syngja við óperuna.

She was invited to sing at the opera.

她被邀请去歌剧院献唱。

fyrirgefast（获得谅解）

（69）Honum fyrirgafst þetta vegna þess hvað hann var ungur.

He was forgiven because that he was young.

他获得了谅解，因为他还很年轻。

gefast（获得，给予）

（70）Mér gafst ekki tími til að klára uppþvottinn.

I give not time to finish washing-up.

我没有时间完成洗碗的活儿。

hlotnast（荣幸地获得）

（71）Óperusöngvaranum hlotnaðist frægð og frama erlendis.

The opera-singer got fame and popularity abroad.

歌剧演唱家在国外获得了声誉和人气。

leyfast（获得许可）

（72）Var þetta brandari, ef mér leyfist að spyrja?

Was this a joke, if I have the right to ask?

这是个笑话吗？如果我有权问的话。

líðast（获得谅解）

（73）Starfsmanni líðast ekki að koma of seint.

Staff is not given permission to come late.

员工不能任由迟到。

dáma（承受）

（74）Mér dámar ekki!

I cannot bear it!

我受不了这个！

leiðast（觉得无聊）

（75）Mér leiðast langir fundir.

I feel bored at long meetings.

我觉得长会很无聊。

batna（恢复）

（76）Sjúklingnum batnaði af lyfinu.

The patient recovered with the medicine.

病人吃药后康复了。

blæða（出血，流血）

（77）Mér blæðir.

I am bleeding.

我流血了。

hlýna（升温，变得温暖）

（78）Mér hlýnaði smátt og smátt við arineldinn.

I warmed up bit by bit with the fireplace.

在火炉旁我一点点暖和起来。

hraka（病情恶化）

（79）Honum hefur hrakað.

His condition has worsened.

他的病情恶化了。

versna（变得更差）

（80）Sjúklingnum versnaði við að fara út.

The patient got worse with going out.

病人因外出情况变得更糟了。

skána（好转）

（81）Honum er farið að skána.

He is beginning to feel better.

他开始好转。

finnast（觉得）

（82）Mér finnst þetta fallegur stóll.

I think this to be a beautiful chair.

我觉得这是把漂亮的椅子。

virðast（对……来说是）

（83）Mér virðist vorið vera komið.

It seems to me that spring has come.

我觉得春天来啦。

þýkja（觉得……）

（84）Mér þýkir þetta leitt.

I feel this pitiful.

我感到遗憾。

以上这些要求主语以“与格”形式存在的谓词可以做如下分类。第一类是表示客观的形势变化，具体有：数量、天气、局势的fjölga（增长），fleygja fram（进展），fækka（减少），hnigna（下降），linna（终止），versna（变得更差），kyngja niður（塌陷），vaxa fylgi（支持增长），slota（停止），lykta（结束），ljósta niður（遭遇）。第二类谓词描述人的身体感受和健康状态，如：hlýna（觉得暖和），blæða（出血），hraka（病情恶化），skána（好转），batna（恢复）。第三类谓词是含有“感觉、直觉”之意的表示人的心理或者情绪的动词，如：dáma（忍受），finnast（觉得），virðast（对……来说是），þýkja（觉得……），leiðast（觉得无聊），létta（轻松）。第四类谓词是主语相对于谓词有被动含义的动词，如：líðast（获得谅解），leyfast（获得许可），gefast（获得，给予），hlotnast（荣幸地获得），fyrirgefast（被谅解，获得原谅），bjóðast（受邀），skola（被冲到），þoka（被推动），hvolfa（倾覆），seinka（延迟），berast（送达），áskotnast（获得，意外获得），ljúka（结束）。在这些句子中，主语名词不具备发出谓词动作的主观意志，很多句子中，主语名词是谓词动作作用的对象或者目标。

对比宾格为主语的谓词，以上与格主语谓词进一步归类：表示的语义含有“客观地、自然地”或者“被动地”发生之意。“客观地、自然地”发生的动作包含第一类“形势的客观变化”，第二类“身体的自然变化”，第三类“心理层面的自发的感受，不受理智约束的直觉”，而“被动地”发生的动作是第四类的谓词动作。

本文对三类非主格主语句分别做了分析：被动句的非主格主语句是结构决定了主语的形式，系表句则是语义决定了主语的非主格形式，动词的非主格主语句是由谓词决定的，这些谓词在语义上带有说话人对动作“客观地、自然地”或者“被动地”发生的强调。之所以说是说话人的侧重，是因为有其他词，比如sólin reis（太阳升起），也是自然发生的动作，却是主格主语句。因此要求主语是非主格形式的谓词是语言体系中一种约定俗成的习惯，这样的用词，体现了这个语言使用群体对谓词动作“客观、自然”或者“被动”意义的认同甚至强调。

非主格主语句，佐证了吕叔湘关于动词是句子的中心的论点。[①] 动词控制了主语，以及宾语（如果有的话）的格，并且动词不受名词数的控制。一般地，非主格主语句的谓词都以第三人称单数形式存在，而不论主语实际是第几人称、单数复数。主谓一致的规律被打破。

主语采用了非主格的形式，其决定因素有：句法的因素和语义的因素。语法的因素适用于被动句的非主格主语句，以及动词决定的非主格主语句，语义的因素决定的非主格主语句适用于系表结构的非主格主语句。被动句的非主格主语深层次上仍然是动词决定的，不过是接续特定的格作为宾语的动词变为被动句时，宾语名词做了主语名词而已。而谓语动词决定的非主格主语在语义上含有“自然地、客观地”发生，“被动地”发生之意。

结　论

本文通过考察语料库中丰富的实例，结合前人对格的问题以及非主格主语问题的研究，对冰岛语非主格主语现象进行了分类：被动句的非主格主语句、系表结构的非主格主语句、谓词决定的非主格主语句，并对每一类句子的特点做了详尽的分析。其中，前两类非主格主语句特点比较有规律，而第三类谓词决定的非主格主语句，因为谓词数量大，显得杂乱无章，因此，笔者使用大量的实例，试图找到更深层次的语义特点。经过分析，得出结论，决定主语为非主格形式的谓词在语义上含有“自然地、客观地”或者“被动地”之意，而没有意志施事的主动性或者意愿在动作中。但是，这些谓词前面的非主格到底是哪个格，却没有明显的规律，主要还是母语群体约定俗成的。

本文通过对一门古老的日耳曼语的特别的语言现象进行细致的讨论，希望对有关“格”的语言学的研究做出一点粗浅的尝试，同时希望为这一现象的教学提供更为详尽的描述和蓝本。

① 吕叔湘：《句型和动词学术讨论会开幕词（代序）》，载中国社会科学院语言研究所现代汉语研究室编《句型和动词》，语文出版社，1987。

浅析罗马尼亚语名词的中性

赵　飞*

摘　要： 拉丁语在演变为罗曼诸语言的过程中，名词语法性上最明显的变化便是中性通常消失。罗马尼亚语作为现代罗曼语中唯一保留了中性的语言，长期以来受到语言学家的关注。然而罗马尼亚语在继承了拉丁语名词的三性系统后，其阳性和中性进行了重组，并且中性在重组中还完成了一次特殊的语义转型，最终使得罗马尼亚语名词的中性逐渐呈现出两个显著特点，即在形态学意义上的非阴性和语义学意义上的非生物性。本文采用历史语言学的比较方法，简要论述罗马尼亚语名词中性的演变过程，并通过对比另一种曾经保留中性的古代罗曼语——古意大利语，论述罗马尼亚语名词中性完全不同于拉丁语和古意大利语名词中性的独特之处以及其最终得以发展壮大的原因。

关键词： 罗马尼亚语　名词中性　非阴性形态　非生物语义　历史比较

一　罗马尼亚语名词的中性问题及其研究现状

拉丁语及其后代——罗曼诸语言在名词的语法性上存在明显区别：拉丁

* 赵飞，首都师范大学德语语言文学专业语言学硕士，现为商务印书馆外语编辑室编辑，主要研究方向为印欧语系和阿尔泰语系语言的演变规律，致力于通过历史比较语言学研究方法，研读古代文献，考证欧洲语言演变过程及古代、现代欧洲语言之间的联系。

语为阳－阴－中三性系统，而各种现代罗曼语——大到法语、西班牙语、葡萄牙语、加泰罗尼亚语，小到加利西亚语、科西嘉语、撒丁语、普罗旺斯语、拉丁－罗曼什语等——名词均只保留阳性和阴性。唯一的例外便是罗马尼亚语：只有它仍保留了中性，呈现出罗曼语中独有的阳－阴－中三性体系，同祖先拉丁语在性的数量上（quantity）遥相呼应。然而罗马尼亚语的三性体系和拉丁语的三性又存在质（quality）的区别：拉丁语的三个性分别都有自己专属的形态词尾（如阳性词尾-us，阴性词尾-a，中性词尾-um等），而其后代罗马尼亚语的中性却几乎没有自己专属的形态词尾：它的单数词尾和阳性单数词尾趋同，而复数词尾则和阴性复数词尾趋同，如图1所示。

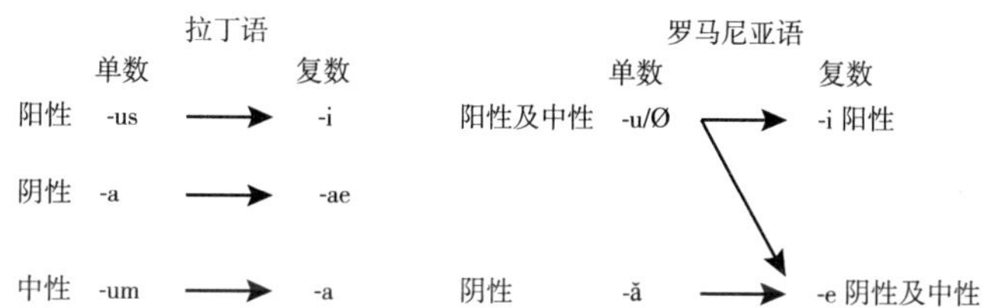

图1　拉丁语与罗马尼亚语的阳、阴、中性单复数形态词尾对应关系

注：实际上，无论是拉丁语还是罗马尼亚语的名词都还有其他形态词尾，本图中只列出了最常见的几种。

鉴于此，语言学界对罗马尼亚语名词中性的性质存在争议，双方争议的焦点集中在对名词性的定义上。大部分学者都根据传统语法学界定，认可罗马尼亚语是阳－阴－中三性体系。但也有少部分学者，如贝特曼（Nicoleta Bateman）、波林斯基（Maria Polinsky）①和萨尔德（Louisa Salder）②根据形态词尾的使用情况，认为罗马尼亚语只有两个性，蒂努（Liviu P. Dinu）、尼库莱（Vlad Niculae）和舒莱亚（Octavia-Maria Şulea）也认为罗马尼亚语中性的形态词尾特征是它看上去更像是阳性和阴性的“连接者”（combination），而非像拉丁语那样独立的性。③

① Bateman, Nicoleta and Polinsky, Maria, “Romanian as a Two-Gender Language,” *Hypothesis A/Hypothesis B. Cambridge, MA*: MIT Press (2010).

② Salder, Louisa, *Gender Resolution in Rumanian*, (https://www.researchgate.net/publication/241612101_Gender_ Resolution_in_Rumanian) 2014.3.27, 最后访问日期：2018年5月12日。

③ Dinu, Liviu P., Niculae, Vlad, Şulea, Octavia-Maria, *The Romanian Neuter Examined Through A Two-Gender N-Gram Classification System*, (https://www.researchgate.net/publication/267725658_The_Romanian_Neuter_ Examined_Through_A_Two-Gender_N-Gram_Classification_System) 2015.3.31, 最后访问日期：2018年5月13日。

值得注意的是，古代意大利语也曾在某种程度上保留了中性[①]，并因此被视为由拉丁语阳－阴－中三性系统向罗曼语阳－阴两性系统发展过程中的一个重要过渡阶段。基于这一点，有观点认为可以将古意大利语同罗马尼亚语相提并论。[②]虽然罗马尼亚语与古意大利语中性在形态上颇有相似之处（中性基本没有独立的专有形态词尾，单数词尾同阳性单数词尾重合，复数词尾则同阴性复数词尾重合），但是，这种观点显然完全无视了一个重要事实和区别，即古意大利语的中性在之后的发展历程中逐渐走向衰落，最终消失在阳性和阴性之中；而罗马尼亚语的中性却十分顽强，而且至今还在源源不断地吸收新成员。由此可见，将两者相提并论实在是很不恰当。一个不经意间被忽视的问题是，两者性质上存在根本的不同：前者是形态语法学概念，而后者则逐渐演变为形态[－阴性]和语义[－生物]的结合体。

造成此种现象的原因颇为复杂，既有历时发展原因，又有罗马尼亚语中性本身十分特殊的转型因素，本文会在后面详细论述。

二　性的区分：语义上的性和形态上的性

英国语言学家柯尔贝特（Greville G. Corbett）认为，名词的语法性分成两类，即主性（controller gender）和配性（target gender）[③]：

“我们应该……区别名词的主性和配性：名词被划分为各种主性，而配性则要通过形容词、动词等来反映。”[④]

主性指的是名词在语法意义上的归属，印欧语言中常见的阳性、阴性、

① 由于同罗马尼亚语一样缺少专属的语法形态词尾，古意大利语名词的中性也被一些学者称为“第三性”，如 Michele Loporcaro, Vincenzo Faraoni and Francesco Gardani, “The Third Gender of Old Italian,” *Diachronica* 31:1 (2014)。

② Loporcaro, Michele, Faraoni, Vincenzo, Gardani, Francesco, “The Third Gender of Old Italian,” *Diachronica*, 31:1 (2014)，p.3.

③ 由于国内对相关术语尚没有权威的统一翻译，笔者在本文中且将其翻译为“主性”和“配性”，后同。

④ 原文为英文 “We should...differentiate controller genders, the genders into which the nouns are divided, from target genders, the genders which are marked on adjectives, verbs and so on.” Corbett, Greville G., *Gender* (Cambridge University Press, 1991), p.151.

中性即三种主性。配性可以视为主性的呼应者。① 这种呼应在印欧语言中多以形容词来反映，以拉丁语为例：

阳性	阴性	中性
nas*us* magn*us*	ros*a* bell*a*	don*um* bon*um*
大鼻子	漂亮的玫瑰	好的礼物

在上例中 magnus、bella 和 bonum 三个形容词以不同的形态词尾（-us、-a、-um）作为配性，分别反映了 nasus、rosa 和 donum 三个名词的主性。实际上，除了形容词外，在一些语言中动词也可以反映主性，以希伯来语 ② 为例：

阳性	阴性
הוא גר(Ø) בישראל.	היא לומדת עברית.
他住在以色列。	她学习希伯来语。

希伯来语中动词现在时有区分性的职能，如上例中“他住在以色列”一句中的 גר（住）一词的零词尾（-Ø）即是阳性词尾标志，并作为配性呼应了前面的 הוא（他）一词的主性。而“她学习希伯来语”一句中的לומדת（学习）一词的-ת 词尾则是阴性词尾标志，并作为配性呼应了前面的היא（她）一词的主性。

除此之外，主性中还存在两种系统，两个因素分别在这两个系统中起

① 配性的作用因此而被一些学者过分夸大，甚至称其为“检验（主）性唯一的标准”(the gender of nouns can be proved only on the basis of grammatical agreement)：Roman, D.-M. (2016). *Noun Gender in Romanian, a Lexical-Semantic Category*. (Logos Universality Mentality Education Novelty, Section: Philosophy and Humanistic Sciences, Ⅳ (1), 27-43. Doi: http://dx.doi.org/10.18662/lumenphs. 2016.0401.02)。如果按结构将性分为分析性结构（analytic）和综合性结构（synthetic），那么这种判断方式显然更适合分析性结构的性（如德语名词有三个主性，但由于每个主性都没有专属词尾，因而配性对揭示主性就显得格外重要：gut-*er* Mann“好男人”为阳性，gut-*es* Mädchen“好姑娘”为阴性），而对于拥有清晰示性词尾系统的综合性结构的性（如正文中接下来所举的拉丁语例子）来说则显得有些赘余。

② 许多印欧语言中动词在被动语态或由系动词“是”引导的完成时中也可以反映出性，不过此时动词已经形容词化，因此笔者不把它视为动词配性。

到了决定性作用：词的意义（性的语义系统）及词的形式[①]（性的形态系统）。印欧语言中的各种语法形态变化（形态学概念）便是"形式"中的一种。古代印欧语言的主性主要就是由各种示性形态词尾来表现（如拉丁语中的阳性标志性词尾 -s，阴性标志性词尾 -a 以及中性标志性词尾 -um），和词义的关系并不紧密，即便是表示生物的名词，其主性也往往并非由其自然属性决定。如哥特语中的 guþ（-Ø）"神"一词语义上为阳性，但形态上却为中性；古英语中的 wīf（-Ø）"女人"一词语义上为阴性，但形态上则为中性等；另外，同一个词在不同的语言中也可以是不同的性，如"椅子"在西班牙语里（silla）为阴性，在罗马尼亚语里（scaun）为中性，而在德语里（Stuhl）则为阳性，故而印欧语言中的主性可以被归入形态系统，而非语义系统。

主性和配性的搭配在印欧语言中是由形态系统，即各种示性词尾来实现的。不过离开印欧语言，放眼世界范围内，语义在主性的划分上也完全可以扮演重要角色："名词的语法性的语义概念主要体现在主性上"[②]，并被分为八种主要类型："动物 / 非动物，理性 / 非理性，人类 / 非人类，男人 / 其他，强壮 / 弱小，增加 / 减少，雄性 / 其他，阳性 / 阴性 / 无性。"[③]

不过主性的这两大系统虽然看起来有些对立，但实际上却可以相互转化，特别是当示性形态词尾混乱时，这种转化便很容易发生。而罗马尼亚语名词的中性所经历的重组和转型即属于此种情况：这个主性的独特之处在于经历了从形态系统向语义系统的转型。也正是这次成功的转型给它注入了强大的生命力，从根本上改变了它的命运，使它没有像在其他罗曼语中那样融入阳性和阴性中并最终完全消失。

三　古典及通俗拉丁语中名词性形态系统的重组情况

罗马尼亚语名词中性的起源及其属性一直备受争议，语言学界主要有以

① 原文为英文 "...assignment many depend on two basic types of information about the noun: its meaning (semantic) and its form...", Corbett, Greville G., *Gender* (Cambridge University Press, 1991), p.7。

② 原文为英文 "The semantic aspect of gender is most evident in controller genders." Corbett, Greville G., *Gender* (Cambridge University Press, 1991), p.158.

③ 原文为英文 "animate/ina- nimate, rational/non-rational, human/non-human, male human/other, strong/weak, augmentative/diminutive, male/other, mas-culine/feminine/non-sexed", Corbett, Greville G., *Gender* (Cambridge University Press, 1991), p.158。

下两种观点。

第一，以马林逊（Graham Mallinson）为代表的一些学者认为，由于拉丁语的中性在其他罗曼语中均经历了由衰落走向灭亡的过程，因而罗马尼亚语名词的中性不大可能直接源自拉丁语[1]；罗塞蒂（Alexandru Rosetti）也认为罗马尼亚语名词的中性是一种创新，目的是区分生物名词和非生物名词，因为没有一个生物名词是中性词。[2]

第二，另有一些学者提出罗马尼亚语名词的中性直接源自拉丁语，但可能受到斯拉夫诸语言阳－阴－中三性系统的影响。对此彼特鲁齐（Peter R. Petrucci）认为罗马尼亚语的中性不可能来自斯拉夫语言，一个有力的证据是，斯拉夫语中原本是中性的名词在借入罗马尼亚语之后都变成了阴性名词（如 ciud-*ă*<čud-*o*、sit-*ă*<sit-*o* 等）。此外，由于斯拉夫诸语言均较完整地保留了示性词尾，也就是说，每个性基本上都有自己专属的、唯一的单复数词尾，而没有像罗马尼亚语那样严重的混合现象（罗马尼亚语中性名词几乎没有自己的专属词尾，单数词尾同阳性，复数词尾同阴性），且语义对于名词的主性归属并没有直接影响，因此完全可以说“没有证据表明与斯拉夫诸语言的接触对罗马尼亚语的性体系的发展产生了明显作用”。[3] 该体系完全是罗马尼亚语在继承了拉丁语的三性体系之后独立发展的产物，既不同于斯拉夫诸语言，亦同其他罗曼语言名词性体系的发展轨迹大相径庭，可以视为罗马尼亚语的一个创新，是罗曼语言中独一无二的语言现象。

“罗曼语言中名词的语法性变化的根源在于中性同阳性的混合，同时伴随所有以 -a 结尾的中性词同阴性融合，实现重组……这一现象似乎在罗曼语中早已发生，也许早在通俗拉丁语阶段就已发生。”[4] 古意大利语名词中性的

① Mallinson, Graham. “Croom Helm Descriptive Grammars,” *Rumanian* (1986), p.246.

② Rosetti, Alexandru. “The Hague: Mouton,” *Linguistica* (1965), pp.84-88.

③ 原文为英文 “No evidence indicating contact with the Slavic languages affected the development of the Romanian gender system.” Petrucci, Peter R., *Slavic Features in the History of Romanian* (Ph. D. diss., USC, 1993), pp.175-176.

④ 原文为英文 “The overall pattern of gender change in Romance seems to have its roots in the collapse of the neuter into the masculine gender, along with the apparent reassignment of all nouns ending in -a to the feminine gender...this seems to have happened very early in the history of the Romance languages, or perhaps as early as Vulgar Latin.” Harmon, Sarah Elizabeth, *Gender in the Romance Languages: An Evolutionary Approach* (Ph. D. diss., The University of Texas at Austin, 2007), p.65.

发展轨迹便很好地诠释了这一点：它早已悄无声息地消失在了阳性的大海之中。然而罗马尼亚语中性的情况却截然不同：它在独立发展的过程中，像泰米尔语一样成为语义的承担者。[①]但共同点是，它们都经历了一次性体系的重组，而这完全是基于阳性和中性形态上的重合，事实上这一过程早在拉丁语时期就开始了。

众所周知，罗曼语的名词源于拉丁语的宾格，而非主格，且宾格在5世纪时在通俗拉丁语中就已渐渐取代了其他格的形式和作用。[②]拉丁语名词单数的宾格标志性词尾是 -m，并在拉丁语的全部五种变格法中均有所体现：

	第一变格法	**第二变格法**	**第三变格法**	**第四变格法**	**第五变格法**
	门	朋友	国王	果实	天
主格	port-a f.	amic-us m.	rex m.	fruct-us m.	di-es m.
宾格	port-a*m*	amic-u*m*	reg-e*m*	fruct-u*m*	di-e*m*

其中 -um 在拉丁语名词中，特别是在第二变格法中身兼数职：阳性和中性单数宾格词尾，中性单数主格词尾（如 don-um），这极大削弱了 -um 作为指示性词尾区分性兼区分格的功能。而随着宾格在罗曼语中逐步一统天下，-um 渐渐不再具有区分格的意义，而由于阳性和中性单数形态词尾在此时已完全相同，-um 作为示性形态词尾的地位也被削弱，无法再区分阳性和中性，其身份逐渐变成了非阴性词尾。这一现象无疑给阳性和中性的重组提供了可能[③]：中性失去了自己独有的标志性词尾后，单数词尾和阳性单数词尾重合（-um），同时它的复数词尾又和阴性单数词尾重合（-a），这一切都为中性日后在罗曼语中不断萎缩并最终消失埋下了伏笔。除了罗马尼亚语，中

① Corbett, Greville G., *Gender* (Cambridge University Press, 1991), p.158.

② Herman, József, *Vulgar Latin* (Penn State University Press, 2000), p.52.

③ 这充分说明了变格体系消亡及示性词尾的混合是阳性和中性重组的前提条件，而非结果。因而 Sarah Elizabeth Harmon 有关“一旦中性消亡，变格体系的重组便会开始”（Once the neuter gender ceases to exist, and the reorganization of the declension system takes place...）的观点属于本末倒置。Harmon, Sarah Elizabeth, *Gender in the Romance Languages: An Evolutionary Approach* (Ph. D. diss., The University of Texas at Austin, 2007), p.21.

性在现代罗曼语中早已为阳性和阴性所瓜分：

拉丁语[1]	法语	西班牙语	加泰罗尼亚语	葡萄牙语	意大利语	撒丁语
mare n. 海	mer f.	mar m.	mar m.	mar m.	mare m.	mare m.
caelum n. 天	ciel m.	cielo m.	cel m.	céu m.	cielo m.	chelo m.
ferrum n. 铁	fer m.	hierro m.	ferro m.	ferro m.	ferro m.	ferru m.

值得注意的是，中性复数词尾和阴性单数词尾早在古典拉丁语时期便有迹可寻，如 naut*a*，而其起源则是一些中性词所代表的集合概念，如 poet*a*。[2]通俗拉丁语在向罗曼语演变的过程中继续保持这一势头，具有集合概念的中性复数名词先是逐渐演变为阴性复数词[3]，后来又变为阴性单数词，最终完成了中性和阴性之间的重组。而现代罗曼语中的一些阴性词（如意大利语中的 foglia，法语中的 feuille，罗马尼亚语中的 foaie 均来源于拉丁语 folium 的复数形式 folia）也有力地证明了这一现象。

四 罗曼语中名词性形态系统的重组情况

拉丁语的性体系在中性失去自己的专属形态词尾后经历了重组，而通俗拉丁语及随后的罗曼语也继承了这种重组。由于中性复数词尾和阴性复数词尾逐渐趋同，中性在罗曼语中的身份标识进一步模糊，分解和重组的速度也迅速提升，最终，除了少部分并入阴性外，大部分都并入了阳性。

不过古意大利语的中性曾经十分活跃，有过短暂的辉煌期，并成功吸引了不少原拉丁语阳性词加入其中。罗马尼亚语的中性也是如此，因为阳性单数词尾和中性单数词尾的重合模糊了两者的边界，重组现象随即发生并扩大。

① 由于前文所述，罗曼语名词源于拉丁语宾格形式，故拉丁语部分例词均给出宾格形式，而非主格形式，后同。

② 原文为英文 “The morphological markers of the Indo-European feminine gender arose from a word-formation suffix with collective meaning *-h_2 and various derivatives formed with it, including thematic *-e-h_2 and athematic *-i-h_2.,” Olav Hackstein: Collective and Feminine in Tocharian. In: Multilingualism and History of Knowledge. Vol. Ⅱ: Linguistic Developments along the Silk Road. Archaism and Innovation in Tocharian. (= Österreichische Akademie der Wissenschaften, phil.-hist. Klasse Sitzungsberichte, 834. Band.)（2011/2012）：143-177.

③ 如法兰克王国墨洛温王朝时期（481~751）的拉丁语中出现了 ips-a animali-a aliqu-as (<aliqu-a) mort-as (<mort-a) fuerant 这样的句子。

（一）古意大利语中的形态词尾重组现象

如前文所述，古意大利语在某种程度上继承了拉丁语的三性系统：

早期古意大利语的形态词尾①

	阳性	阴性	中性
单数	-o	-a	-o
复数	-i	-e	-a

拉丁语中性单数标志性词尾 -um 在古意大利语中已演变为 -o，而且由于阳性和中性单数词尾已完全相同，因而原拉丁语中的一些阳性名词在古意大利语中演变为中性名词：

古意大利语中性		拉丁语阳性
mur-o n.（复数：mur-*a*）墙壁	<	mur-um m.（复数：mur-*os*）
lett-o n.（复数：lett-*a*）床	<	lect-um m.（复数：lect-*os*）
sacc-o n.（复数：sacc-*a*）麻袋	<	sacc-um m.（复数：sacc-*os*）

这一现象不仅证明了阳性和中性之间的重组，还显示了中性在古代罗曼语中曾经有强大的生命力。也就是说，中性在古意大利语中不仅是一个独立的主性，而且还是纯粹的形态语法概念，并没有承载任何语义概念。然而随着之后中性复数词尾和阴性复数词尾趋于一致（-a>-e），配性的数量也随之从三个变为两个（由 -i、-e、-a 减为 -i 和 -e，如 pom-*o*，pom-*e*），中性的独立性被大大削弱了，最终在类推（analogy）的作用下与其他两性，特别是与阳性混合：

单数		复数
mur-*o*	墙壁	mur-*a*>mur-*i*
castell-*o*	城堡	castell-*a*>castell-*i*
lett-*o*	床	lett-*a*>lett-*i*
bagn-*o*	浴池	bagn-*ora*>bagn-*i*

① Kuryłowicz 1964:212，Michele Loporcaro, Vincenzo Faraoni and Francesco Gardani, “The Third Gender of Old Italian,” *Diachronica* 31:1（2014）, p.9.

prat-*o* 草地 prat-*ora*>prat-*i*

nom-*e* 名字 nom-*ora*>nom-*i*

值得注意的是，上例中出现了一个古老的中性专属复数词尾 -ora，它来源于拉丁语第三变格法的中性词干 -or 和复数词尾 -a 的合体（如 tempus，宾格复数 temp-or-a 和 corpus，宾格复数 corp-or-a），本为一个语法上的错误用法（将词干错用作词尾），却慢慢演变为独立形态词尾，成为硕果仅存的中性专属形态词尾。我们通过最后三个例词还可以看出，这个词尾曾经在古代意大利语中非常活跃，甚至还扩展到了原拉丁语中词干并非 -or 的词中（如 nome<nomen 的复数形式便从拉丁语的 nomin-a 变成了古意大利语的 nom-ora，-ora 完全取代了原复数词尾），因此完全可以说 -ora 在保持中性作为独立主性方面功不可没。可惜 -ora 最终还是在现代意大利语中完全消失了，随之消失的还有中性本已脆弱不堪的独立性。①

其实罗马尼亚语也有一个和 -ora 相对应的中性复数词尾 -uri，从形态上保证罗马尼亚语中性的独立。不过不同的是，-uri 幸存至今并且生命力极其旺盛，这一点后面还会谈到。

（二）罗马尼亚语中的形态词尾重组现象

1. 中性和阳性单数词尾的重合

随着拉丁语格体系的变化，中性单数主格词尾逐渐变为非阴性词尾，并被罗曼诸语言所继承。而罗马尼亚语则在此基础上还进一步发生了以下词尾变化：

（1）-um> -u②

拉丁语	罗马尼亚语
exempl-*um* 例子	exempl-*u*

① Robert A. Hall Jr. “The ‘Neuter’ in Romance: A Pseudo-Problem,” *Word*, 21:3, 421-427, DOI: 10.1080/00437956.1965.11435438 (1965), p.424.

② 实际上不仅是名词，形容词（如 albastru）和物主代词（如 nostru）也受到影响：“The Romance plural isogloss and linguistic change: A comparative study of Romance nouns”：“...The first case concerns a few monosyllabic words such as POS(T) ‘after, later’, nos ‘we’ and vos ‘you(pl)’. The final -s has been replaced by -i as Italian examples illustrate: poi, noi, voi.” Lampitelli, Nicola, “The Romance Plural Isogloss and Linguistic Change: A Comparative Study of Romance Nouns,” *Lingua* 140 (2014), p.162.

membr-*um*	成员	membr-*u*
Petr-*um*	彼得	Petr-*u*
fili-*um*	儿子	fi-*u*
me-*um*	我的	me-*u*①

（2）-em>-e②

拉丁语	罗马尼亚语	意大利语
leg-*em* m. 法律	leg-*e*	legg-*e*
sol-*em* m. 太阳	soar-*e*	sol-*e*

（3）-um>-ø

拉丁语	罗马尼亚语
cas-*um* m. 情况	caz-*ø*
cael-*um* n. 天	cer-*ø*

可以看出中性名词单数形态词尾始终和阳性单数词尾完全重合，因而阳性和中性不断重组，拉丁语原有的名词性体系被完全破坏了。

2. 中性和阴性复数词尾的重合

除了阳性单数和中性单数词尾重合外，罗马尼亚语中性复数词尾也和阴性复数词尾发生了重合。我们知道，罗马尼亚语属于罗曼语族东支，因而阴性词尾和古意大利语、现代意大利语一样，同为 -e，来源于拉丁语阴性宾格复数词尾 -as，-as 之后在东部罗曼语中又演变为 -aj③，最终变为 -e 词尾。而中性复数词尾则由 -a 演变为 -e，同阴性复数词尾完全趋同。至此，语音上的变化最终导致了形态上的重大变化。现代意大利语中的一些不规则复数变化

① 《尼亚克舒信》（Scrisoarea lui Neacşu din Câmpulung către Hans Benkner, judele Braşovului）中也作“miu”，其他古代文献中，如《尼亚格·巴萨拉伯对其子提奥多西之教诲》（Învăţăturile lui Neagoe Basarab către fiul său Teodosie）亦见“mieu”。

② 拉丁语第三变格法中宾格词尾 -m 自公元前后便在通俗拉丁语中有了消失的迹象，如庞贝废墟中有如下语句：
Myrtile, habias propitium Caesar-e (< Caesar-em)
Sic habeas Vener-e (<Vener-em) Pompeianam propytia
公元前 2 世纪中叶（约公元前 150 年），Lucius Cornelius Scipio Barbatus 的墓碑上出现了 Taurasia (<Taurasiam) Cisauna (<Cisaunam) Sannio (<Sannium) cepit（他俘获了 Taurasia、Cisauna 和 Sannius）字样。

③ Lampitelli, Nicola, “The Romance Plural Isogloss and Linguistic Change: A Comparative Study of Romance Nouns,” *Lingua* 140 (2014), p.162.

（单数词尾为阳性单数词尾 -o，但复数词尾却为阴性复数词尾 -e，而非阳性复数词尾 -i）即源于此：

单数	复数
l' uov-*o* nuov-*o* 新的蛋	le uov-*a* nuov-*e*
il bracci-*o* lung-*o* 长的手臂	le bracci-*a* lung-*e*

uovo 和 braccio 两词在拉丁语中均为规则中性词（uov*o*, uov*a*<ov*um*, ov*a*, bracci*o*, bracci*a*<bracchi*um*, bracci*a*），但是随着中性区别于阳性、阴性的专属形态词尾逐渐消失，残存的中性在意大利语中最终变成了不规则阳性。罗马尼亚语中也有类似的现象，即中性名词在形态词尾上单数同阳性相同，复数同阴性相同。那么，为什么罗马尼亚语中的中性没有像意大利语那样消失呢？因为罗马尼亚语名词的阳性和中性还经历了一次完全不同于其他罗曼语的重组和转型。也正是这次独特而重要的重组和转型，决定了罗马尼亚语的名词中性最终得以幸存的命运。

3. 罗马尼亚语名词阳性和中性在语义上的重组和转型

个别名词根据语义概念来划归主性实际上并非罗马尼亚语所独创。虽然如前文所述，印欧语言的主性划分原则基本是根据形态词尾，但这并不意味着语义在此过程中完全不起任何作用，比如俄语中的 дядя（叔叔）和 папа（爸爸）两词从形态词尾来看应为阴性词，但由于它们的语义完全是阳性概念，因此两个词都被划入阳性。拉丁语中这样的现象亦不少见，poeta（诗人）、nauta（水手）、agricola（农夫）、auriga（马车夫）、propheta（先知）、pirata（海盗）等带有阴性词尾 -a 的词均被归入阳性，并被形容词等配性反映出来，如 poet-*a* magn-*us*（伟大的诗人）, pirat-*a* mal-*us*（邪恶的海盗）等。不过这些重组显然都只能是个别现象，因为无论是在俄语中还是在拉丁语中，名词的示性词尾都保存得较为完好，没有出现罗马尼亚语中那样大规模的重合现象，因此，也就不可能像罗马尼亚语名词中性那样转型得那么彻底。

如果说在此之前罗马尼亚语名词阳 - 阴 - 中性体系的发展还和其他罗曼语言齐头并进，那么从现阶段起，它已经完全走上了独立发展的道路：由于罗马尼亚语的中性单数早已没有了独立的形态词尾，它逐渐演变成了一个语义意义上有别于阳性的性，而非形态语法意义上的性。不过这一点反而让中性迸发了勃勃生机，变得不可或缺：很多表示非生物概念的阳性词都转移到了中性这一集合之中。[①] 我们知道无论是古典拉丁语还是通俗拉丁语，名词的性均同语义没有紧密联系。因而罗马尼亚语的名词中性可谓罗马尼亚语的独特创新，因此其在通俗拉丁语向罗曼语的演变过程中并不具有典型性，更多的是具有偶然性和独特性，故而不能被视为两者之间的过渡阶段。

（1）阳性和中性逐渐演变为语义主性

阳性与中性单数形态词尾的趋同为罗曼语言名词性体系的重组创造了条件，中性在西罗曼语言和意大利语诸方言中开始不断被阳性和阴性合并，直至完全消失。而罗马尼亚语则进行了另一种完全不同的逆向重组，进而使得中性大大强化了存在感：中性不断吸收原阳性词中的非生物成员，即阳性[- 生物]> 中性 [- 生物]：

拉丁语阳性		**罗马尼亚语中性**
casum	情况	caz
fructum	果实	fruct
locum	地点	loc
montem	山	munte
sanguinem	血	sânge

在其他的罗曼语中，上述拉丁语例词均为阳性词，或变为阴性词——如“血”在葡萄牙语中为阳性（sangue）而在加泰罗尼亚语和法语中则为阴性——而在罗马尼亚语中则变为中性。一个明显的发展趋势是，罗马尼亚语阳、中两性进行重组时逐渐不再以形态词尾为依据，而是根据语义 [± 生物]。

（2）罗马尼亚语名词中性的高产能及其原因

一些学者在关注罗马尼亚语中性的同时，对它的未来持悲观看法。[②] 但

① 不过仍有一些词例外，如 an（年）、ochi（眼睛）、perete（墙壁）、pantalon（裤子）、ciorap（袜子）等非生物概念就都是阳性词。由此可见，并非所有的非生物阳性词都经历了这一重组，此诚如格林所言“任何的规律都有例外”。

② 如 Anca Andreea Pavel 在《当代罗马尼亚语中性的活力》（The current dynamic of neuter gender in Romanian）一文中通过对 20 岁以下的罗马尼亚年轻人误将中性名词当作阳性名词使用的情况进行了统计和分析，认为中性的存在正受到严峻的挑战。Pavel, Anca Andreea, *The Current Dynamic of Neuter Gender in Romanian*（Buletinul Stiintific al Universitatii Mihail Kogalniceanu, 2012）, Issue 21.

罗马尼亚语名词中性的特质让我们没有理由为它的未来担心：除了以完全不同的方式进行重组，继而使自己在罗马尼亚语中牢牢地站稳了脚跟外，罗马尼亚语名词中性的另一个突出特点便是生命力顽强以及高产能（productivity）。以古意大利语为例，其他罗曼语言的中性均经历了不断萎缩直至消亡的演变过程，唯有罗马尼亚语的中性不仅没有萎缩和消亡，反而屹立不倒，甚至还不断壮大。这并不是偶然的，而是有两点深刻的原因。

首先，中性，特别是中性单数的语义特性决定了它可以不断吸收新成员：原拉丁语阳性词（如 nas<nasus m.）、外来词，不管它们之前在源语言中是什么性（如 ceas<čas m.），新产生的词（如 Internet）只要满足 [- 生物] 的语义特点，就都可以成为中性名词，因而罗马尼亚语的名词中性范围始终在不断扩大。

其次，即便在形态意义上，罗马尼亚语中性的地位也可以说是稳如泰山，因为它拥有完全区别于阳性和阴性、自身所独有的复数词尾 -uri。前面说过，-uri 和古意大利语的 -ora 一样来源于拉丁语第三变格法中的词干 -or- 和宾格复数词尾 -a(如 timpuri<tempora, corpuri<corpora)。罗马尼亚语的 -uri 词尾产能非常高，和前面所述古意大利语一样，它首先突破了拉丁语中变格法的范围，扩展到了词干原本并非 -or- 的拉丁语词汇，进而又突破了性的界限，向原拉丁语非中性词扩张：

罗马尼亚语中性单数及其词源		**拉丁语宾格复数**	**罗马尼亚语复数**
cer<caelum n.	天	cael-*a*	cer-*uri*
vin<vinum n.	葡萄酒	vin-*a*	vin-*uri*
nas<nasum m.	鼻子	nas-*os*	nas-*uri*
loc<locum m.	地点	loc-*os*	loc-*uri*
mod<modum m.	方式	mod-*os*	mod-*uri*
lac<lacum m.	湖	lac-*us*	lac-*uri*
curs<cursum m.	课	curs-*us*	curs-*uri*

不仅如此，-uri 的高产能还表现在它成为众多外来词及现当代新产生的词语的复数词尾，而这无疑又可以视为中性富有活力的表现，它始终是一个开放的集合，而非像古意大利语那样逐渐成为一个闭合区间，并日趋

消亡：

单数	复数
birou[①] 办公室	birou-*uri*
ceai[②] 茶	ceai-*uri*
ceas 钟表，小时	ceas-*uri*
dans 舞蹈	dans-*uri*
vreme 天气	vrem-*uri*
CD-Rom 只读光盘存储器	CD-Rom-*uri*

由此不难看出罗马尼亚语的简单发展历程，同时也是它和古意大利语迥然不同之处，即罗马尼亚语的中性在和阳性实现重组之后不仅没有萎缩和消亡，反而在后来的发展过程中不断壮大，源源不断地吸收新成员（如 fotbal，fax，televizor 等），未来也还会持续膨胀。中性的转型和保留特殊词尾可以说是罗马尼亚语名词中性得以幸存和发展壮大的两个关键因素，使罗马尼亚语的名词语法性体系不同于其他罗曼语的发展轨迹，成为罗曼语中独一无二的语言现象。

小　结

拉丁语的阳－阴－中三性体系在罗马尼亚和以古意大利语为代表的罗曼诸语言中以完全不同的方式实现了重组，并且决定了名词中性在这些语言中截然不同的命运：罗马尼亚语的中性在和阳性单数实现重组之后，又进一步转型成为语义中性，从而极大地促使中性在罗马尼亚语中得以保留，进而不断发展壮大，而没有像在其他罗曼语中那样走向灭亡。虽然罗马尼亚语的中性在形态意义上只有一个专属于自己的词尾 -uri，但也足以保护中性不被蚕食。罗马尼亚语的名词中性是一个个例，无法准确反映罗曼语从通俗拉丁语一路发展过来的历程，因而不能和古意大利语中性的地位和重要性相提并论。

---

① birou 和 stilou 两词均由法语阳性词变为罗马尼亚语中性词。

② ceai 和 ceas 两词在斯拉夫语言（俄语、保加利亚语、捷克语、波兰语等）中均为阳性，但在罗马尼亚语中却变成了中性词，反映了罗马尼亚语名词中性的转型。

欧洲历史与文化

European History and Culture

罗马尼亚近现代史上王室的地位和作用*

董希骁**

摘　要：2017 年 12 月 5 日，在罗马尼亚即将迎来统一 100 周年之际，该国末代国王米哈伊一世溘然长逝，标志着一个时代的落幕。过去一百多年里，罗马尼亚王室先后产生过四位国王，他们参与了现代罗马尼亚的缔造和巩固，在诸多重大历史事件中扮演着决策者和见证人的角色。本文以若干重大事件为切入点，分析了罗马尼亚王室在该国近现代史上的地位和作用，并试图解答以下两个问题：第一，在一些重大历史节点，影响王室决策的因素有哪些。第二，君主立宪制的存在对罗马尼亚近现代史有何意义。

关键词：罗马尼亚　君主立宪　大统一

一　引言

1918 年 12 月 1 日，来自各地的罗马尼亚人在阿尔巴尤利亚[①]举行集会，

* 本文系国家社科基金“冷门‘绝学’和国别史研究专项”《罗马尼亚通史》（批准号：2018VJX092）的阶段性成果。

** 董希骁，博士，北京外国语大学欧洲语言文化学院副教授。主要研究领域：罗马尼亚语言、社会与文化，中东欧国家语言政策，话语分析。在《国际论坛》《中国外语》《宁夏社会科学》等刊物上发表论文 30 余篇，出版专著《现代罗马尼亚语称谓系统》，教材《现代罗马尼亚语语法》，译著《罗马尼亚现代文化史》《跬步千里》等。

① Alba Iulia，罗马尼亚西部城市，为阿尔巴（Alba）县首府所在地。

宣布特兰西瓦尼亚[①]等地并入罗马尼亚王国，从而实现了该国历史上的“大统一”。2017年12月5日，在罗马尼亚即将迎来统一100周年之际，前国王米哈伊一世（Mihai I al României, 1921–2017）在瑞士的寓所中溘然长逝。作为全世界仅存的二战时期的国家元首，他的离世标志着一个时代的终结，罗马尼亚王室在历史上的地位和作用，也再次引发热议。尽管在不同时期，各界对罗马尼亚王室的评价褒贬不一，但不可否认的是，王室曾深度参与了现代罗马尼亚国家的缔造，并在过去一百余年间发生的若干重大历史事件中扮演了决策者和见证人的角色。

罗马尼亚王室一共产生过四位国王，本文将按时间顺序，对罗马尼亚历任国王及王室其他重要成员在一些重大历史节点的表现进行梳理，并综合各方观点，尽可能客观地对其功过加以评判，希望能够帮助我们更全面地了解该国百余年来的发展历程，更深入地剖析影响罗马尼亚现代史走向的内外部环境和主要因素。

二　罗马尼亚王室百年历史回顾

（一）卡罗尔一世：能征善战赢得独立

卡罗尔一世（Carol I，原名 Karl Eitel Friedrich Zephyrinus Ludwig von Hohenzollern-Sigmaringen，1839–1914）来自普鲁士的霍亨索伦[②]家族。他之所以能够成为罗马尼亚的君主，是特殊历史环境下国内外各方利益博弈的结果。1859年1月，A.I. 库扎（Alexandru Ioan Cuza，1820–1874）先后当选为摩尔多瓦公国[③]和瓦拉几亚公国[④]的大公，缔造了瓦拉几亚和摩尔多瓦联合公国（Principatele Unite ale Valahiei și Moldovei，1859–1866），并开始

① Transilvania，位于喀尔巴阡山脉西北部，中世纪时罗马尼亚人在此建立封建公国，长期处于匈牙利王国和奥匈帝国保护之下。

② Hohenzollern，汉语中通常译为“霍亨索伦”，但哈夫纳在《不含传说的普鲁士》一书的译注中表示，此译名来自不正确的德语发音，该书使用的译名为“霍恩佐伦”。哈夫纳·塞巴斯蒂安:《不含传说的普鲁士》，周全译，北京大学出版社，2016，第29页。

③ Moldova，位于喀尔巴阡山以东，德涅斯特河以西，中世纪时罗马尼亚人在此建立封建公国，曾先后处于奥斯曼帝国和沙俄保护之下。

④ Valahia，即罗马尼亚公国（Țara Românească），位于喀尔巴阡山以南到多瑙河流域，中世纪时罗马尼亚人在此建立封建公国，先后处于奥斯曼帝国和沙俄保护之下。瓦拉几亚是外国人对罗马尼亚公国的指称。

将“罗马尼亚（România）”用作国名。[①] 他对两个公国的行政、军事、电报、货币流通等实行统一管理，并在全新的政治环境下大刀阔斧地进行土地改革。[②] 由于他主张剥夺教会财产，因而遭到了以大地主、大资本家和教士为代表的保守势力的反对；激进的自由派人士同样对其独断专行极为不满。与此同时，沙俄不断挑动摩尔多瓦地区的分离势力，奥斯曼帝国则陈兵边境，企图瓦解联合公国。[③] 在国内外势力的胁迫下，库扎于 1866 年 2 月宣布退位并流亡海外。

在此背景下，能否选出一位既能调和国内各派势力矛盾，又能被欧洲列强接受的领导者，关系到联合公国的生死存亡。卡罗尔一世能够进入各大政治力量的视野，主要是由以下因素决定的：首先，库扎退位当日即成立了以 I. 吉卡（Ion Ghica，1816–1897）为首的临时政府，并主张请外国人到罗马尼亚主政。这种做法在欧洲并不鲜见，除丹麦之外，几乎所有欧洲国家王室的谱系均非源自本国，各国王室成员间通婚更是普遍。[④] 其次，霍亨索伦家族在欧洲拥有巨大的政治影响力，产生过普鲁士王国及德意志帝国的多位君主，还与欧洲多国王室存在亲缘关系，与法皇拿破仑三世私交尤为密切。在法国王室对接掌罗马尼亚王位兴味索然的情况下，拿破仑三世举荐了自己的侄子卡罗尔一世，联合公国政府欣然派出代表与霍亨索伦家族接洽。再次，卡罗尔一世通晓多国语言且有出色的军事素养，其政治理念倾向于自由主义，与联合公国的谈判代表 I.C. 布勒蒂亚努（Ion C. Brătianu，1821–1891）不谋而合。此外，除了德、法两国大力支持外，英国也希望借助其在巴尔干地区制衡俄、土两国。由于担心联合公国向西扩张，奥地利对卡罗尔一世接任大公持敌视态度。为躲避盘查，卡罗尔一世于 1866 年 5 月用假身份进入罗马尼亚，宣誓就任联合公国大公，同年 10 月获得了奥斯曼宗主国的承认。[⑤]

---

① Neagu Djuvara, *O Scurtă Istorie Ilustrată a Românilor* (București: Humanitas, 2013), p.261.

② Ioan-Aurel Pop & Ioan Bolovan, *Istoria României* (Cluj-Napoca: Institutul Cultural Român, Centrul de Studii Transilvane, 2004), p.503.

③ Florin Constantiniu, *O Istorie Sinceră a Poporului Român* (București: Editura Univers Enciclopedic, 1997), p.236.

④ Neagu Djuvara, *O Scurtă Istorie Ilustrată a Românilor* (București: Humanitas, 2013), pp.268-269.

⑤ W. E. Mosse, „England, Russia and the Rumanian Revolution of 1866," *The Slavonic and East European Review* 92 (1960): pp.73-94.

卡罗尔一世在位期间实施了一系列具有标志性的举措：

1866 年颁布首部《罗马尼亚宪法》。这部根本大法参照当时最先进的比利时宪法制定，其中正式将国名从“联合公国”改为“罗马尼亚”，规定了大公的权利和义务，同时淡化了奥斯曼帝国的宗主地位①，为争取国家独立提供了法理基础。

1877~1878 年，通过独立战争解除了与奥斯曼帝国的宗主关系。这场战争是俄土战争的组成部分，1877 年 4 月罗、俄两国签订条约，允许沙俄军队假道南下巴尔干。卡罗尔一世凭借其出色的指挥才能，在普列文②战役中担任俄罗联军司令。战后，依照《圣斯特凡诺条约》（1878 年 3 月）和《柏林条约》（1878 年 7 月），罗马尼亚的完全独立地位得到欧洲列强的认可，但代价是将比萨拉比亚③南部地区割让给沙俄。

1881 年 3 月，通过修宪确立君主立宪制，国家元首改称“国王”，国名也随之变为“罗马尼亚王国”。同年 5 月举行加冕仪式，卡罗尔一世成为罗马尼亚首任国王。国王的王冠由纯钢制成，取材自独立战争期间从土耳其军队缴获的一门大炮的炮管。

在其执政 48 年间，罗马尼亚的经济（金融、工业、交通）、教育、文化等也得到了显著发展。但在内政问题上，卡罗尔一世始终站在贵族阶级立场，不仅拒绝实行农业改革，还残酷镇压了 1888 年和 1907 年的两次农民起义，遇害农民超过 9000 人（一说 12000 人）。④

由于卡罗尔一世没有子嗣（其独女在 4 岁时夭折），不得不在霍亨索伦家族中另选王位继承人。1914 年 9 月（一说 10 月），卡罗尔一世病逝于佩列什王宫⑤，享年 75 岁。

（二）斐迪南一世：大公无私实现统一

斐迪南一世（Ferdinand I，原名 Ferdinand Viktor Albert Meinrad von

① Peter N. Stearns, *The Encyclopedia of World History* (Boston: Houghton Mifflin Company, 2001), p.522.

② Pleven（保加利亚语：Плевен），保加利亚北部城市。

③ Basarabia，位于普鲁特河与德涅斯特河之间，历史上曾是摩尔多瓦公国的一部分，其归属几经易手，现为摩尔多瓦共和国的主体部分。

④ Markus Bauer, „Rascoala: the Last Peasants' Revolt," *History* 9 (2010), p.47.

⑤ Palatul Peleş，位于距布加勒斯特 100 多公里的山城锡纳亚（Sinaia），修建于 1873~1914 年，卡罗尔一世国王将其选为王室的日常住所。

Hohenzollern-Sigmaringen，1865–1927）是卡罗尔一世的侄子。独立后的罗马尼亚处于奥斯曼、奥匈、沙俄三大帝国环伺之下，内部矛盾也日益突出。在父兄均拒绝继承罗马尼亚王位的情况下，斐迪南一世于 1886 年加入罗军服役，并于 1889 年正式接受储位，可谓临危受命。[①] 他生性腼腆，不善言辞，甚至有些优柔寡断，但因继位前曾在罗马尼亚长期生活，且善于听取各方意见，因此对国内各阶级的诉求和民间的疾苦有深入的了解。斐迪南一世对卡罗尔一世俯首帖耳，直至其在 1892 年 12 月迎娶玛利亚（Maria，原名 Marie Alexandra Victoria de Saxa Coburg，1875–1938）为妃。玛利亚是爱丁堡公爵之女，其祖母是英国维多利亚女王，外祖父则是俄国沙皇亚历山大二世。她的性格与斐迪南一世截然不同，不仅刚毅外向，且拥有强大的社会活动能力，热爱诗歌、音乐、绘画，在民众中享有极高的声誉。[②] 在一战阴云笼罩下，她敢于坚持自己的外交立场，表现出了极强的政治主见。[③]

1914 年 10 月，斐迪南一世在波谲云诡的国际环境下开启了君主生涯，并通过以下事迹在罗马尼亚历史上留下了浓墨重彩的一笔。

1916 年 9 月，罗马尼亚宣布加入协约国一方，对奥匈帝国宣战，希望能够借此收复特兰西瓦尼亚。为此，霍亨索伦家族将斐迪南一世视为叛逆，革出家门，并在城堡中升起了丧旗。[④]

参战之初，罗马尼亚的处境极为艰难，奥匈帝国和保加利亚军队迅速突入罗境内，并占领了布加勒斯特。王室及政府要员于 1916 年 12 月仓皇迁都雅西[⑤]，国库中的财宝也被转移至莫斯科，至今未能全部归还。俄国退出一战后，罗马尼亚不得不独自支撑东线战事。为争取民众支持，斐迪南一世大力推进农业改革，被称为“农民的国王”。在巨大的压力下，国王和多数政要曾一度动摇，但此时成为王后的玛利亚坚决反对与敌媾和。她带领红十字会亲临前线鼓舞士气，被誉为“伤兵之母”。在她的坚持下，罗马尼亚不仅抓住战机光复了布加勒斯特，还于 1919 年挥师直抵布达佩斯，以战胜国身份

① Hannah Pakula, *Ultima Romantică. Viața Reginei Maria a României*, vol.Ⅱ (București: Editura Lider, 2003), p.56.

② Eugen Wolbe, *Ferdinand I – Întemeietorul României Mari. O biografie* (București: Editura Humanitas, 2004), p.214.

③ Maria a României, *Însemnări Zilnice (ianuarie 1921-31 decembrie 1922)*, vol.Ⅲ (București: Editura Albatros, 2004), p.122.

④ Monitorul Oficial și Imprimeriile Statului, *România în Războiul Mondial*, 1916-1919. vol. I (București: Imprimeria Națională, 1934), p.97.

⑤ Iași，罗马尼亚东北部城市，位于摩尔多瓦地区。

获得了相应的权力和地位。

1918年4月、11月、12月，比萨拉比亚、布科维纳[①]与特兰西瓦尼亚（1918年10月宣布独立）等地先后加入罗马尼亚，实现了“大罗马尼亚”之梦。在1919年1月召开的巴黎和会上，美、英、法、意等大国起初对罗态度倨傲。玛利亚王后以非正式身份访法，积极为罗马尼亚争取利益。最终，法国为抵御布尔什维克的影响，支持罗马尼亚的领土要求。依据《凡尔赛和约》（1919年6月）和《特里亚农条约》（1920年6月），“大罗马尼亚”的疆域得到了缔约国的认可。

1922年10月，斐迪南一世在阿尔巴尤利亚加冕成为“大罗马尼亚”国王。其在位13年间（1914~1927），罗马尼亚人口大幅增殖，达到约1700万，领土面积扩大至29.5万平方公里，一跃成为欧洲中等国家（人口第8位，面积第10位），他也因此被称为“所有罗马尼亚人的国王”。1923年3月，罗马尼亚颁布新的宪法。

但是，斐迪南一世在立储问题上却遇到了巨大的麻烦，由于其长子主动放弃储位，不得不传位于长孙米哈伊一世。

（三）卡罗尔二世：恣行无忌饱受非议

卡罗尔二世（Carol al II-lea al României，1893-1953）是斐迪南一世的长子，因生性放荡不羁而被称为“花花公子国王”。[②]他曾两度因私情放弃储位，却在其子登基仅3年后篡夺其王位，在位10年间更是屡屡做出错误决策。其最受诟病的“恶行”如下。

1918年东线战事正紧，卡罗尔二世擅自脱离军队，与摩尔多瓦一贵族之女Z. 朗布力诺（Zizi Lambrino，1898-1953）私奔至敖德萨[③]登记结婚，并宣布放弃储位。他们的婚姻最终被判无效，临阵脱逃的卡罗尔二世本当被处以极刑，但因其身份特殊，仅被拘禁在修道院中75天。

1921年3月，卡罗尔二世与希腊和丹麦公主海伦（后人称之为海伦王太后：Regina-mamă Elena a României，1896-1982）成婚。[④] 4年后，他与E. 卢佩斯库（Elena Lupescu，1895-1977）发生婚外情，并于同年12月第二次宣

① Bucovina，目前这一地区分为南北两部分，分别位于罗马尼亚和乌克兰境内。

② Paul D. Quinlan, *The Playboy King: Carol II of Romania* (Westport: Greenwood Press, 1995).

③ Odessa（乌克兰语：Одеса），黑海西北岸的港口都市，现位于乌克兰境内。

④ 1928年，海伦主动提议与卡罗尔二世离婚。

布放弃储位，抛家弃子再度私奔。重病缠身的斐迪南一世无奈之下宣布“清理门户”，立长孙米哈伊一世为储。

1927 年 7 月，未满 6 岁的米哈伊一世登上王位，摄政的三名顾命大臣分别来自王室、最高法院和教会，但三人均无治国之志。对于等待米哈伊一世 18 岁后亲政，政界普遍持悲观态度，迎回卡罗尔二世的呼声渐长。① 1930 年 6 月，卡罗尔二世在时任首相 I. 马纽（Iuliu Maniu，1873–1953）的帮助下回到布加勒斯特，逼迫其子退位后宣布登基。1931 年，他违背承诺接回卢佩斯库，并放逐了米哈伊一世的生母海伦。

卡罗尔二世即位后一直谋求建立集权统治。为攫取权力，他甚至不惜采取谋杀政治领袖、操纵议会选举等手段。② 在其干涉下，罗马尼亚在 1930~1937 年连续更换了 10 届政府。1938 年 2 月，卡罗尔二世废除了 1923 年颁布的宪法，下令解散所有政党，用国王掌控的民族复兴阵线（Frontul Renaşterii Naţionale）取而代之，从而确立了君主专制。在经济层面，他纠集党羽通过非法交易等方式疯狂敛财，导致腐败盛行。

1939 年 8 月，《苏德互不侵犯条约》签订，罗马尼亚再次成为大国瓜分的对象，“大罗马尼亚”开始解体。即便卡罗尔二世刻意迎合纳粹德国，主动向其输出石油，并任命法西斯头目 I. 安东内斯库（Ion Antonescu，1882–1946）出任总理，亦未能摆脱丧权辱国的命运。1940 年 6 月，苏联占领了比萨拉比亚和布科维纳北部地区，将罗马尼亚彻底推向德国的怀抱。随后，保加利亚、匈牙利等国纷纷对罗提出领土要求，为寻求庇护，罗马尼亚对纳粹德国的依赖更为严重。同年 9 月，卡罗尔二世在安东内斯库的逼迫下让位于米哈伊一世，并在流亡中度过了余生。③

（四）米哈伊一世：命运多舛，功绩存疑

米哈伊一世似乎生来就是个悲情人物。他第一次登上王位时不足 6 岁，短短 3 年后就被其父篡位。1940 年 8 月，19 岁的米哈伊一世在安东内斯库的扶持下复位，后者在一个月后自命为“国家元首”，国王彻底沦为法西斯

① Armand Călinescu, *Însemnări Politice* (Bucureşti: Editura Humanitas, 1990), p.70.

② Mihai Bărbulescu et al., *Istoria României*, Ediţie Revăzută şi Adăugită (Bucureşti: Editura Corint, 2007), p.522.

③ Corneliu Coposu, *File Dintr-un Jurnal Interzis*. 1936-1947, 1953, 1967-1983 (Bucureşti: Editura Vremea, 2014), p.52.

独裁政权的傀儡。1941 年 6 月，罗马尼亚正式加入轴心国集团，安东内斯库命令罗军向苏联发起攻击，越过普鲁特河[①]解放比萨拉比亚，并在达成这一战略目标后自告奋勇，要求作为德军的扈从，将反对布尔什维克的战争进行到底。[②] 1941 年 8 月，安东内斯库自封为元帅，集军政大权于一身，而国王在战争期间几乎毫无作为。

1942 年斯大林格勒战役后，苏军开始全面反攻，罗军（第 3、第 4 集团军）在战役期间被击溃。罗国内的各派政治力量开始考虑与苏联单方面媾和，但安东内斯库坚持要征求希特勒的意见。1944 年 6 月，罗马尼亚共产党（Partidul Comunist Român，简称“罗共”）联合国家农民党（Partidul Național Țărănesc）、国家自由党（Partidul Național Liberal）、社会民主党（Partidul Social Democrat）结成民族民主同盟（Blocul Național Democrat），决定加入国际反法西斯同盟，武力推翻独裁统治，建立立宪民主政府。由于民族民主同盟的力量有限，因此他们将米哈伊国王和具有反法西斯情绪的军官作为重点争取的对象。

1944 年 8 月，苏军攻入罗马尼亚，并迅速向其首都推进。能否迅速对安东内斯库采取行动关系到国家的生死存亡。在此背景下，米哈伊一世做出了其一生中最为重要的，且足以改变国家和民族命运的决定：8 月 23 日，借安东内斯库进宫觐见之机，米哈伊一世与罗共配合将其逮捕（安东内斯库于 1946 年 6 月被执行枪决）。当晚，电台以国王的名义发布了《告全国人民书》，宣布退出轴心国集团，并立即加入反法西斯同盟，继续作战。“八·二三”武装起义不仅使罗马尼亚在二战末期加入了世界反法西斯阵营，最大限度维护了国家利益（虽然再次失去了比萨拉比亚和布科维纳北部，但特兰西瓦尼亚再次从匈牙利手中回归罗马尼亚），还使整个二战的进程缩短了 6 个月。为表彰其突出贡献，杜鲁门和斯大林在战后分别授予米哈伊一世最高等级的荣誉勋章——美国“统帅勋章”和苏联“胜利勋章”。[③]

1947 年 12 月 30 日，米哈伊一世宣布退位，罗马尼亚人民共和国于同日宣告成立。次年 1 月，米哈伊一世开始了流亡生涯，他的罗马尼亚国籍也在同年被罗政府取消。在社会主义时期，他的功绩被完全抹杀。罗马尼亚

① Prut，位于比萨拉比亚西部，现为罗马尼亚和摩尔多瓦共和国的界河。

② Alexandru Duțu, Între Wehrmacht *și* Armata Ro*ș*ie. Rela*ț*ii de Comandament Româno-germane *ș*i Româno-sovietice (1941-1945) (București: Editura Enciclopedică, 2000), p.95.

③ Jipa Rotaru, Armata Român*ă* în Al Doilea R*ă*zboi Mondial (Bucureşti: Editura Meridiane, 1995), p.196.

的共产主义政权垮台之后，罗媒体和学界的态度发生了大反转，将国王在“八·二三”起义中的作用无限夸大，罗共反而成为无足轻重的“配角”。米哈伊一世在民众中享有较高的声望，但罗马尼亚领导人一直对这位前君主心存戒备，直至1990年12月才准许其回乡祭祖。由于在罗境内只获得24小时停留时间，加上当局的刻意阻挠，米哈伊一世不得不在中途返回机场。①1997年，米哈伊一世重新获得罗马尼亚国籍，罗政府也向其归还了部分财产。

三 对罗马尼亚王室的简要评价

从上面的介绍可以看出，王室参与或经历的一系列重大事件都有其复杂的背景。随着末代国王的离世，罗马尼亚王室正与各种现实利益和意识形态相剥离，逐渐淡出历史舞台，便于学界相对客观地对其“盖棺定论”。笔者认为，在过去的一百余年间，王室不仅见证并参与了现代罗马尼亚国家的建立和发展，同时也在这一过程中不断定义自己的地位，主要体现在以下两个方面。

（一）内政外交中的缓冲器和润滑剂

罗马尼亚所处的地缘位置决定了它动荡起伏的发展历程。1859年，联合公国诞生之初便已岌岌可危，一方面仍然受到欧洲列强（尤其是奥匈帝国）的强权压迫，另一方面则卷入了巴尔干地区错综复杂的民族矛盾和纷争之中。在此背景下，从霍亨索伦家族邀请卡罗尔一世出任大公至少具有三大意义：首先，通过引入“第三方”暂时平息了国内各政治派别间的争斗，创造了相对和谐的内部环境。其次，借助霍亨索伦家族的人脉与欧洲大国建立了联系，开辟了与欧洲列强对话的渠道，使罗马尼亚在外交舞台上有了更大的回转空间。最后，卡罗尔一世本人带来了一些先进的政治理念，君主立宪制的确立和国王主导下实行的一系列改革措施帮助罗马尼亚逐步搭建起了现代国家的政治架构，为独立和统一奠定了基础。

斐迪南一世在位期间进一步强化了罗马尼亚的政治、经济和文化建设，

① “Expelling Former King, Romanians Cite ‘Stunt’,” *The New York Times*, December 27, 1990.

他与玛利亚王后的婚姻更是在复杂的国际环境下赋予了罗马尼亚更多选项，使其不再将德国作为唯一的靠山，能够从国家利益出发更为理性地选择发展道路。在这一时期，国王和王后的作用已远远超越了象征性的君主，而是成为全体罗马尼亚人，特别是农民和士兵在艰苦战争环境下的精神支柱。在最危急的时刻，玛利亚王后几乎凭借个人的坚韧和执着，力排众议，使罗马尼亚最终以战胜国的身份结束了一战。战后，王室充分利用其在欧洲各国的人脉关系为罗马尼亚争取权益，借助凡尔赛体系实现了国家利益最大化。

卡罗尔二世头脑敏锐、性情洒脱，但有致命的人格缺陷。20 世纪 30~40 年代的罗马尼亚面临严峻的内忧外患：在国内，与日益猖獗的法西斯势力相比，所有传统政党都虚弱不堪，民主政治已无生存余地，卡罗尔二世实行君主专制有一定的历史必然性。在国际层面，一战后的迅速扩张使罗马尼亚四面树敌，匈、保两国对其怀恨在心，而苏、德两国对比萨拉比亚和罗境内的粮食、石油，更是觊觎已久，必得之而后快。罗马尼亚走上亲德路线，既有战略利益的考量，也有意识形态的影响。在巨大的内部和外部压力下，卡罗尔二世的才干无从施展，甚至走上了“邪路”。

至今仍有罗政治家认为，米哈伊一世作为国王，应该对罗马尼亚在二战期间屠杀犹太人等罪行负责，甚至将 1940 年割让比萨拉比亚给苏联一事也归咎于国王。这种看法显然有失偏颇。当时的国王非但毫无实权，其本人也是法西斯独裁的受害者。在领土问题上，米哈伊一世已经在其能力范围内最大限度地维护了国家利益，提升了罗马尼亚在雅尔塔体系中的地位，得以维持今天的版图。从历史发展的大趋势看，米哈伊一世积极参与“八·二三”起义更是具有正面意义，罗国内对这一行动的质疑主要是极端民族主义思想和反苏、反共意识形态的体现。

罗马尼亚现代史是欧洲历史的一个组成部分，难以凭借个人的力量改变其走向，但王室的存在起到了国内矛盾缓冲器和国际关系润滑剂的作用，有助于制衡罗马尼亚国内的不同政治力量，并为该国赢得更大的国际生存空间。特别是在两次世界大战期间，斐迪南一世夫妇和米哈伊一世能够在关键时刻看清历史发展大势，及时帮助国家回归正确的道路，其功绩不容抹杀。

（二）在历史发展中实现自我定位

王室是罗马尼亚历史发展的见证者、参与者和推动者，在百余年的历史进程中，罗马尼亚王室也逐渐完成了身份的转变，不断修正并完善自我定位。

卡罗尔一世以普鲁士贵族的身份接任联合公国大公，终其一生都未完全实现“家”与“国”的融合。当他踏上罗马尼亚的土地时，当地混乱的政局、低迷的经济、落后的文化都令其不忍直视，罗马尼亚人随性的生活方式更是让这位以严谨著称的德裔君主嗤之以鼻。尽管他勤于国事，被其王后笑称为“睡觉时也戴着王冠”的国王，但其基本立场并未改变。在家事上，他制定家规，严禁王室成员与罗马尼亚人通婚，并将这一点写入宪法。斐迪南一世曾因此放弃自己的恋情，卡罗尔二世则为此两度与人私奔。在内政问题上，卡罗尔一世站在大地主阶级的立场，坚决反对农业改革，镇压农民起义毫不留情。在外交上，他更是严格遵从霍亨索伦家族的意志，唯德国马首是瞻，险些在一战中做出严重损害罗马尼亚国家利益的决策。

与之相比，斐迪南一世对罗马尼亚怀有更深的感情。1914 年继位之时，他就立誓要做一个“罗马尼亚好人”。对他而言，罗马尼亚在一战中加入协约国是个无比痛苦的决定。在被霍亨索伦家族除名后，他回应道：“我的王国是罗马尼亚！不该将其称为别的国家——德国！……罗马尼亚人请我叔父卡罗尔来这里，不是为了要在多瑙河口建立一个德意志王朝，而是要建立一个罗马尼亚民族的王朝。”① 实现大统一之后，罗马尼亚作为民族国家的地位得以完全确立，政治、经济和社会的发展日趋成熟，社会各界在各种新思想的指引下充满活力。这一积极趋势一直延续到二战爆发，1919~1940 年被史学家看作罗马尼亚近现代历史发展的最高峰。② 1921 年，斐迪南一世宣布将王室的姓氏从“霍亨索伦”改为“罗马尼亚”，标志着罗马尼亚王室的完全本土化，“家”与“国”正式走向融合。对于“所有罗马尼亚人的国王”这一称号，斐迪南一世当之无愧。

卡罗尔二世是一位土生土长的罗马尼亚君主。他出生后即按东正教仪式接受洗礼，并在罗马尼亚接受教育，对祖国有更深的认同。他的生活习性已完全本土化，卡罗尔一世曾当面评价自己的王孙：“你真是个纯种的罗马尼亚人。抽烟、喝酒、打牌，一样不落！”③ 在当代人的评价中，卡罗尔二世的种种荒唐行径往往被看作笑话，其人格缺陷也被无限放大。实际上，他的某些

① Ioan Scurtu, *Ferdinand I* (Bucureşti: Univers Enciclopedic, 2016), p.143.

② Mihai Bărbulescuş.a., *Istoria României* (Bucureşti: Grupul Editorial Corint, 2003), p.346.

③ Viorica Moisuc şi Nicolae Rauş, *Carol al II-lea, Regele României. Însemnări zilnice*, 1937-1951. vol. I (Bucureşti: Editura Scripta, 1995), p.42.

决定并非完全随性而为，而是基于对世界发展大势的敏锐判断。例如，他第一次放弃储位时曾表示："我很清楚，不出二十年，罗马尼亚就会像其他国家一样实行共和制，那么为什么不让我随心所欲地生活呢？"① 在祖父和父亲的余荫庇护下，卡罗尔二世统治下的罗马尼亚在经济和文化层面经历了持续发展，但政治和外交走向开始出现严重偏差。

米哈伊一世的命运令人扼腕。幼年和青年时期，他一直是他人手中的傀儡，在"八·二三"起义中实现了短暂的辉煌后，他便被自己的国家抛弃，在流亡中度过了下半生。为了养家糊口，他曾在异国开过养鸡场，还从事过会计、试飞员等职业，但他始终未曾忘记自己的祖国。尽管被禁止回国，他仍利用在欧洲各国的关系四处游说，极力推动罗马尼亚加入欧盟。2011 年 5 月，米哈伊一世重申与霍亨索伦家族断绝关系，所有王室成员均须以"罗马尼亚"作为姓氏，进一步明确了罗马尼亚王室在当代的自我定位。

结　语

上述四位国王的经历生动诠释了一个王朝的产生、兴盛、颓败和衰亡，从一个侧面反映了近现代史上罗马尼亚作为一个民族国家的形成和发展历程。在现代欧洲民族主义、自由主义、法西斯主义、共产主义等各种潮流的裹挟下，王室与罗马尼亚社会各界一起，在大国的夹缝中不断探索国家发展的道路，并将自身的血脉完全融入了这个国家，让其家族成为罗马尼亚历史的有机组成部分。在君主立宪制时期，罗马尼亚的现代政治架构得以确立，经济、社会、文化实现了快速发展，国家的领土和主权也在各大势力的夹缝中得到了最大限度的维护。对罗马尼亚王室历史的梳理，有助于我们从错综复杂的时代背景中整理出一条线索，从特定的视角对某些历史事件加以阐释。本文带有综述的性质，未能对一些关键性事件进行深入解读，需要在后续研究中继续推进。

① Ioan Scurtu, *Politică şi viaţă cotidiană în România: în secolul al XX-lea şi începutul celui de-al XXI-lea* (Bucureşti: Mica Valahie, 2011), p.58.

波兰立陶宛王国成立始末*

于大春 **

摘　要： 波兰立陶宛王国的建立和发展对波兰、立陶宛和整个中东欧地区来说，都是重要的历史事件。波兰立陶宛王国在欧洲，尤其在东欧各民族文化发展中扮演过重要角色。波兰立陶宛王国的成立是地区政治格局变化的产物，具有典型的欧洲政治文化特征。研究波兰立陶宛王国的历史对研究中东欧历史和欧洲政治具有一定的意义。

关键词： 波兰立陶宛王国　地区政治格局　政治文化

波兰立陶宛王国又称波兰立陶宛联合王国（Rzeczpospolita Obojga Narodów），简称共和国（Rzeczpospolita），它由波兰王国（Królestwo Polskie）和立陶宛公国（Wielkie Księstwo Litewskie）合并而成。这“是欧洲版图上前所未有的、最大的联合王朝”。① 1569 年 7 月 1 日，波兰和立陶宛签订两国合并法案，标志着波兰立陶宛王国成立。1795 年 10 月 24 日，沙皇俄国、奥地利和普鲁士签署协议，重新瓜分波兰立陶宛王国，标志着波兰立陶宛王国覆

* 本文是 2016 年黑龙江省经济发展重点课题（外语学科专项 WY2016019-A）的研究成果。

** 于大春，硕士，哈尔滨师范大学斯拉夫语学院波兰语系主任，讲师，主要从事俄罗斯问题和中东欧问题研究。现为哈尔滨师范大学斯拉夫国家研究中心成员。

① 〔波〕耶日·卢克瓦斯基、赫伯特·扎瓦德斯基著《波兰史》，常程译，东方出版社，2011，第 37 页。

灭。波兰立陶宛王国的建立经历了由联盟到合并的漫长过程，是波兰王国和立陶宛公国的国内局势以及两国周边国际形势发展变化的结果。

一　封建割据结束

1138~1333年是波兰封建割据时期。造成封建割据的原因十分复杂。其中，波兰王位继承斗争激烈、国内势力分化是最主要的原因，而境外势力和教会势力对波兰王位继承的干预是造成封建割据局面的助力。

1333年，卡基米日三世（Kazimierz Ⅲ Wielki）继承波兰王位。为了稳固波兰的国内外局势，结束长期的封建割据，卡基米日三世采取了一系列改革措施。

首先，改善与周边国家的关系。1343年，卡基米日三世与条顿骑士团（Państwo zakonu krzyżackiego）签署《卡利什条约》（Pokój w Kaliszu ），收回了多布任（Dobrzyń）和库亚维（Kujawy），保持了波兰北部地区的稳定。1348年，卡基米日三世在《纳梅斯武夫条约》（Pokój namysłowski）上签字，宣布放弃西里西亚（Silesia），改善了波兰同波希米亚（Bohemia）的关系。1355年，卡基米日三世与马佐夫舍地区（Mazowsze）新领主齐莫维特三世（Ziemowit Ⅲ）达成协定，获得了玛索维亚的宗主权。通过这一系列的协议，波兰维护了名义上的统一，也暂时稳定了周边局势。

其次，卡基米日三世开始扩展波兰领土，为此他不惜聚敛财富，向周边国家和个人借款。最终，波兰从当时势力衰微的基辅罗斯手中获得利沃夫（Lwów）和加里奇（Halicz），以及利沃夫以北地区的宗主权。

最主要的是卡基米日三世推行国内改革，打击已有的贵族阶层和市民阶层，加强王权，增强波兰的经济实力。卡基米日三世部分收复了原来属于波兰王室的土地，控制了波兰大量土地和土地上的农民，他将乡村非贵族行政官（包括非贵族市长和村长等）纳入贵族阶层，扩大了军队，以分散和制衡原有贵族的权力。

在行政方面，卡基米日三世从德意志帝国的马格德堡（Magdeburg）收回了市政上诉权，禁止波兰的自治城镇就市政问题到德意志帝国上诉，而是在克拉科夫建立两国上诉法庭，扩大了新波兰国王的权威。

卡基米日三世重视人才，他在克拉科夫（Kraków）建立非全日制大学，他还资助和招揽波兰财政、行政、法律等方面的人才，使之为王室服务，为波兰新的财政、行政、司法和刑罚制度的确立奠定了坚实的基础。

为了发展经济，卡基米日三世鼓励移民。他鼓励波兰人移民到新控制的利沃夫和加里奇地区，在卡基米日三世统治后期，波兰人控制了这两个地区的多数土地。卡基米日三世还不顾基督教会的反对，在波兰安置从德意志帝国来的犹太移民，以此获得犹太族的财力支持。卡基米日三世还改革币制，发行小面值货币。他推行税收改革，提高土地税和贸易税，控制盐矿开采。

卡基米日三世强调国防建设。他利用手中聚敛的财富在波兰建造了五十几个城堡，为二十几座城镇建设新的城墙。

卡基米日三世统治时期，波兰旧有的领土基本得到恢复，重新树立了王权，标志着封建割据状态结束。波兰赢得了相对的和平和繁荣，为向东方扩张铺平了道路。卡基米日三世恢复了波兰国王的权威，为自己赢得了“伟大”的称号。

二　卡基米日三世去世后的波兰王位争夺

1370 年 11 月 5 日，卡基米日三世去世。波兰面临再次分裂的危险。

可能导致波兰分裂的因素很多，其中，没有合法的王位继承人是最主要的原因。卡基米日三世一生娶过 4 个妻子，生下 6 个女儿。第一任妻子立陶宛的阿尔多娜·安娜（Aldona Anna Giedyminówna）为卡基米日三世生下两个女儿。第二任妻子黑塞的阿德莱德（Adelajde Heska）和第三任妻子匈牙利的克里斯蒂娜（Krystyna Rokiczana）没有生育子女，第四任妻子西里西亚的雅德维嘉（Jadwiga of Poland）为卡基米日三世生下四个女儿。由于没有男性子嗣继承王位，波兰未来国王的人选成为有关各方关注的焦点。

卡基米日三世对波兰王位的继承问题有自己的看法，他决定从匈牙利安茹家族（Andegawenowie）的路易斯（Ludwik Węgierski）[①] 和自己的外孙卡依寇（Każko, Kazimir IV Słupski）之间选择未来的波兰国王。1368 年，卡基米日三世确立波莫瑞（Pomorze）的斯武普斯克（Słupsk）王公卡依寇为王位继承人，卡基米日三世在去世前将库亚维、宛赤擦（Łęczyca）和谢拉兹（Sieradz）交给卡依寇，壮大他的实力。同时，为了安抚匈牙利国王背后的势力（欧洲最有实力的家族之一安茹家族），卡基米日三世将罗斯国（Ruś）、大波兰（Wielkopolska）、克拉科夫和桑多梅日（Sandomierz）留给

① 其母亲波兰公主伊丽莎白（Elżbieta Łokietkówna）是卡基米日三世的姐姐。

匈牙利的路易斯国王。

但是，卡基米日三世的决定遭到教会、市民和贵族阶层的反对，这三个阶层认为卡基米日三世的决定将使波兰再次陷入分裂，威胁他们的经济利益。同时，三个阶层决心通过反对卡基米日三世的政治斗争，重新夺回波兰政坛的控制权。

1370年，卡基米日三世去世。三个阶层开始公开支持路易斯继承波兰王位。为了继续取得三个阶层的支持，路易斯也采取了一系列措施。1355年，卡基米日三世在世时，路易斯就通过“布达特权法令”（Przywilej budziński），宣布永不向贵族和牧师增收新税。继承波兰王位后，1374年，路易斯颁布法令，将骑士和贵族的土地税从12格罗什永久减到2格罗什，同时，承诺应征参加波兰境外军事行动的骑士会收到酬劳。1381年，路易斯将特权扩展到教会和城镇居民。路易斯的让步，赢得了三个阶层的支持，为自己和后代继承王位打下了基础。

路易斯同样面临王位继承人的问题。路易斯只有3个女儿，他十分希望安茹家族与卢森堡家族联姻，一个女儿玛利亚（Maria Andegaweńska）与卢森堡家族的齐格蒙特（Zygmunt Luksemburski ）有婚约，而小女儿雅德维嘉与卢森堡家族的威廉（Wilhelm Uprzejmy）有婚约。雅德维嘉有匈牙利安茹家族的支持，包括小波兰区在内的大多数波兰人反对齐格蒙特，只有大波兰区支持齐格蒙特。由于安茹家族和小波兰区（Małopolska）反对，玛利亚和齐格蒙特退出王位竞争。路易斯也做出让步，把波兰王位留给雅德维嘉，同时，雅德维嘉解除与威廉的婚约。1382年9月，路易斯去世。1384年，雅德维嘉成为波兰国王。

三 波兰王国与立陶宛公国建立联系

在卡基米日三世时期，波兰在一定程度上实现了统一，恢复了王权，但是，面对周边势力的步步紧逼，波兰还是无能为力。西南部富裕的西里西亚割让给波希米亚，北部东波莫瑞地区被条顿骑士团占领，西波莫瑞地区被德意志帝国的勃兰登堡（Brandenburg）占领。日耳曼人的势力从西、南和北三个方向挤压波兰，与三方中任何一方相比，波兰都不具备竞争力。波兰只能向东方发展。同时，南方的匈牙利也挤压波兰的势力空间。1340年，卡基米日三世在与匈牙利的战争中取得胜利，占领了原基辅罗斯最富饶的地区之一——利沃夫。路易斯统治时期，对匈牙利人的偏袒引起波兰人的普遍不满。1376 年克拉科夫起义，大量匈牙利人在起义中被杀，波匈矛盾公开化。1377 年，路易斯将利沃夫割让给匈牙利，导致波兰人与匈牙利人之间的矛盾激化。

面对周边势力的排挤，波兰为了生存和发展，选择了东部有相同需要的立陶宛。在利沃夫争夺战中，波兰与立陶宛有过默契合作。波兰占领利沃夫，而立陶宛占据了除利沃夫之外的大部分基辅罗斯领土。被占领的基辅罗斯领土上的罗斯贵族同意立陶宛和波兰的占领区分别天主教化和波兰化，支持波兰立陶宛建立联盟。这些为波兰立陶宛联合王国的建立奠定了基础。

卡基米日三世时期，尽管实行了一系列改革，维护了波兰的统一和王权，但是，波兰的各割据势力、贵族、市民阶层、教会与王室之间的矛盾并没有得到解决。卡基米日三世只能利用他们之间的矛盾获得利益。1352 年，大波兰地区爆发反对卡基米日三世改革的起义，卡基米日三世残酷地镇压了叛乱者，以此警告反抗者。卡基米日三世去世后，上述四方的势力迅速恢复，重新干涉王权。路易斯统治时期，一系列特权法案的颁布使割据势力急剧膨胀，是“给予贵族在国内绝对统治地位的一系列政策的开端”。[①] 路易斯死后，波兰国内因为王位争夺分成两派。最终支持雅德维嘉的小波兰地区获得胜利。为了摆脱孤立局面，小波兰地区贵族决定与立陶宛王室联合，借助外部势力，巩固雅德维嘉的权位以及自己在波兰的绝对控制权。

立陶宛人是波罗的语族部落的一支，1240 年建立立陶宛公国，成为波兰东部的一支主要力量。建国的立陶宛人开始向外扩张，占领了基辅罗斯的大片土地。14 世纪，立陶宛公国成为东正教国家。立陶宛公国处于普鲁士、波兰和基辅罗斯三国之间，北临波罗的海。由于波兰处于封建割据状态，国力薄弱，对立陶宛构不成威胁，相反，倒是立陶宛时常威胁波兰。与波兰相比，条顿骑士团对立陶宛公国的威胁最大，基辅罗斯次之。在建国初期即面临条顿骑士团和基辅罗斯人的进攻，立陶宛公国丧失大片国土和人口。

条顿骑士团是立陶宛最大和最危险的敌人。一个多世纪的时间里，条顿骑士团以天主教会的名义，经常侵扰立陶宛。1383 年，条顿骑士团的入侵达到历史顶峰，他们洗劫了立陶宛首都维尔纽斯，占领了日姆兹（Żmudź）。条顿骑士团还介入立陶宛的内部斗争，公开支持立陶宛大公雅盖

① 〔波〕耶日·卢克瓦斯基、赫伯特·扎瓦德斯基著《波兰史》，第 35 页。

沃（Władysław Ⅱ Jagiełło）的堂兄维托尔德（Witold，也译成维陶塔斯或维托夫特），出兵帮助其与雅盖沃争夺王权。条顿骑士团的入侵使立陶宛面临分裂和亡国的危险。无论是雅盖沃，还是立陶宛的其他王公都清楚，只有联合波兰，接受天主教，才能对抗条顿骑士团。

从亚洲一路征服到欧洲的蒙古人在伏尔加河流域建立金帐汗国，严重威胁立陶宛的边界安全。虽然立陶宛在蒙古人的征服过程中获得好处，占领原来基辅罗斯的大片领土（主要是今白俄罗斯）。但是，立陶宛占据了蒙古人入侵欧洲必经之地，因此，双方战争不断。1363 年，立陶宛的奥尔盖得（Olgierd Giedyminowic）在蓝水（Sine Wody）击退了蒙古人的进攻，暂时保住了立陶宛对原基辅罗斯土地的统治。面对蒙古人的不断威胁，立陶宛必须选择一个联盟者。

14 世纪，地处立陶宛东方的莫斯科公国逐渐兴起。在扩张过程中，莫斯科公国开始与立陶宛发生矛盾，两国摩擦不断，莫斯科公国成为立陶宛国家安全的另一个威胁者。1380 年，莫斯科公国在库里科沃（Kulikovo Pole）战胜蒙古军队后，莫斯科公国和立陶宛公国共同对抗蒙古人的要求使双方可以建立联盟。莫斯科大公季米特里（Дмитрий I Иванович）希望雅盖沃皈依东正教，并且迎娶自己的女儿索菲亚（Софья Дмитриевна）。但是，由于立陶宛统治区内信奉东正教的基辅罗斯人远远多于立陶宛人，立陶宛东正教化和罗斯化趋势已经十分严重，莫斯科－立陶宛联合王国的建立将使立陶宛失去文化独立性。最重要的是，立陶宛的东正教化和罗斯化不能使立陶宛免除条顿骑士团的威胁。

对雅盖沃来说，与莫斯科公国建立联盟只能让立陶宛成为莫斯科公国对抗条顿骑士团的西部屏障，而与波兰联合则使立陶宛增加了一个对抗条顿骑士团的盟军，毕竟波兰与条顿骑士团统治区接壤并且积怨极深。同时，莫斯科公国迅速发展，已经开始威胁立陶宛的国家安全，特别是威胁立陶宛对原基辅罗斯地区的统治，莫斯科公国公开支持立陶宛的分裂势力。因此，雅盖沃更加倾向于选择波兰。

立陶宛国内王权斗争十分激烈。雅盖沃谋杀叔父凯伊斯图特（Kestustis）获得王位。而雅盖沃即位后，立刻面临堂兄维托尔德的叛乱。“血亲之间也会周期性地不可避免地发生血腥对抗。”[①] 外部势力的介入使立陶宛内部争斗更

① 〔波〕耶日·卢克瓦斯基、赫伯特·扎瓦德斯基著《波兰史》，第 38 页。

加激烈。条顿骑士团和莫斯科公国都试图从立陶宛的王权斗争中获得好处，他们挑拨叛乱，公开支持叛乱者。而此时的波兰也正面临复杂的国内斗争，无意从立陶宛的内部斗争中谋取利益。甚至，波兰的多数贵族反对维托尔德发动的叛乱。因此，与波兰建立联盟对雅盖沃来说十分有利。

同时，立陶宛还面临严重的文化危机。蒙古入侵使基辅罗斯瓦解。立陶宛趁机占领了基辅罗斯的大片土地。立陶宛人开始被罗斯人同化。大量立陶宛人开始信奉东正教，白俄罗斯语成为立陶宛的官方语言。原基辅罗斯土地上的波雅尔贵族希望立陶宛彻底罗斯化和东正教化。立陶宛有丧失自己文化的危险。而波兰贵族承诺保持立陶宛文化的独立性。因此，在必须与别国建立联盟的条件下，波兰－立陶宛联盟对保持立陶宛的文化独立性更加有利。

四　波兰王国与立陶宛公国结盟

立陶宛大公雅盖沃为波兰－立陶宛联合王国的建立做了充分的准备。1385 年 8 月 14 日，雅盖沃签署了具有重要历史意义的《克列沃条约》（umowa krewsko-wołkowyska），条约规定：雅盖沃将迎娶波兰国王雅德维嘉，雅盖沃和立陶宛人将皈依天主教，波兰与立陶宛合并。1386 年，雅盖沃在波兰的克拉科夫大教堂完成洗礼，教名瓦迪斯瓦夫（Władysław）。同年，雅盖沃继位波兰国王，史称“瓦迪斯瓦夫二世”（Władysław Ⅱ）。雅盖沃既是立陶宛大公，又是波兰国王，这标志着波兰王国与立陶宛公国建立联盟。

1387 年，雅盖沃向立陶宛贵族承诺，立陶宛人将与波兰人享有平等权利，打消了立陶宛人的顾虑。随后，波兰与立陶宛签署一系列条约，强化两国联盟关系，主要条约包括：1401 年的《联盟条约》（unia wileńsko-radomska）、1413 年的《赫洛德洛联合条约》（unia Horodelska）、1432 年的《格罗德诺联合条约》（unię grodzienska）等。

雅盖沃去世后，尽管两国对于联盟的性质存在分歧，两国的联盟关系也时断时续，但是，波兰立陶宛联盟的框架是双方认可的，波兰王位和立陶宛大公位的继承也按部就班进行，从而保障联盟存在两百余年。

五　波兰王国与立陶宛公国合并

1434 年，雅盖沃去世，其次子卡基米日・雅盖洛契克（Kazimierz Ⅳ

Andrzej Jagiellończyk）继任立陶宛大公，1446 年被选举为波兰国王，史称“卡基米日四世”（Kazimierz Ⅳ）。1492 年，卡基米日四世去世，其外孙杨·奥尔布拉赫特（Jan I Olbracht）继任波兰国王，另一个外孙亚历山大（Aleksander Jagiellończyk ）继任立陶宛大公。1501 年，亚历山大继承波兰王位。1506 年，亚历山大去世，老齐格蒙特一世（Zygmunt I Stary）继位。1548 年，老齐格蒙特一世去世，齐格蒙特二世（Zygmunt Ⅱ August）继位。1569 年 7 月，波兰和立陶宛签订卢布林协议（unia lubelska），两国合并为一个国家，波兰王国与立陶宛公国联盟变成了联合王国。

早在 16 世纪上半叶，部分波兰贵族提出波兰与立陶宛应该实质性合并，从而统一联盟内部力量，约束立陶宛的分裂势力和寡头政治，同时要求波兰贵族在立陶宛发挥更大作用。由于担心失去既得利益，立陶宛贵族反对统一。1548 年，齐格蒙特二世登上波兰国王和立陶宛大公之位。齐格蒙特二世也反对进一步合并两国，因为他在立陶宛的大公称号依照惯例是世袭，波兰的王位继承需要经过贵族同意，实质性合并势必影响雅盖沃家族的政治利益。

但是，随后波兰立陶宛联盟国内外形势发生了变化，尤其是周围各地区的文化整合已经完成，建立联合王国成为大势所趋。1562~1563 年，许多波兰贵族提出在政治上统一联盟各个组成部分的要求，将王室普鲁士（ Prusy Królewskie)①、立陶宛本土、利沃尼亚（Liwonia）立陶宛统治区和东基辅罗斯与波兰王国共建成一个新国家，在压力之下，齐格蒙特二世同意该要求。但是，该要求遭到一些立陶宛统治区贵族的反对。

1563 年，齐格蒙特二世批准特权法令，恢复立陶宛东正教贵族的议员资格，授予他们同波兰贵族一样的特权。许多立陶宛的罗斯贵族开始积极支持两个王国的合并。1565~1566 年，立陶宛全国代表大会通过关于进行政治改革的决议，立陶宛在政治上开始模仿波兰。新法令在立陶宛也被称为“立陶宛第二法令”（Ⅱ Statut litewski），以此区分新旧法令，立陶宛中小贵族从第二法令中看到自己即将获得更多利益，更多人开始促进联合王国的建立。这为两国进一步融合创造了条件。

① 原条顿骑士团统治区之一。1454~1466 年，条顿骑士团与波兰王国进行了 13 年战争（wojna trzynasto- letnia），1466 年双方签订《第二次托伦条约》[pokój toruński（1466）]，该地区成为波兰领土。王室普鲁士主要疆域包括东波莫瑞（Pomorze Gdańskie）、库尔莫兰（Ziemia chełmińksa）、马尔堡（Malbork）、艾尔布隆格（Elbląg）和瓦尔米亚（Warmia）等。

1564 年，波兰和立陶宛的代表在华沙召开会议，商讨两国合并问题，波兰代表态度坚决，而立陶宛的反统一派也不让步。1568 年 12 月，双方在波兰卢布林（Lublin）再次召开会议。会上，波兰代表提出建立一个全国统一的立法议会，立陶宛人担心立陶宛会丧失许多利益，提出反对。1569 年 3 月 16 日，王室普鲁士代表参加大会，表示支持统一，立陶宛人开始被孤立，立陶宛面临被波兰和普鲁士彻底吞并的威胁，立陶宛贵族原有的一些特权将不再被保留。6 月 28~30 日，经过多轮争论，波兰做出一些让步，最终合并法案被通过。7 月 1 日，各方举行宣誓仪式，宣告波兰立陶宛王国建立。

这次具有历史意义的会议史称"卢布林会议"（sejm walny w Lublinie），会上，波兰与立陶宛重新签订的联盟协议指出：波兰王国和立陶宛公国合并为一个国家，后来被称为波兰共和国（历史上也称之为波兰立陶宛联盟共和国）；共同的国王由全国联合议会选举产生，国王必须保护两国人民的权利；两国拥有共同的议会和参议院；奉行统一的对外政策；统一两国货币；波兰和立陶宛的贵族拥有同等的政治权利和经济特权；立陶宛保留自己的国徽、国玺、军队、财政、司法和行政系统；作为交换的一部分，西基辅罗斯南部（今乌克兰的西部地区）并入波兰等。卢布林协议的签订标志着波兰与立陶宛实现实质性合并，原来松散的联合结束。整个 16 世纪被波兰贵族称为"黄金般的自由期"。但是，"在波兰和立陶宛实现王国合并后，波兰共和国内部的贵族民主制获得新的发展，由自由选王制和自由否决权组成的独特的政治制度给这个国家带来了灾难性的后果"。①

六　波兰立陶宛王国建立的主要原因

波兰与立陶宛两个国家合并成为一个国家有其复杂的原因，波兰王国和立陶宛公国王室衰微和子嗣稀少只是其中的两个次要因素。主要原因如下。

（一）文化整合的大势所趋

15~16 世纪，欧洲兴起文化整合运动。这一时期，一些欧洲强国开始兴起，沙皇俄国、土耳其帝国、奥地利和瑞典先后开始对外文化扩张，一些弱

① 巩海东:《从王朝联合到王国合并——波兰立陶宛关系研究（1385~1569）》，硕士学位论文，广西师范大学历史文化与旅游学院，2012，第 67 页。

小的文化势力在整合过程中被兼并。波兰立陶宛王国也是这次整合运动的产物。波兰与立陶宛建立联盟时，波兰文化占据主动地位，但不是占有绝对优势，因此，波兰和立陶宛的文化冲突和民族的不可融合使两者之间的整合停留在初级阶段，这导致新文化整合体内部存在强大的离心力。

初级整合之后的文化体具备了一定实力，波兰立陶宛文化区开始向外扩张，但是波兰和立陶宛力量分向各个目标，没有集中力量。扩张的效果不是十分明显，除占领了西基辅罗斯地区和普鲁士利沃尼亚区之外，波兰和立陶宛在其他地区的扩张处处碰壁，初级整合后文化扩张以失败告终。

16 世纪中后期，欧洲的文化整合接近尾声，文化整合的效果日益显现。而波兰和立陶宛的整合明显落后于欧洲其他地区。从松散的联合向高级阶段的文化整合迈进成为大势所趋。

（二）周围文化势力的压迫

15~16 世纪的文化整合使欧洲各个文化势力的划分明朗化。新兴的文化区开始急剧扩张，各个文化区互相挤压，争夺文化的存在空间。没有实现完全整合的波兰和立陶宛的文化受到严重冲击。不仅文化扩张以失败告终，而且已获得的文化区和本土文化区也面临被吞没的危险，尤其是立陶宛，其文化弱小，在冲击面前十分狼狈。14 世纪末，刚刚完成文化初级整合的立陶宛在形势上占有优势，开始发动扩张。1399 年，在与蒙古人的战争中立陶宛战败。1401 年，立陶宛与条顿骑士团的战争爆发，立陶宛战败。立陶宛的弱小暴露无遗。16 世纪中叶，各个文化区整合初步完成。沙皇俄国兴起，立陶宛直接面对强敌冲击。1558 年，利沃尼亚战争爆发。1566 年战争结束。波兰立陶宛联军与北欧人和俄国人各有胜负。立陶宛人深刻意识到，立陶宛无法独立对抗俄国，保障自己文化区的唯一方法是和波兰合并，实现文化整合。严峻的形势使原本反对文化进一步整合的立陶宛开始考虑与波兰的整合。

（三）波兰和立陶宛两国贵族的需求

自波兰王国建国以来，贵族一直在国家政治生活中扮演举足轻重的角色。“波兰和立陶宛国内的特权阶层势力强大，主导着两国政治，是形成两国复杂政治体系的主要原因。后来，他们同样成了左右 1569 年卢布林会议走向的关键力量。”① 波兰立陶宛联盟建立后，立陶宛贵族也开始享有波兰贵族的特权。波兰贵族为了自身利益迫切要求合并波兰和立陶宛，决定赋予立陶宛统治区内东正教贵族同波兰贵族一样的特权。波兰立陶宛的合并将两国贵族的势力推上历史顶峰，“波兰语中的共和国‘rzeczpospolita’是共同所有之物的意思，即共和国由贵族共同所有，非国王一人所有。这与‘王权神授’和‘朕即国家’的观念迥然不同”。② 而贵族常常为了自己的需要左右政局。波兰与立陶宛建立联盟就是各方贵族从各自利益出发，共同推动的结果。

对于波兰贵族来说，波兰与立陶宛的实质性合并意味着贵族们利益扩大。首先，整合后力量增大，对外扩张具备实力，而新征服地区会给贵族们带来更多的土地和金钱。其次，波兰贵族在立陶宛将有更多土地拥有权。而对于立陶宛贵族来说，波兰与立陶宛的合并将使其拥有同波兰贵族一样的特权，包括政治、经济和司法等方面的权力；而且面对俄国的步步紧逼，立陶宛贵族有丧失既得利益的危险，只有联合波兰才能保证自身安全。立陶宛贵族尤其是中小贵族特别支持两国合并。而对西基辅罗斯地区的东正教贵族来说，合并意味着他们的权力和利益进一步得到保障和提高，还可以整合波兰和立陶宛的力量，共同对抗蒙古人。因此，贵族阶层极力推进波兰和立陶宛建立统一王国。

结　语

波兰立陶宛王国的建立对波兰和立陶宛两国来说是历史性的事件，也是欧洲史上的重要事件。此后200余年里，波兰立陶宛王国在欧洲的文化舞台上扮演了重要角色。波兰立陶宛王国是波兰和立陶宛文化史上一个重要的时期，在合并进程中，两个民族的物质和精神文化都有了很大进步，形成了与其他地区或国家迥异的文化图景。“波兰立陶宛王国对如今波兰及其东部邻国的政治、经济和文化的形成和发展都有影响。”③ 同时，波兰立陶宛联合王

① Mariusz Kowalski, *Księstwa i Książęta w Systemie Ustrojowym Rzeczpospolitej Obojga Narodów* (Bydgoszcz: Roczniki Ekonomiczne Kujawsko-Pomorskiej Szkoły Wyższej w Bydgoszczy 2014, nr. 07), s. 293.

② 刘祖熙：《论波兰传统文化的特征》，《世界历史》2004年第2期。

③ Mariusz Kowalski, *Wielkie Posiadłości Ziemskie w Rzeczypospolitej Obojga Narodów i ich Wpływ na Dzisiejsze Środowisko Antropogeniczne* [Łódź: Studia z Geografii Politycznej i Historycznej tom 1 (2012)], s. 113.

国是一个欧洲大国，种族众多，内部矛盾重重。各阶层和种族在斗争与合作之间反复纠结，对波兰立陶宛王国社会发展造成极大的负面影响，这也是多文化综合体转型不成功的必然结果。

波兰立陶宛王国是欧洲文化发展变化的必然结果，无论是其产生、发展，还是其结束都充分反映了欧洲文化，尤其是政治文化的一些特点。波兰立陶宛王国的建立是区域与国家间政治关系的重要历史现象，既具有典型性，又具特殊性。“波兰立陶宛王国是东斯拉夫和东正教的传统文化、波兰特有的政治现状与西方法制思想杂糅成的一个独一无二的文化复合体，当然，可以用当地独特的文化生态来解释这个复合体产生的原因，因为在当时的东正教和西欧的思想体系中根本没有类似的文化观念或者概念。”① 因此，其现象及其内涵还需要进一步深入挖掘和研究。

---

① О. Б. Неменский, *“Права народа” в православной мысли речи Посполитой конца XVI-первой половины XVII века* [Москва: Славяноведение (2012)], с. 03.

浅析阿尔巴尼亚的宗教宽容

靳　乔*

摘　要： 塞缪尔·亨廷顿在其《文明的冲突与世界秩序的重建》一书中提出“文明冲突”的观点，即：文化及意识形态方面的差别将成为东西方文明冲突的导火线；各文明之间的分界线将成为未来的战线。这一观点在世界很多地方得到验证，尤其是在波黑战争中。然而，亨廷顿的这一论点在同样处于东西方文明交汇点，受到天主教、东正教和伊斯兰教共同影响的阿尔巴尼亚却并不适用。在阿尔巴尼亚历史上，并未出现过严重的宗教冲突。不同宗教信仰的民众和各个宗教团体能够和平共处。笔者认为，这种多元与和谐既有历史、文化因素，也受民族性格、传统以及民族主义运动的影响。本文从阿尔巴尼亚宗教多元与和谐的历史成因、文化与民族性格、民族国家建构三个方面进行解读，力求全面地剖析该现象产生的原因并对其是否能够持续发展做出判断。

关键词： 阿尔巴尼亚　宗教宽容　民族认同

文化、民族、宗教的多元化在其自身的演变和交流渗透的过程中通常不可避免地在某种程度上产生摩擦、冲突，甚至引发战争。综观全球重大及

* 靳乔，北京外国语大学欧洲语言文化学院阿尔巴尼亚语教研室讲师，博士在读，研究方向为西巴尔干区域研究、中阿关系、阿尔巴尼亚民族与宗教。

热点冲突地区，大多交织了宗教因素。就巴尔干半岛来说，南斯拉夫地区的战火纷飞，近现代波黑的天主教、东正教与伊斯兰教之间的冲突让我们看到了一个战争不断的巴尔干半岛。美国政治学家塞缪尔·亨廷顿（Samuel Huntington）在1993年的一篇文章中表示，他在波斯尼亚战争中看到一场“文明的冲突”，并且认为巴尔干半岛位于这场冲突的一条全球断层线上。[①]这一理论似乎适用于解释巴尔干，但它无法适用于同样处于东西方文明交汇点、拥有众多宗教信仰的阿尔巴尼亚。纵观其宗教发展史，我们发现，这里不曾出现过严重的宗教冲突，宽容与和谐是这个国家宗教关系的一个明显特征。

一　阿尔巴尼亚宗教宽容的体现

2014年9月，教皇豪尔赫·马里奥·贝尔格里奥（方济各一世）访问阿尔巴尼亚。[②]在讲演中，教皇对阿尔巴尼亚境内数个世纪以来不同宗教间的和谐共处赞赏有加，称其“不仅是阿尔巴尼亚民族的宝贵财富，而且对于极端宗教势力、宗教分裂主义等危险因素蔓延的当今社会具有明显的启示作用和实践意义”。[③]教皇的这一次造访表现出其对阿尔巴尼亚宗教和谐的关注与认同。

与巴尔干乃至欧洲其他地区相比，阿尔巴尼亚民族与宗教的关系更为独特。这不仅基于近半个世纪官方无宗教的政策（阿尔巴尼亚于1976年正式宣布成为无神论国家）以及波黑独立前欧洲唯一一个穆斯林占大多数人口的事实，还基于阿尔巴尼亚人对宗教的包容态度及境内不同宗教的信徒和宗教团体长期和谐共处的事实。

2011年阿尔巴尼亚国家统计局数据显示：阿境内约有57%的逊尼派穆斯林、10%的天主教徒、7%的东正教徒、2%的贝克塔什教徒（苏菲神秘教

---

① 塞缪尔·亨廷顿《文明的冲突》，发表于《外交》，后转译于《国外社会科学》1993年第10期。

② 梵蒂冈教皇曾多次造访阿尔巴尼亚。如教宗约翰·保罗二世（Sanctus Ioannes Paulus PP. Ⅱ）曾于20世纪70年代访问阿尔巴尼亚，并称阿尔巴尼亚为宗教和谐、对话的典范，参见 https://sq.wikipedia.org/wiki/Harmonia_fetare_n%C3%AB_Shqip%C3%ABri，最后访问日期：2018年3月1日。

③ 见 http://www.dw.com/sq/vizita-e-papa-franceskut-n%C3%AB-shqip%C3%ABri/a-17937841，最后访问日期：2018年3月1日。

派）以及其他信仰的教徒（如巴哈伊教徒、耶和华见证者教徒、摩门教徒和一小部分犹太教徒）①；同时约有230个宗教团体、组织和宗教教育机构。②从宗教分布比例来看，阿尔巴尼亚境内存在明显的宗教多元化。③然而，这种宗教上的多元化并没有造成阿尔巴尼亚民族和社会的分裂，相反，在这个地方，不同宗教信仰的民众和各个宗教团体和睦相处体现在以下各个方面：

在不同宗教的宗教仪式中，穆斯林和基督徒会互相拜访对方的宗教圣地或参加对方的宗教集会并交换宗教护身符。正如一位游客所见："几天前，我在地拉那的东正教堂里看到东正教徒在为一位去世的天主教军官进行天主教悼念仪式。出席这个仪式的也有穆斯林，他们手里拿着蜡烛，和其他几位天主教、东正教教徒一起抬着这位军官的棺木。"④

在阿尔巴尼亚，穆斯林也庆祝基督教的节日，比如圣玛利亚节（Festa e Shën Mërisë）、圣诞节或者圣尼古拉节（Festa e Shën Nikollës）。基督教徒在穆斯林开斋节期间也会走亲访友。在阿尔巴尼亚北部地区，伊斯兰教徒参加基督教仪式的例子非常多，他们甚至为了把这些庆典办得更好、更体面而互相帮忙。同时，兄弟的结拜仪式中，来自不同家族、不同宗教的年轻人会宣誓忠于彼此，不同宗教间的通婚也很普遍。

阿尔巴尼亚的宗教宽容在艺术、建筑、语言中也有所体现。英国著名巴尔干学者伊迪丝·德拉姆（Edith Durham）⑤在阿境内发现多个既有象征伊斯兰文化的新月形图案，又有象征基督教文化的太阳形图案的墓地或石碑。在伏萨伊（Vuthaj）地区穆斯林的房屋上和在斯库台地区（Shkodër）天主教教徒的身上也都刻有这两种图案。从15世纪开始，除了基督教与伊斯兰教，犹太文化在阿人的装饰风格里也有所体现。

---

① 至今一些宗教团体仍质疑2011年的普查。比如阿境内希腊少数民族团体鼓励东正教徒进行抵制，他们认为这次普查的结果影响了希腊族裔在阿境内人数的占比。参见"Internatioanl Religious Freedom Report for 2014," United States Department of State-Bureau of Democracy, Human Rights and Labor, p.1。

② 参见2011年阿尔巴尼亚国家统计局公布的《阿尔巴尼亚宗教信仰人数占比》第5页。在此次调查中，有13%的民众未给出明确答案。

③ 阿尔巴尼亚主要宗教分布：天主教集中在北部山区，与历史上罗马帝国和意大利扩张和影响有关；东正教教徒主要集中在南部，这一带深受拜占庭帝国和希腊的影响；穆斯林主要集中在中部。

④ Genti Kruja, *Shqiptarët Përballë sfidave të mirëkuptimit ndërfetar* (Tiranë: Prizmi, 2008), p.23.

⑤ 伊迪丝·德拉姆(1863~1944)，英国旅行家、艺术家和作家，以对20世纪阿尔巴尼亚人的人类学分析闻名。

在阿尔巴尼亚的语言文化中，不论是基督教的“主”，还是伊斯兰教中的“安拉”在阿语中都称作“Perëndi”或者“Zot”，这种称呼对阿尔巴尼亚人来说不带有任何一方宗教的色彩。因为对他们来说，基督教和伊斯兰教是两个并不冲突的宗教，基督教和伊斯兰教中的圣人属于同一宗教现象的范畴。

除此以外，阿民族英雄乔治·卡斯特里奥蒂·斯坎德培[①]（Gjergj Kastrioti Skenderbeu）也是阿尔巴尼亚人宗教态度的一个典型。斯坎德培生于斯拉夫东正教家庭，在奥斯曼苏丹学校受教育并成为伊斯兰教的信徒。回到祖国后与一名希腊东正教教徒结识并皈依了希腊东正教。在他的遗嘱中，他希望以罗马天主教教徒的仪式完葬。可以说，斯坎德培多元宗教的形象本身就体现了阿尔巴尼亚人宗教多元与宽容的特点。

二　历史因素

（一）东西罗马帝国的影响

阿尔巴尼亚东西方交会的地理位置使得它很早就受到了东西方不同文明、宗教的交织影响。公元2世纪，阿尔巴尼亚沦为罗马帝国占领地。公元395年，罗马帝国分裂成东罗马帝国和西罗马帝国，阿尔巴尼亚被划归东罗马帝国（史称拜占庭帝国）。公元734年，拜占庭皇帝利奥三世（Leo Ⅲ the Isaurian）使阿尔巴尼亚主教脱离罗马教皇权力的支配，并将之归属于君士坦丁堡宗主教的影响范围内。[②]1054年，东西罗马教会正式分裂，阿尔巴尼亚被置于基督教两大教派的分割线上。虽名义上正式划归拜占庭东正教的影响范围内，但西北部第瓦尔（Tivar）、乌尔契尼（Ulqin）、斯库台（Shkodër）等地依然与梵蒂冈主教保持直接的联系。[③]公元1077年，教皇格列高利七世（Gregory Ⅶ）趁拜占庭帝国政治危机严重之时，在第瓦尔地区建立了天主教大主教区，从而把阿尔巴尼亚北部地区的所有主教联合起来，打开了在这一地区传播天主教的局面，阿尔巴尼亚北部地区成为罗马天主教的势力范围。

① 卡斯特里奥蒂·斯坎德培（Gjergj Kastrioti Skenderbeu，1405–1468），阿尔巴尼亚抵抗奥斯曼帝国的民族英雄。

② F. S. Noli, *Gjergj Kastrioti Skënderbeu (1405-1468)* (Tiranë: DUDAJ, 2004), vol Ⅲ , p19.

③ Akademia e Shkencave e Shqipërisë, *Historia e Popullit Shqiptar* (Tiranë: TOENA, 2002), vol I, p.245.

自公元4世纪至15世纪初奥斯曼帝国进入巴尔干的11个世纪中，今阿尔巴尼亚所在的这片土地[①]成为罗马天主教教会与希腊东正教教会之间、希腊东正教教会与斯拉夫东正教之间争夺的“灰色地带”。在这一过程中，阿尔巴尼亚人的宗教属性也随着天主教和东正教在此地的拉锯而改变。那时的阿尔巴尼亚人，可以说既是罗马天主教教徒（北部山区），同时也是希腊东正教教徒（南部阿族居住区）、斯拉夫东正教教徒（与今塞尔维亚接壤的阿东北部）。

（二）伊斯兰教的传入及奥斯曼帝国的宗教宽容政策

14世纪末15世纪初，奥斯曼土耳其帝国的占领使得这片土地上的宗教信仰更加多元，形成天主教集中在北部山区、东正教教徒主要集中在阿南部（这一带深受拜占庭帝国和希腊的影响）、穆斯林主要集中在中部的三大宗教并存的局面。到了16世纪，阿尔巴尼亚的领土已并入奥斯曼帝国，并在阿民族英雄乔治·斯坎德培奋力抵抗伊斯兰教的侵入未果后置于帝国的统治之下。到17世纪中叶，多数阿尔巴尼亚人改奉伊斯兰教，在各地建有清真寺和伊斯兰教学校。

同时，在奥斯曼土耳其帝国统治巴尔干时期，帝国内关于宗教的法令对巴尔干其他民族的宗教宽容起到了政策层面的影响。苏丹对帝国内的宗教政策是比较宽容的，通过帝国的最高法令维护不同宗教的信仰自由，如尊重教堂的自治权利、基督徒的行政权力，允许基督徒开班办学，基督徒只要交税，就能保留自己的宗教身份等。[②]在基督徒递交申请后，还可重建一些宗教性场所。比如穆罕默德二世（Fatih Sultan Mehmet）在1463年于米洛德拉什（Millodrazh）颁布的法令，被认为是最早的关于人权的法令：“我宣布，所有帝国内的基督徒，都会受到我的保护；同时我命令，没有任何一个人，没有任何一座教堂、寺庙将会被损毁或打扰。”[③]

苏丹阿卜杜勒-迈吉德一世（Abdulmecid I）于1856年的法令中曾提道：“眼下，由于都拉斯（Durrës）的天主教徒还没有一个可供敬拜的教堂，同时他们也有意愿去修建一个这样的场所，因此我下令，选择一块适合的地方，

① 东至今奥赫里德（Ohrid），西至今杜拉斯（Durrës），即今阿尔巴尼亚东面至西面的边界。

② 如在1699年颁布的一款法令中，苏丹宣布禁止剥夺曾属于戴尔维纳（Delvinë）地区的教堂用地。参见 http://www.shekulli.com.al/p.php?id=46915，最后访问日期：2018年3月1日。

③ Genti Kruja, *Shqiptarët Përballë sfidave të mirëkuptimit ndërfetar* (Tiranë: Prizmi, 2008), p.206.

为其建造教堂。帝国内不同宗教的信徒能够和睦相处是我之所盼。在修建过程中我不希望看到任何阻碍或征收任何税费。”①

关于奥斯曼政府推行宗教宽容政策的原因之一，有学者分析是因为基督徒比其他人缴纳更高的赋税，因此他们集体改信伊斯兰教会使帝国的财政收入减少。跟物质层面无关的一些因素也影响奥斯曼帝国政府的宗教政策。奥斯曼帝国政府曾两次（1517 年及 1647 年）认真地考虑强迫巴尔干的基督徒改信伊斯兰教，但都遭到基于《古兰经》立场的宗教意见的反对。② 一般而言，伊斯兰教不像基督教那样有驱逐非伊斯兰信徒和异教徒的冲动。相反，伊斯兰法律明确规定，容忍基督徒和犹太教的信徒。它禁止穆斯林改信其他的宗教，但并不要求其他宗教的信徒改信伊斯兰教。

宗教在阿尔巴尼亚的发展史，是不同文明的帝国在此地拉锯、叠加的历史。它留下了多元的宗教，也使宗教并没有在阿尔巴尼亚人的生活或精神中形成很深的根基，甚至伊斯兰教在 19 世纪前似乎也并没有在阿尔巴尼亚民族中变得根深蒂固。这种多重的历史一遍遍锤打着阿尔巴尼亚人的世界观、宗教观，雕刻着阿尔巴尼亚人看待宗教的态度，使他们对某一特定宗教的忠诚十分易变并容易分隔开来。

三 文化因素

（一）民族传统文化中的三元素:“好客”“信义”“宽容”

阿尔巴尼亚民族最显著的三个特征即“好客”“信义”与“宽容”，这三个元素是阿尔巴尼亚民间法典《杜卡吉尼法典》（*Kanuni i Dukagjinit*）的最重要的组成部分。这套由 15 世纪阿尔巴尼亚北部的杜卡吉尼家族制定的（当时他们统治着整个阿尔巴尼亚）约定俗成的法典，几个世纪以来影响着阿尔巴尼亚人行为的方方面面，是“阿尔巴尼亚民族特色的表达与反映”。③

关于“好客”，在法典中有这样一句话‘Shpija para se me qenë e Shqiptarit, asht e Zotit dhe e mikut’，意即“房子在属于屋主之前，首先是属于上帝和客人的”。在过去，如果你是一个旅行者，或者你在寻求庇护所，

① Genti Kruja, *Shqiptarët Përballë sfidave të mirëkuptimit ndërfetar*, (Tiranë: Prizmi, 2008), p.206.

② 〔英〕马克·马佐尔:《巴尔干》，刘会梁译，天津人民出版社，2007，第 45~49 页。

③ Leonard Fox, *Introduction to the Code of Lekë Dukagjini* (New York: Gjonlekaj Publishing Company, 1989), p.19.

你只需要敲第一家你发现的房门，问："一家之主，你需要客人吗？" 主人就必须带你进去。对阿尔巴尼亚人来说，这就像一个代码或者指令，规范着他们日常生活中的行为。

关于"信义"与"宽容"的传统，在阿尔巴尼亚人看待宗教的问题上更是得到了很好的体现。据1930年至1933年美国驻阿尔巴尼亚大使赫尔曼·伯恩斯坦恩（Herman Bernstein）回忆，20世纪30年代初，大约有200名犹太人居住在阿尔巴尼亚。二战结束前，为了躲避法西斯的迫害，大批犹太人迁移至阿尔巴尼亚，犹太人的数量达到近2000人。那时尽管阿尔巴尼亚被意大利法西斯占领，但在重重压力下，阿尔巴尼亚人并没有交出一名犹太教徒。他们这样做，正是基于建立在《杜卡吉尼法典》之上的宗教宽容的传统民族文化。对阿尔巴尼亚人来说，赶走他们的客人，不是他们的传统，而是极大的羞耻。这2000多名犹太人之后绝大部分在阿落地生根，娶妻生子，和阿人融洽地生活在一起。一位德国学者在采访中曾报道过，二战期间收留其他国家逃难至此的犹太人的既有阿尔巴尼亚穆斯林，也有阿尔巴尼亚天主教徒、东正教徒。"作为一个小国，阿尔巴尼亚的能力有限，无法制止大规模的清洗，但至少在这片土地上我们会尽量去保护他们的。"① 值得一提的是，阿尔巴尼亚是二战结束后欧洲第一个承认犹太教团体合法性的国家。

（二）本土文化风俗的影响

除了以上几个特点，当地的民间宗教信仰和本土文化在阿人居住区内的保留程度也远大于欧洲其他地区。这得益于阿尔巴尼亚的地理位置。"群山起伏，地形支离破碎，以致在宗教或语言上不易同化。" ② 其中比如属于"山地文化"的阿尔巴尼亚北部，到20世纪还保存宗法氏族制度，是处于"东方文化"和"西方文化"夹缝中生存的一种独特文化。在北部地区，上文提到的民间法典《杜卡吉尼法典》对山民的生活方式、信仰体系都有深远的影响。对他们来说，家庭或氏族间的纽带是血缘以及氏族间的亲缘关系，不同宗教信仰并不会占据很重要的地位，这同时也明显地影响了阿尔巴尼亚人对待不同宗教的包容态度。

① Stephen Schwartz, "How Albania's Religious Mix Offers an Example for the Rest of the World," *The Huffington Post*, 2012.

② 〔英〕马克·马佐尔:《巴尔干》，第40页。

另一个影响阿尔巴尼亚人宗教态度的因素，就是民间本土信仰以及劳动人民（或者说农民）看待宗教的普遍立场：信教是为了避免生命危险，应对生活中大大小小的危机，是为了对困难、悲剧有一个合理的解释。民间宗教代表了他们的一种理性观点。比如，用大蒜来隔开邪眼；以适当方式搜集圣土和圣骨，并在牧师或者阿訇说出某个家人的名字时将之集中在一起，就可以在这位家人生病或出意外时做应急之用。对这种民间宗教信仰更极端的一种解释是，它其实是一种保险，是生活中遇到无法解释的困境时的一种主观选择。也许他们自己也不能解释为何要这么做，但这种风俗由来已久，长期经验证明了它们很有用。随时间演进的风俗提供了超越宗教的安全和保险。因此，大部分阿尔巴尼亚人视宗教信仰为个人问题，对宗教问题向来采取包容的态度，教义上的差异对阿尔巴尼亚人来说通常并不重要。① 正如20世纪初一位土耳其电报员所描述的："很奇怪的是，这里的伊斯兰信徒并不是真正的伊斯兰信徒，基督徒也不是真正的基督徒。"如果被问到信哪种宗教，农民会在他们胸前画十字说："我们是穆斯林，但是，是服侍圣母玛利亚的穆斯林，这种风俗由来已久。"②

在阿尔巴尼亚，虽然奥斯曼土耳其政府及其宗教领袖在伊斯兰教、东正教和天主教之间划下了明确的界限，但在日常生活中，这些区别并没有那么显著。在这个欧亚权力均衡的游离区域中，许多潜在的摩擦——不论是外来的还是固有的——都被当地共有的传统和风俗减弱甚至消除掉了。同时，这也使得阿尔巴尼亚人（不论是主动还是被动）比较容易并自然地接纳不同的宗教信仰，并常常将这些宗教信仰用主观的方式加以改造，变成易于接受的信仰。③

① 这种由风俗演变而来的对宗教的态度在巴尔干地区并不少见。土耳其人对17世纪中叶一场战争曾做如下记载：当时许多基督徒在战后成了阶下囚。当胜利的帕夏下令处决战俘时，一位士兵求他饶过这名战俘。他解释："作战时，我让这个异教徒接受我的宗教，我也接受了他的。我们互称兄弟。如果将他处死，他就会带着我的宗教上天堂，那对可怜的我来说，真是情何以堪。"这位帕夏不理解，便向他们请教。他们为他澄清这项习俗：若我们的士兵变成异教徒的俘虏，当他们一起吃饭饮酒时，异教徒也许会发誓将他救出牢笼；而这位穆斯林士兵也会做出承诺，即，若对方被我们俘虏，我们会将他从土耳其人手中救出来。他们立了一个约，说："你的宗教就是我的宗教，我的就是你的。"他们互舔对方的血，异教徒和穆斯林变成了"宗教中的兄弟"。参见 R. Dankoff, *The Intimate Life of an Ottoman Stateman Melek Ahmed Pasha (1588-1662)* (New York: Albany, 1991), pp.249-250.

② 〔英〕马克·马佐尔：《巴尔干》，第59~60页。

③ 靳乔：《阿尔巴尼亚民族与贝克塔什教派》，《欧洲语言文化研究》（第7辑），时事出版社，2013。

（三）实用主义原则

不论是在拜占庭时期还是在奥斯曼时期，作为在东西方争夺中谋求生存的弱小民族，阿尔巴尼亚人都不得不采取实用主义态度，这是一种客观条件下的主观选择。这种实用主义使得阿尔巴尼亚人对宗教持有一种很特殊的态度，与宗教的关系也一直是与众不同的。大部分阿尔巴尼亚人的宗教信仰仅停留在表面上。人们通常会根据政治风向转变自己的宗教属性，宗教仪式等活动变为茶余饭后的闲谈而不是一种严肃的崇拜。一位阿尔巴尼亚显贵告诉伊迪丝·德拉姆："我们阿尔巴尼亚人有很独特的观念。我们信奉任何让我们自由带枪的宗教。因此，我们大多数是穆斯林。"①原因之一正如马克·马佐尔（Mark Mazower）所说："拜占庭和奥斯曼帝国都不是以种族为基础的政体。因此，许多世纪以来，只要肯改变信仰，适应文化，不同民族不同背景的人也能展开精英生涯。"②

在奥斯曼帝国，虽然苏丹采取宗教宽容政策，但非穆斯林在社会中只具有二等身份。基督徒（和犹太人）因被视为"圣经的子民"而获得一定程度的容忍，但他们不可以骑马，不能穿绿色的服装或建造超过某个高度的教堂；在奥斯曼宫廷中，他们的话不如穆斯林的有分量；更重要的是，他们还担负比较重的税。因此，对帝国内的非穆斯林来说，皈依伊斯兰教在某种程度上是一种生存策略，或者说是个人追求更好的生活以及在政府部门中获得晋升和成就事业的先决条件。

即使如此，"也只有在巴尔干的少数地区才观察得到集体伊斯兰化的情形"。③也就是说，在整个奥斯曼统治的巴尔干地区，这种集体改信别的宗教的现象并不多见。马佐尔所说的少数地区就有在宗教问题上非常具有实用主义倾向的阿尔巴尼亚人。阿尔巴尼亚历史上曾出现过两次大规模皈依伊斯兰教的浪潮，一次是在15世纪奥斯曼帝国统治阿尔巴尼亚的初期，奥斯曼政府出台了对穆斯林的税费减免政策，穆斯林还能免除徭役。在这种情形下，出于自身利益的考虑，大量阿尔巴尼亚人在这一时期皈依伊斯兰教也就不足为奇了。④

① Edith Durham, *Brenga e Ballkanit* (Tiranë: Argeta- LMG, 2009), p.51.

② 〔英〕马克·马佐尔:《巴尔干》，第40页。

③ 〔英〕马克·马佐尔:《巴尔干》，第46~47页。

④ Molly Greene, *A Shared World* (Princeton: Princeton University Press, 2000), p.202.

在阿境内大规模改信伊斯兰教的同时，也出现了一种特别的现象，即“秘密基督教徒”（Kripto-kristian）。这一现象在中部如地拉那（Tirana）、爱尔巴桑（Elbasan）、施巴德（Shpadi）等地尤其常见，人们在身份上皈依了伊斯兰教，实际上却还保留着基督教传统。这种出于实用主义考虑的对待宗教的“轻松的方式”还可以从那个时期阿尔巴尼亚人取双名的风俗中窥得一二。据记载，一位叫萨里姆·约翰（Selim Gjoni）的基督徒在皈依伊斯兰教后改名为约翰·穆罕默迪（Gjon Mehmedi）。[①] 这样做可以隐藏真正的姓名。阿尔巴尼亚的方济会修士听到受监护者坚持不用基督教教名、要用穆斯林假名自称时，都感到惊恐万分；但他们也劝不了这些年轻人放弃使用假名。年轻人会强烈地为自己辩护：为了防止女巫对人施咒，还有什么方法比隐藏真名更好的呢？不论是对付巫术、收税的官员还是威尼斯宗教法庭的调查员，多重姓名都是弱者抵抗强者、个人抵抗宗教和世俗强权的一大武器。[②]“至于这些穆斯林名字，我可以向你保证，阿尔巴尼亚人（阿尔巴尼亚的基督徒）是想有一个的，不过因为没法用这名字受洗，所以他们通常都在受洗以后才选择一个这样的名字。”[③] 现在，如果你翻看阿尔巴尼亚全国通讯录，还能发现非常多两种宗教的双重姓名。

四　政治因素

（一）阿尔巴尼亚民族复兴运动

徐以骅曾在其著作中指出，“就宗教认同与其他认同的关系而言，其中一点，即宗教认同影响民族 / 种族认同”。[④] 比如宗教民族主义（religious nationalism）就是以宗教认同为特征的民族主义。宗教认同与民族认同实际上是一种辩证关系。二者重合往往会加强两种认同的排他性，而同一民族中的不同宗教认同，或同一宗教中的不同民族认同则既可促进不同宗教或民族间的沟通，也可造成不同宗教和民族间的冲突。

在 19 世纪欧洲民族主义运动兴盛之时，对欧洲的大部分民族来说，民族主义的发展与归属某一宗教是并驾齐驱的。陀思妥耶夫斯基曾对俄罗斯的

---

① Genti Kruja, *Shqiptarët Përballë sfidave të mirëkuptimit ndërfetar*(Tiranë: Prizmi, 2008), p.195.

② 〔英〕马克·马佐尔:《巴尔干》，第 60~64 页。

③ Edith Durham, *High Albania* (London: Virago Press, 1909), p.210.

④ 徐以骅:《宗教与当代国际关系》，上海人民出版社，2012，第 191 页。

宗教与民族认同二者之间的联系做出这样的概括："如果他不是东正教信徒，他就不是俄罗斯人。"[①] 在东南欧大多数民族国家形成的过程中亦是如此，某一民族往往固着于某一宗教：塞尔维亚、保加利亚、希腊和罗马尼亚人信奉东正教，斯洛文尼亚、克罗地亚和匈牙利人信奉罗马天主教，波什尼亚克人、土耳其人则信奉伊斯兰教。

同这些国家相比，阿尔巴尼亚的民族主义的发展有不同的路径。[②] 对宗教与民族的看法也有不同的解读。19 世纪后半叶，在周边国家企图利用宗教分化阿尔巴尼亚民族，并进一步吞并阿领土的形势下，建立统一的民族认同感迫在眉睫。但当时阿尔巴尼亚国内的状况是：四大传统宗教（包括贝克塔什教）以各自的外域集团为中心。为了避免被分化，首先要使南部信奉东正教的阿尔巴尼亚人区别于同样信奉此教的塞尔维亚人或希腊人，北部信奉天主教的教徒区别于奥匈帝国的臣民；同时，在当时奥斯曼帝国的败落已成定局的情况下，还要避免中部大量阿尔巴尼亚穆斯林的民族身份随着帝国的衰落而一并消失。在这样复杂的民族宗教状况下，阿尔巴尼亚民族复兴者选择了与巴尔干其他地区不同的道路，即：将民族认同感置于宗教认同感之上。民族认同感为第一位，不同的宗教属性其次。正如瓦索・帕夏[③]（Vaso Pashë Shkodran）那句名言"阿尔巴尼亚人的信仰是阿尔巴尼亚主义"。事实上，帕夏要表达的是，阿尔巴尼亚人首先要彼此认同，而不是区分"穆斯林""东正教徒"或"天主教徒"，同时将其置于宗教认同之上。[④] 通过加强语言、民族的认同，淡化不同宗教产生的分化。这也正是阿尔巴尼亚人自民族复兴运动以来一直追求的一种民族认同的写照。

---

① 徐以骅：《宗教与当代国际关系》，第 193 页。

② 其他民族国家建立民族—国家的方式，即"希腊人对保加利亚人的方式，土耳其人对斯拉夫人的方式，以及塞尔维亚人对阿尔巴尼亚人的方式，都不再是种族灭绝或强制性移民，而是用改信和同化宗教来间接达到同样的目的"。马克・马佐尔：《巴尔干》，第 119~120 页。

③ 瓦索・帕夏（Vaso Pashë Shkodran，1825–1892）是阿尔巴尼亚民族复兴代表人物。

④ 对于民族认同这一概念，在阿卜杜勒・弗拉舍里（Abdyl Frashëri）建立普里兹兰联盟时的倡导中得到了很好的体现：民族的特色是同一种语言、同一片领土、同一段历史和同一种精神。他并没有强调同一种宗教，而是转向相同的故事，相同的歌曲、舞蹈和高尚的道德等方面。也正是由于这个原因，阿尔巴尼亚的民族复兴从一开始就带有淡淡的世俗而非宗教的色彩。

（二）独立后宗教政策的演进

民族认同置于宗教认同之上这一趋势在国家建立之后的政权中得到持续加强。独立后的阿尔巴尼亚面临内外部的困局，对外亟须确立合法的国际地位，对内亟须加强社会的稳定与团结。阿尔巴尼亚独立后第一任总统阿赫麦德·索古（Ahmed Zogu）① 视宗教为分裂阿尔巴尼亚的潜在威胁。在其执政期间，为了学习西欧国家，使刚建国的阿尔巴尼亚走现代化道路，索古通过1928年宪法宣布阿尔巴尼亚为世俗化国家，即国家不带有任何宗教色彩，并实施严格的政教分离制度。②

1946年阿尔巴尼亚人民共和国成立后，全国开始了自上而下对宗教的压制。从初期党内禁止信奉宗教、禁止在公开场合进行宗教活动，到1976年走向极致，恩维尔·霍查（Enver Hoxha）宣布取缔宗教，自此阿尔巴尼亚社会主义人民共和国成为世界上第一个"无神论"国家。③ 宗教仪式、宗教教育被明令禁止，宗教场所被改建成活动中心，宗教用地被没收。除了少数信奉宗教的家庭外，宗教在当时百姓的日常生活中所占的地位降到了很低的水平。像其他社会主义国家一样，50岁以上的那一代人是在马列主义的无神论环境中成长起来的。当然，这一政策明显违背了宗教信仰自由的原则，但对阿尔巴尼亚民族看待宗教的态度也产生了重要的影响：它使本来就对宗教不热衷的阿尔巴尼亚人在看待宗教的问题上更加世俗化。大部分阿尔巴尼亚人仅仅把宗教信仰作为一种文化来看待，或者作为传统来继承。因此，许多人，特别是年轻人，并不把参加宗教活动看得很重要，一部分人甚至很少参加宗教礼拜仪式。年轻人中也少有宗教极端主义者。

（三）宗教解禁后的宗教状况及新趋势

东欧剧变后，在阿尔巴尼亚这个曾经的无神论国家，世俗政策重新占领政治舞台。1998年的国家宪法又加强了这一世俗化趋势，其中宪法第十条明确规定：①阿尔巴尼亚共和国没有官方宗教；②国家对信仰问题持中立态

① 阿赫麦德·索古（Ahmed Zogu），阿尔巴尼亚独立后第一任总统（1925~1928），索古王朝国王（1928~1939）。

② Roberto Morocodela Roka, *Kombi dhe feja në Shqipëri 1920-1944*(Tiranë: Elena Gjika,1994), p.125.

③ 1976年阿尔巴尼亚宪法第37条规定："国家不承认任何宗教，并且支持无神论的宣传，倡导人民科学的唯物主义世界观。"

度，并保障公共生活中的宗教自由；③国家承认宗教团体的平等。

1998 年颁布的宪法从法律层面保证了宗教信仰的自由，但需要指出的是，在宪法中与宗教自由相关的条款存在某些矛盾。如长期跟踪阿境内宗教自由状况的美国学者科尔·德拉姆（W.Cole Durham）指出，在宪法第十条对于“宗教团体”的界定问题，与国际相关法律不一致。在阿尔巴尼亚宪法中，“宗教团体”暗指国内四大传统宗教团体，这会导致如耶和华见证人、巴哈伊等在阿国拥有一定信徒的宗教团体受到歧视。①

同时，在社会中也呈现出一股宗教政治化的趋势。如从东欧剧变后阿第一任领导人萨里·贝里沙（Sali Berisha）到现在的总理埃迪·拉玛（Edi Rama），都试图将宗教用作实现其掌握政权、获取更多选票的工具。正如一位学者所说“阿尔巴尼亚人浅薄的宗教信仰在新的时期使得政治家收获新的利益”。

与此同时，在最近的一次（2011 年）由阿国阿尔巴尼亚学研究中心完成的关于全国民族、宗教信仰的调查问卷中，宗教信仰一栏缺失了“无神论者”“宗教世俗者”两个选项，并将其他人数较少的宗教信仰统一划归到“其他”一栏。笔者就此问题专门请教了阿科学院院士沙班·西纳尼教授（同时也是这次调查的执行人），证实了这种设计反映出的一个政府导向，即通过强化民众的宗教意识，与过去的意识形态划清界限；另外，通过这种方式可以获取更准确的宗教团体的人数并在选举中进行有针对性的鼓动。此调查问卷，强化了曾经在阿尔巴尼亚社会较淡化的宗教意识形态，这将对阿社会的发展产生不确定的影响。

结　语

宗教宽容与和谐产生的原因广泛且复杂，既有历史、政治方面的因素，也受民族性格、传统文化的影响。客观现实和主观因素共同决定了阿尔巴尼亚人对不同宗教的包容态度。

第一，从客观上看，地理位置使其易受到不同帝国、不同文明与宗教的影响，使这片土地上形成了文化、宗教等多方位的多元化。但罗马、拜占庭及奥斯曼帝国在此地的拉锯和文化信仰的输出也使得单一宗教在此并没有形

① *Religions and Civilizations in the New Millenium- The Albanian Case* (Tiranë : Albanian Center for Human Rights, 2004), p.80.

成很深的根基。

第二，作为在东西方争夺中谋求生存的弱小民族，阿尔巴尼亚人不得不采取实用主义态度，利用东西方之间的矛盾实现自身利益最大化。在生存为基本目标的前提下，根据需要皈依不同宗教是一种客观现实中的主观选择。

第三，19世纪以来在周边国家企图利用宗教同化本民族的情势下，阿尔巴尼亚人需要排除分属不同宗教信仰带来的被分化的可能性，建立不同宗教之上的民族认同感；加上对民族、国家统一这一未能实现的夙愿的不断追求，阿尔巴尼亚这个对本民族的历史和语言文化有强烈认同感和危机感的民族，会本能地排除一切不利于民族团结的因素并将民族认同感放在第一位。

第四，阿尔巴尼亚传统文化中的三个鲜明特征“好客”“信义”与“宽容”，在历史演进过程中已深植于阿尔巴尼亚民族的血液中，正是这几个特点，满足了宗教宽容的要求。同时增强了阿尔巴尼亚传统文化的包容性。

第五，不同帝国在伊斯兰教、东正教和天主教之间划下明确的界限，但许多潜在的摩擦（不论是外来的还是固有的）都在日常生活中被阿尔巴尼亚民族共有的当地传统和风俗削弱甚至消除掉了。大部分阿尔巴尼亚人视宗教信仰为个人问题，对待宗教问题向来采取包容的态度，因为教义上的差异对阿尔巴尼亚人来说通常并不重要。这也使阿尔巴尼亚人（不论是主动还是被动）比较容易并自然地接纳不同的宗教信仰，并常常将这些宗教信仰用主观的方式加以改造，变成易于接受的信仰。

第六，1990年宗教解禁后，政府层面对宗教自由及不同宗教团体间相互理解、对话的推动以及在宪法上的保证，从更高一层维度上加强了宗教自由、不同宗教团体间的良性交流和相互尊重。

对于阿尔巴尼亚的宗教状况，外界存在一些具有“浪漫主义”色彩的描述。同时伴随着将近三十年的禁教和随后的解禁，阿尔巴尼亚的社会环境发生了深刻的变化。近年来出现的宗教政治化的苗头，也使阿尔巴尼亚民族引以为豪的宗教宽容受到挑战。但尽管如此，数个世纪以来在阿境内存在的宗教和谐与宽容是不争的事实。这种宽容与和谐在不同的社会背景、不同的领导人的政策下，对阿尔巴尼亚社会、民族认同产生何种影响，以及其作为一个典范，是否具有“可持续发展”的内核，还有待学者进行持续研究与跟踪。

关注欧洲文坛

European Literature

俄罗斯后现代主义文学的历史命运*

张建华 **

摘　要：本文从介绍后现代、后现代主义、后现代主义文学三个关键词的内涵开始，从四个方面讲述了俄罗斯后现代主义文学发展的历史轨迹：独特的历史成因和基本特点、三个不同的发展阶段、三种不同的呈现形态、迅速没落的因由。俄罗斯后现代主义文学以一种"离经叛道"的姿态挑战了传统的文学艺术观，引领了一场关乎创造思维方式、言说方式、审美形式的变革和文化批评的历史性转向，在文学创作、批评领域产生了持续而深远的影响。后现代主义文学思潮在21世纪没落之后，尽管其美学思想失去了昔日的新意，但其经历了十余年沉淀的诗学经验却深刻地影响了文学意义的生成和表达，这就是俄罗斯后现代主义文学的今日境遇。

关键词：俄罗斯后现代　后现代主义　后现代主义文学

一种文学潮流的起伏，不仅仅是一种语言叙述形式和美学风格的变化，还意味着社会文化的某种演变和转移，表明一种新的社会思想和价值判断标

* 根据张建华在"欧洲语言文化论坛 · 北外 2018"上所做的报告整理而成。

** 张建华，教授，北京外国语大学"长青学者"。主要从事俄罗斯语言、文学的教学、研究和文学翻译。代表作有《新时期俄罗斯小说研究（1985~2015）》（该专著入选 2016 年国家哲学社会科学成果文库）、《20 世纪俄罗斯文学：思潮与流派（理论篇）》（获北京市第十三届哲学社会科学优秀成果二等奖、第三届中国大学出版社图书奖优秀学术著作一等奖），另发表学术论文 108 篇。

准的出现。后现代主义文学的历史实践就是20世纪后半期人类社会文化转型、思维方式改变、价值取向更迭的一种标志。作为一种国际性的文化现象和文学思潮，各国的后现代主义文学无疑有诸多共性，然而，不同国家的文化历史、社会形态、文学传统迥然不同，后现代主义文学自然具有各自不同的民族文化特征。因此，研究者应该关注的不是后现代主义文学所具有的共同特征，国家和民族的本土化特征才是更值得我们关注、研究的对象，因为只有这样，我们才能了解后现代主义文学思潮中的民族主体性诉求及其审美的表达方式，揭示这一世界性的文学思潮在民族文化土壤上“着落”的具体内涵及其特征。

当我们对俄罗斯后现代主义文学的思考采用“历史命运”这一表述的时候，就意味着今天，它作为一种文学思潮已经走向没落，它的没落、衰颓为文学新思潮的出现腾出了空间。然而，后现代主义文学思潮的终结并不意味着它已经成为一个彻底死亡的历史文化现象，其独有的价值判断、审美意蕴、言说方式、诗学形式仍以不同的方式沉淀于其后的各种文学形态中。与古典主义、感伤主义、浪漫主义、现代主义一样，它的各种文化、艺术元素已经成为21世纪文学发展进程中一种重要的思想、文化和艺术资源。

对俄罗斯后现代主义文学思潮所做的追溯性历史思考的意义和价值，不仅在于对这一文学现象经验的分析与认知本身，或许还可以为与20世纪俄罗斯文学有众多相似经历的中东欧国家文学研究提供一个可供借鉴的他者之镜。

一　何谓后现代、后现代主义（或后现代性）、后现代主义文学

后现代（Постмодерн，postmodern）是一个时代概念。人类社会有不同的分期原则，有一种说法是，可以分成四个阶段：古代、中世纪、新时代、后现代。其中的“新时代”又有人表述为现代社会，对这一阶段时间的起始点说法不一，有人指欧洲文艺复兴时代，也有人将1789年的法国资产阶级大革命称作现代社会的开始，对其20世纪50年代的终结倒均有共识。在美、德、英、法等发达资本主义国家，后现代主义时代始于20世纪60年代。如同人类社会所经历的其他几个时期，后现代时期也是一个将要延续很长的历史时期。

从20世纪中期开始，随着科学技术革命和资本主义的高度发展，西方社会进入了后工业化社会，这是一个实现了国家工业现代化后的社会，科技社会、知识社会、信息社会、媒体社会、消费社会成为这一社会的标志性称谓。后现代社会所表现出来的特征是：现代科学技术高度发达，知识高度商品化，信息极度膨胀和泛滥，随着计算机技术的发展，媒体的多样化，文化的消费化带来人们生活与行为方式的自由化、休闲化、游戏化、娱乐化。

后现代主义（Постмодернизм，postmodernism）是后现代时代文化的总体特征。德国社会学家J. 哈贝马斯（Jürgen Habermas）把后现代主义看作生发于西方资本主义发达国家后现代时代的一种标志性的文化特征。亦有学者认为，后现代主义是现代主义之后出现的文化和文学现象。在全球化的语境中，这一文化现象已经具有世界性的规模；换句话说，它不仅仅存在于西方发达的资本主义国家，其哲学思想、文化精神还在欠发达和不发达国家中蔓延与发展。但是，由于各国家、民族的文化传统不一样，文化背景不一样，后现代主义在不同国家表现出迥然不同的历史、文化特征。

后现代主义亦可以理解为后现代性。现代主义以重建社会宇宙秩序为己任，希冀文学、艺术、美能拯救世界，改变一切，这一思想曾一度成为社会的新宗教。J. 乔依斯（James Joyce）将《尤利西斯》（*Ulysses*），M. 普鲁斯特（Marcel Proust）将《追忆逝水年华》（*In Search of Lost Time*）写成了无所不包的书，他们想要表达的是一种绝对真理、终极真理——对人和社会和谐的追求。但在后现代主义的抒写中，追求真理的冲动退化为无法言说真理的痛苦，事物的坚实性都消失在人物的无言中。哲学的使命原本是对自然和社会终极真理的探究，但是后现代主义的哲学不再宣布探索真理是其天职，它成了一种"后哲学""反哲学"或"虚拟哲学"。随着电脑的广泛使用、信息的广泛传播、传播媒介的不断进步，社会越来越趋向于整一性，社会权威与标准的隐退导致怀疑主义的增长，正确的标准被不断地怀疑和否定，传统文化不断被解构与重构。后现代主义的理论不再讨论真理、价值，而是在一种独特的文化语境中谈论语言的效果，甚至热衷于语言游戏。这种后现代性表现出了种种显在的文化形态。

首先，是文化的空前扩张。文化在丧失传统性、突破传统狭义的文化概念，进而被通俗化、大众化后，扩张到了无所不包的地步。文化彻底进入了人们的日常生活，如城市文化、企业文化、校园文化，甚至成为众多消费品中的一类，如西瓜文化、厕所文化、公园文化等。高雅文化与通俗文化，纯文学与大众文学的界限被消钝了。

其次，是话语及其表达的扭曲。后现代话语（дискурс，discourse）已经发生了巨大的变化。引言、互文成为各种后现代文本的一个基本特征，后现代文本作者对既有成语、词语意义和形态的异变、异解几乎随处可见。以“任性”为例，它已成为日常生活中的高频词，其词义完全超出了传统的随意、放任、肆意的语义，而生发出“执着”“不动摇”“坚定”等别样的意义。

最后，社会文化的娱乐化、消费化倾向，创作主体和接受主体高度的游戏心态。这是市场化、商品化的必然结果。各种文化文本无不表现出借助于大众的或个体的快活感受引爆大众流行、娱乐快活的话语策略，这是文化活动和文学创作寻找与大众情绪共鸣的结合点的结果。

后现代主义文学（постмодернистская литература，postmodern literature)是后现代主义在文学中的体现。作为一种文学思潮，它是新时期大规模社会文化转型引发的文学的总体性转型与建构，其半个世纪的历史实践表现出这样几个基本特征。

第一，价值观特征。后现代主义文学以解构主义、怀疑主义、多元主义为其创作的价值观，表现出一种强烈的叛逆性。这一价值取向内在地构成了这一文学创作的核心和基石：解构、怀疑。创作主体所采用的是非选择性机制的基本原则，即随意、多元、多样地选择自己的战略、策略和手段的可能性，这种选择性表现出对多样性、多元性的追求。作为现实主义和现代主义宏大叙事的对立面，后现代主义文学摈弃并解构宏大叙事。后现代主义小说家认为，文学文体已经终结，艺术类型已经穷尽，创新已成奢望。文学本真的精神气息飘逝而去，文学成为一种“无棋盘的游戏”，作者在自我的放逐和虚无主义中实现其话语的胜利。

第二，抒写对象。现实主义作家关注的是社会生活现实及生活现实中的人，人与人、人与社会的关系成为作家抒写的基本内容。作家利用各种可能的艺术手段来再现现实，并按照他的认知方式来建构一种人与人、人与社会之间矛盾冲突的艺术世界，力图发掘潜藏在现实生活中的，由历史、社会原因决定的逻辑，人与社会、人与人的相互关系和秩序。现代主义文学关注的是人自身，表现的是人的生存状态，是人的分裂、孤独、无助、永远的精神苦难等负面现象。这是一种不取决于社会现实的人的本质存在，作家试图赋予个人感受到的世界以一种假设的秩序和时间意义。与它们不同，后现代主义作家感兴趣的既不是现实，也不是人，而是人的意识，人意识中的现实，而且常常是一种狂热的、病态的，甚至是虚拟的意识。后现代主义作家创建的是不同的意识模式，揭示作用于人的意识的途径与结果。作家取消现实本身，用没有原件的复制品——“虚拟”来取代现实。他们无意于再现或表现任何现实，文学文本所表意的现实是伪现实，所呈现的是这一伪现实中各种文化形态的终结性特征，它没有发展空间，不可能构建任何原有的真切，有的只是以引言呈现的先前的文化碎片，其不尽的自我重复，对前文化密码所进行的一种游戏。后现代主义惯用的反讽是“无根基”的，正如有的批评家所说，“是一种‘悬空的讽刺’，以便于构建一个全然无序的、分裂的世界形象。”①

第三，独特的对话性。后现代主义文学以“互文性”表现的对话性是其“多声部”的一种特殊形式，文学文本中若干个曾经出现过的艺术体系融合在一起，呈现出一种“复调的复调”②，即“多维”的复调形式。在这种对话形式中，同一个文本中不同作品的不同形象、引言、相距遥远的符号、文化现象放置并融合在一起，旨在以一种虚拟的对话来消解、颠覆既有形象、引言及不同文化符号的意义。这种对话性造成了后现代主义文学独特的游戏性。由于后现代主义文学的文本中所呈现的并非事实，而是一种虚拟的伪现实，因而“多声部”对话形成了一种独特的文本游戏场，语言游戏成为其主要的游戏方式。游戏规则似乎是由文本的作者（或以面具，或以同貌人出现的叙事人）“制订”，然而在忘情的游戏中作者时而会破坏这一规则，让自己成为一个被游戏的对象。

第四，独特的时空观。后现代主义文学文本中的时空是一种虚拟的、臆造的时空，这种时空，按 M. 巴赫金（Михаил Бахтин）③的话来说，就是始终发生着文本与生活的互换，文本与文本的互换。④时空失去了其真实的指涉价值，只有文本的创作时空（文本时空）才成为最真实的、最重要的时间

① А. Генис, “Треугольник: авангард, соцреализм, постреализм,” *Иностранная литература*, 1994. № 9, с. 245.

② *Русская литература XX века Школы, направления, методы творческой работы* , Изд. Логос, 2002, с. 308.

③ 巴赫金（Михаил Бахтин, 1895–1975），俄罗斯著名哲学家、文化学家、文论家。

④ 转引自 *Русская литература XX века Школы, направления, методы творческой работы, Изд. Логос*, 2002, с. 308。

和空间。这一时空观决定了在后现代主义文学中读者很难感受到文学性、语文性和生活性，文本只是在述说自己，因此创作过程似乎永远不会完结，而阅读、理解、阐释永远也不可能有终点。

任何文学思潮和文学创作方法都是为一定的世界观、文学观、价值观服务的，后现代主义文学亦然。它的本质特征不是互文性、引言、反讽、碎片化、拼贴等艺术手段，而是作家的价值观、创作理念、抒写对象。所以判断一部文学作品是否是后现代主义的，关键在于看作者在作品中所体现的文化立场、价值判断、抒写对象、话语形态和时空观。

二 俄罗斯后现代主义文学的历史成因与基本特点

如果说，在西方后现代主义是后现代社会的一个“文化成果”，是知识分子个体创造性探索的思想果实，是他们在多元和多维的文化语境中，在自由个性的自我确认中试图对陈旧的规范、价值观进行重新审视的结果，那么，在俄罗斯和中东欧一些国家，后现代主义的产生就是对后现代时代到来的一种预言，是建构一种新的世界观的精神基础。[①]

俄罗斯的后现代主义是一种没有后现代性的后现代主义，说得更通俗一些，就是说它并非社会现代化的必然结果，它只是以西方的文化术语为面具，以“媚俗”为形态的一种意识形态和文化思潮的“摩登包装”。这种后现代主义是苏联文化内在矛盾与冲突的产物：官方文化与非官方文化，主流意识形态与意识形态异见，高雅文化和大众文化，东正教精神与无神论思想，科学与伪科学，艺术和媚俗之间的冲突，还有各种不同思辨理论之间的碰撞、冲突，这便导致了它无可比拟的危机性和强烈的悲剧性。俄罗斯后现代主义文学的产生是与国家的社会制度转型紧密相连的。它是对斯大林、勃列日涅夫社会政治体制、政权模式叛逆的结果，反极权、反权威、反苏维埃意识形态的主体性成为其鲜明的意识形态政治特征；是文学艺术摆脱了为国家意识形态服务、为建设新世界的政治义务后的特殊的“民主形式”；是既有历史的、哲学的、文化学的、艺术的等各种乌托邦破灭后的审美反映。

与任何一种文学思潮的出现一样，俄罗斯后现代主义文学的产生有深刻

① И.С.Скоропанова，*Постмодернистская русская литература новая философия, новый язык*, СП-б. Невский простор, 2002, с. 56.

的社会文化原因。从它诞生的那一天起，就有强烈的意识形态政治色彩、对苏维埃制度及价值观的否定、对苏联乃至俄罗斯文学传统的否弃，这一政治原因注定了这一文学早期强烈的虚无主义色彩。此外，苏联时代，连同俄罗斯 19 世纪文化神话[①]的破灭，对历史文化传统的否弃，统一的意识形态的消亡，多元思想、多元文化的形成则是俄罗斯后现代主义文学产生的文化原因。同时，它也是对全球化的文化多元主义潮流的一种呼应。这种文学思潮的产生还有创作主体独特的情感原因：它是对人类生存的崇高意义信仰的失落，对人类社会崇高理想失落后的一种绝望、悲观情绪的反应。后现代主义文学玩弄的解构、颠覆的游戏，反讽、戏说的手段，对苏联标志性的政治、文化符号的拆解带来了可悲的后果：民族身份认同迷失，民族精神抒写失落，民族自我主体表述无能。所以大部分俄国的后现代主义文学都有深深的绝望情绪和浓重的孤独、凄凉的悲剧色彩。

俄罗斯的后现代主义文学承接了一度被中断了的现代主义文学和先锋主义文学的传统，它试图回到“白银时代”，或者说复活“白银时代”的现代主义文学精神：与“混乱”对话。这一“回归”或“复活”恰恰是俄罗斯后现代主义模式与西方后现代主义潮流的不同所在。但是，随着自身的发展，俄罗斯后现代主义越来越自觉地与现代主义和先锋主义最本质的美学特征——对现实的“神话化”——发生决裂，它拒绝用现代主义的泛美主义去战胜“混乱”。现代主义作家力图从外部寻找对抗混乱、无序的和谐、有序的力量——艺术、文化、美，力图建构与混乱相对立的充满创造精神的宇宙。他们对现实所进行的“神话化”创造始终有一个权威的原型和模式，以求战胜现实中的暴力、无意义、无自由、荒诞与噩梦，从而表达对新的现实与永恒的诉求。而俄罗斯后现代主义却试图从混乱内部寻找这样的力量，其审美理想和世界观的基础是：战胜混乱和克服与现实对立的方式在于寻找两者之间的妥协。后现代主义文学否认一切崇高、和谐的模式，认为崇高与和谐的世界模式只能是乌托邦。这种文学力图解构一切神话，把神话看作对意识的权威制约，从而转向对经典文学和现代文学神话理念的摈弃与批判，将其碎片组合成新的、非等级的、非绝对的、游戏形式的“神话”，作为其文化意识的固定话语。这是俄罗斯后现代主义文学回归现代主义而又背弃现代主义的一种文化悖论。

① 即由 19 世纪俄罗斯文学经典所建构的关于人、社会、世界、宇宙的理想神话。

俄罗斯的后现代主义文学没有从西方后现代主义理论中借鉴思想和审美资源，而是从俄罗斯的形式主义理论，巴赫金的对话思想、复调与狂欢化理论，Ю. 洛特曼（Юрий Ломтан）[①]的文化符号学理论等本土理论话语中汲取思想资源。这一“本土性”思想资源决定了俄罗斯后现代主义文学的审美实验更为纯正，它不是通过文学实践来对理论进行检验，而是试图从内部对传统的文学审美形式进行一种激进的变革。

三 俄罗斯后现代主义文学发展的三个阶段

俄罗斯后现代主义文学悄然产生于20世纪60年代末70年代初，在80年代后期成为显性的文学思潮，而在90年代进入鼎盛期，它一度成为俄罗斯文坛引领性的文学思潮，而在世纪之交走向衰颓、终结。从作用、地位和影响力来看，俄罗斯后现代主义文学在30余年的历史演进中大致经历了这样三个不同阶段。

（一）边缘期

这是俄罗斯后现代主义文学的萌生后的“潜伏期”，时间大致是从20世纪60年代末70年代初到80年代的前半期。在这一阶段，后现代主义文学只是一种边缘性的文学存在，或者说是以一种不自觉的隐性状态存在于俄罗斯文坛，此间这一文学形态并没有得到应有的命名和文坛的认可。A. 捷尔茨（Абрам Тельц）的《与普希金散步》（*Прогулка с Пушкиным*，1968），В. 叶罗费耶夫（Венедикт Ерофеев）的《从莫斯科到彼图士基》（*Москва-Петушки*，1970），А. 比托夫（Андрей Битов）的《普希金之家》（*Пушкинский дом*，1971）是20世纪六七十年代之交出现的三部后现代主义文学代表作。

三部作品表现的都是作者—主人公与虚拟世界的冲突、矛盾，而所谓的虚拟世界就是苏联现实与意识形态政治的神话传承，在作家的眼中，甚至连俄罗斯经典文化也成了一种叙事传说。在作者看来，所有这些黑暗的、混沌的、无序的、乌托邦式的神话世界在当初是不容对话的。作者—主人公在自身的生活和人生的文化经验中，在他们的创作观念中发现了这一神话世界和

① 洛特曼（Юрий Лотман, 1922-1993），苏联时期著名的文艺学家、文化学家、符号学家。

社会整体的虚拟的强大，而充满质疑的隐性的价值观大大激化了这一矛盾。三位作家的创作中还有一种整体精神——对虚拟存在的悲剧性认知以及这一认知中的整体性意识，即这些早期的后现代主义文学作品所呈现的不是一种茫然的混沌与无序，三位作家仍然力图建构一种整体的“神话意象”——以死亡的方式和意象造就意识与历史、现实之间的奇特的联系。俄罗斯文化曾经的意义系统变成了一种虚拟的意义。主人公无须去寻找真理的所在，因为从来就没有放之四海而皆准的真理，每个人都有自己的真理，有他所认知的真理的“鲜活的形象”。作者—主人公都试图以不同的方式和状态去认知苏联时期，甚至沙俄时代的俄罗斯文化传统，试图用污秽的话语形式找到他们所认可的浅显而质朴的“真理”。人们都生活在一个独特的“神话时代”：大家都相信人类历史发展的最高形式，相信善对恶的毋庸置疑的最后胜利，相信充满真理光辉的世界的统一性。然而，这样的文化神话在包括作者在内的许多人的思想意识中已经被彻底动摇。这一现实在他们心中所产生的感觉与其他作家不一样：其他人感到激动、兴奋，他们却感到恐惧与绝望。因为他无法生活在这样一个世界中，所以他不仅仅要以一种游戏方式来抗拒这样的现实文化，还期望不管付出怎样的代价，甚至以死来抗拒，也要以他们的行为震撼世界，让世界回归美的统一性，这显然是俄罗斯后现代主义文学创作中的现代主义精神。用一种“死亡”的宏观意象来抗拒、替代荒唐的现实。在满目混乱无序中看不到生命崇高意义和未来出路的主人公直觉地意识到，要以一种独特的方式，甚至可以慷慨赴死来抗拒这样的混乱。最后他们无不成为抗拒庸俗、抗拒世俗、寻求灵魂自救的、自觉自愿的精神放逐者。

这三部作品在创作完成后，直到20世纪80年代中后期才得以面世，以潜在形态存在的后现代主义文学作品并没有对当时的俄罗斯文学进程产生影响。

（二）“狂飙突进”期（从20世纪80年代后期到90年代末）

在20世纪80年代后半期，俄罗斯后现代主义文学是以“讽社艺术”（соц-арт，即讽刺、批判社会主义现实主义的文学艺术）、“讽俄艺术”（рус-арт，即讽刺、质疑俄罗斯经典文学的传统）、“别样的小说”、“坏文学”、“无根小说”、“不确定的现代主义”等面目出现在文坛的。

1990年7月4日，作家和批评家B.叶罗菲耶夫（Виктор Ерофеев）在《文学报》(*Литературная газета*)发表了《追悼苏联文学的亡魂》

（*Поминки по советской литературе*）的文章。他向俄罗斯文坛传达了两个重要信息：苏联文学寿终正寝，已成为一具“正在冷却的文学僵尸”；一种“新的，纯粹的文学”将出现在俄罗斯。[①] 8 月 1 日，书报检查制度被正式废止，苏联宪法保证公民的言论与出版自由。10 月 31 日，《文学报》发表了作家、批评家 В. 库里岑（Вячеслав Курицын）的题为《踏上充满活力的文化门槛》（*На пороге энергической культуры*）的文章，宣布充满活力的后现代文学创作已经登上历史舞台，该文被当年的文学批评界称为“俄罗斯后现代主义文学的第一部宣言”。[②] 同年 12 月，身居美国的俄罗斯作家 А. 索尔仁尼琴（Александр Солженицын）得以平反并被恢复苏联国籍，长篇小说《古拉格群岛》（*Архепелаг ГУЛАГ*）获俄罗斯联邦国家高尔基奖，这是对苏联时期“持不同政见者”及其文学作品的正式认可和接受，文学的政治藩篱最终被彻底拆除。1991 年文论家 М. 爱泼斯坦（Михаил Эпштейн）在《旗》（*Знамя*）杂志第 1 期上撰文《未来之后——论新的文学意识》（*После будущего. Новое сознание в литературе*）为后现代主义文学意识正名、叫好。作者以独特的理论视野阐释了俄罗斯后现代主义文学的创作观念、思想体，打开了新文学的“奥妙之门”。3 月 13~15 日，高尔基世界文学研究所召开了第一次后现代主义文学学术研讨会，为后现代主义文学正名、开道。1992 年批评家 В. 库里岑在《新世界》（*Новое время*）杂志第 2 期发表长文:《后现代主义：新的原始文化》(*Постмодернизм: новая первобытная культура*)，认为后现代主义是新时期俄罗斯文学思潮中最为活跃、最富前景的一种文化思想和文学样式。文章迎合了正在勃兴的后现代主义思潮，代表了文坛对当代俄罗斯文学发展趋向的一种流行性认知。在一年多的时间里发生的各种社会文化和文学事件预示着俄罗斯社会和文学话语转型的开始，一种由新的“后现代主义话语”所决定的陈述与表征体系开始成为对俄罗斯社会、历史、文学的言说“规训”。后现代主义文学要解决的是特定时代的特定问题——对苏联社会、苏联文学乃至整个俄罗斯文学、文化的反思，它也因此被融入了特定的时代精神。

在短短的数年时间里，后现代主义文学蔚为大观。俄罗斯当代文学在

① В. Ерофеев, Поминки по советской литературе, // Русская литература XX века в зеркале критики, ACADEMA, M. С.-Петербург, 2003, с. 36.

② С. Чупринин, Новый путиводитеь Русская литература сегодная , М. 2009, с.39.

精神追求和审美意象方面，进入了一个以“否定”“反叛”为特征的后现代主义的“超先锋文学”阶段。西方后现代主义哲学和美学思想的引进，会同俄国的后现代主义创作和批评实践构成了一道独特的文化景观。与此同时，一批后现代主义文学理论家、批评家以其理论论述和日益丰富的细节为后现代主义文学推波助澜。不仅出现了被小说界和读者称为“偶像”的后现代主义作家，如 В. 叶罗菲耶夫（Виктор Ерофеев）、Т. 托尔斯塔雅（Татьяна Толстая）、В. 索罗金（Владимир Сорокин）、В. 佩列文（Виктор Пелевин）等，连一些原来走现实主义、现代主义之路的作家也开始尝试用后现代主义的叙事方式来表达他们对历史和现实的文化认知，如 О. 叶尔马可夫（Олег Ермаков）、В. 马卡宁（Владимир Маканин）、С. 索科洛夫（СашаСоколов）等。一批更为年轻的作家更是直接从后现代主义起步，开始他们的创作生涯，如 Д. 加尔科夫斯基（Дмитрий Галковский）、М. 希什金（Михаил Шишкин）等。

然而，在苏联解体之后的 90 年代后期，当后现代主义作家以离经叛道的姿态否弃了苏联社会及其文化，历史文化的荒谬性已经成为众所周知的事实，当后现代主义文学没有了对立面，它的否弃、解构、颠覆的思想价值、审美能力便随之消亡。高举双手欢呼后现代主义文学到来的文化学家爱泼斯坦在 1996 年就预言了它不久以后的终结，他在《后现代主义是人类发展的最高和最后阶段，或为什么后现代主义的局限性是不可克服的》（*Постмодернизм как высшая и последняя фаза развития человечества или почему постподерная зависимость ее неизлечима*）一文中说，后现代主义的终结归咎于它的“自觉的乌托邦性”，“以反对一切乌托邦为特征的后现代主义成了最后的伟大的乌托邦，正是因为它将自己置于一切之后，以己之身终结了一切”。[①] 到了 1997 年，有评论家开始抱怨，“‘后现代主义’这个词已经变得如此时髦，乃至使用起来都让人觉得不好意思。它已经被庸俗化了，用烂了，失去了其意义”。[②] 一年后，批评家 К. 斯捷帕尼扬（Карен Степанян）的文章直接以《后现代主义——我们的痛苦和焦虑》（*Постмодернизм — наша боль и забота*）为题，声称除了其“以讽刺和揭

① М.Эпштейн, Постмодерн в России: Литература и теория. М.: Изд-о Р. Элинина, 2000, с. 286.

② М. Терещенко, “Бедный Гамлет” в Мытищах. // “Независимая газета”, 20 декабря 1997 года.

露为目的语词的‘时髦’”所带来的痛苦、焦虑、无奈外，它已经鲜有价值了。[①]

（三）没落期或“消融期”（21世纪）

20世纪90年代末，俄罗斯的后现代主义文学已出现一系列衰疲的迹象，首当其冲的是其激进的一味解构、颠覆的文学观念。后现代主义文学赖以发挥其文化功能的社会条件发生了根本变化，这引发了后现代主义作家自我意识的严重危机和后现代主义话语形态的改变。在剥落了种种“时髦”“先锋”的“精英文学”标签之后，后现代主义文学的哲学思想、美学理念不再是日渐稀少的后现代主义文学读者群欣喜、兴奋的对象，在有深厚的现实主义传统的俄罗斯文坛开始遭到冷落。文学的商品化、市场化、消费化、传媒化加剧了这一文学样式的没落。

托尔斯塔雅的长篇小说《野猫精》（*Кысь*）在20世纪末年的问世标志着后现代主义创作理念与审美形式的终结。这是女作家用后现代主义长篇小说的美学形式对后现代主义感受力进行的内在解构。小说内容具有俄罗斯20世纪文化历史的宏阔容量，涉及革命、启蒙、知识分子、民众、持不同政见者、具有象征意义的两次“大爆炸”、社会文明的周而复始等诸多命题。小说的故事发生在一次大型的核灾难后的300年，地球上的生命形式发生了根本的变化，社会回归到了史前时代。贯串小说的核心人物贝涅季科特是个图书管理员，他接受了抄写当代作家撰写的各种书籍的工作。主人公所从事的活动本身就是对后现代主义小说典型情境的一个挑战，表现了在后现代主义情境中作者与读者的新型关系。文学没有了，所有可写的东西在发生大爆炸之前都已经写尽了。费多尔·库兹米奇是唯一幸存的当代作家，但他也只是完成一个复制者的工作：抄写别人的经典文本，而且还不明白所抄写文本的内容与意义。贝涅季科特拿到书后，会逐字逐句地阅读，真正地喜欢上了这些逃过劫难的经典，还会为这些在历史、人类以及各种灾难面前无能为力的经典的命运而担忧，但是他什么也没看懂，什么也没学会。小说表明，真正的读者并没有诞生，文学经典没有教会以贝涅季科特为代表的后来人任何东西。书籍并未给人类带来进步，反而成了文明发展的羁绊和恶行的助推器。女作家以互文为隐喻的情节与情境，显示了其对文化的破坏作用，不仅说明

---

① К. Степанян, Постмодернизм —— боль и забота наша//*Вопросы литературы*, 1998, № 5.

了后现代主义这一虚拟文学的死亡，还表达了后现代主义对世界的认识已经没有任何新意。托尔斯塔雅按照后现代主义的美学原则来建构小说，却将主体与客体的位置进行了互换：后现代主义自己，连同它的美学原则成了后现代主义小说要解构的对象。

在《野猫精》之后，一部分坚持精英立场的作家改弦更张，自觉地选择边缘化的写作道路，在后现代主义与其他"主义"文学的边缘寻找出路，另一些作家则干脆走向大众化的创作之路。后现代主义文学批评家 M・利波维茨基（Марк Липовецкий）感叹说，"就在不久以前，一个很重要的词已经从我们的文章和争论中消失了……'后现代主义'这个词已经不见了"。[①] 固然，21 世纪仍活跃着一些坚持后现代主义写作的作家，如佩列文、索罗金、Д. 普里戈夫（Дмитрий Пригов）、Е. 波波夫（Евгений Попов）等，而后现代主义理论家库里岑、利波维茨基、А. 盖尼斯（Александр Генис）等人仍在不停地发表有关后现代主义文学的研究成果。然而，后现代主义文学作为文学思潮和文学的主流样式毕竟已经不复存在，其诗学经验融进了不同文学思潮流派的风格之中。后现代主义的异质性思维方式和叙事话语方式只是作为审美元素体现在一些作家的创作中，而类似互文性、拼贴、碎片化抒写等审美手段以及创作主题消融在了不同作家、不同风格的文学作品中。

四　俄罗斯后现代主义文学的不同形态

视审美作用、话语功能的不同，俄罗斯后现代主义文学在其发展的不同阶段呈现出三种不同的话语形态。

（一）重在解构的功能化审美形态

在 20 世纪 60 年代、80 年代后期和 90 年代前期的后现代主义文学中，一个核心的、鲜明不过的抒写主题，就是通过对 20 世纪苏联历史文化，甚至 19 世纪的俄罗斯历史文化的"互文性"抒写，以达到彻底颠覆昔日文化神话的目的。这一旨在彻底埋葬"旧文化"的抒写主题决定了这一文学形态强烈的意识形态政治功能：戏仿、解构、颠覆。不同风格和表现形式的小说都在引导读者以作者对历史的想象性描绘代替传统的文化记忆，而当历史成为与

① М.Липовецкий, Постмодернизм сегодня, Знамя, 2005 № 5.

作家个体生命体验无关的“他者”时，历史文化的被悬置、戏仿、颠覆就都具有了内在的可能性和合法性。除了叶罗菲耶夫、比托夫、捷尔茨的三部长篇小说，80年代出现的“概念主义艺术”“讽社艺术”“讽俄艺术”等各种小说都是后现代主义文学解构功能的生动体现。长篇小说《玛丽娜的第三十次爱情》(*Трицатая любовь Марины*)《罗曼》(*Роман*)的作者索罗金，长篇小说《先前与当下》(*До и во время*)的作者 В. 沙罗夫(Владимир Шаров)便是将他们对俄国和苏联历史的想象化作小说中荒诞、诡秘的情节和场景，聚焦于对“正统文化”标签的嘲弄、戏仿，其满足于时代需要的情感体验和精神诉求远远高于文学自身的审美价值。

(二)重在游戏的消费化审美形态

苏联解体后，随着后现代主义文学失去了其颠覆、解构的对立面，失去了其反讽、揶揄、颠覆的对象，它也失去了其原有的高度意识形态政治的激进性，不再以解构象征性的权力话语为取向，而开始将权力赋予大众艺术场，从而迎来了它的“非英雄化模式”或“普泛的后现代主义文学”样式。此种后现代主义文学样式的意识形态功能在淡化、隐退，为适应市场以及读者娱乐消费的心理需求，游戏的成分在增强。

佩列文的长篇小说《百事一代》(*GENERATION “П”*)、《苏联太守传：中国民间故事》(*СССР Тайшоу Чжуань. Китайская народная сказка*)、《妖怪圣书》(*Священная книга*)，索罗金的短篇小说集《盛宴》(*Пир*)，后现代主义诗人普里戈夫的小说《中国的卡佳》(*Катя китайская*)等，这些作品或游戏人生，或戏谑死亡，或玩弄各种食欲，或表现时尚与社会结构的关联，或以东方传说为依托，表达对人类社会未来的想象，所有这些话题都不具备严肃的理性思考的色彩，它们有畅销书的奇诡，贯串着科学与人文之思，有通识书的广博，甚至还有哲思录的神韵，包括其所涉及的学科，也是跨越和旁逸的：人学、社会学、人文学、心理学，都有所关联却又有所逸出。读者所能获得的不仅是大量的信息，还有作家自己的和他人的故事，关于人性的知识、死亡的想象、历史的和现实的故事，它们既缺乏理论的整合，也缺少体系的建构。

(三)诗学经验沉淀后的合成化审美形态

俄罗斯后现代主义文学以一种“离经叛道”的姿态挑战了传统的文学艺

术观，引领了一场关乎创造思维方式、文学言说方式、艺术审美形式的变革和文化批评的历史性转向，在文学创作、批评领域的确产生了持续而深远的影响。后现代主义文学思潮在 21 世纪没落之后，尽管其美学思想失去了昔日的新意，但其经历了十余年沉淀的诗学经验却深刻地影响了日后文学意义的生成和表达，这就是俄罗斯后现代主义文学的当代境遇。

利波维茨基说，“在俄罗斯，当一个巨大的审美思潮被普遍称作‘终结’时，众人所指的常常是一种相反的现象——失去了臭名昭著的新颖性的这一审美形态十分深刻地融入了文化的血液中。它已经不再是一种新的现象，然而却远比先前更为深刻地影响到意义生成的过程”。[①] 后现代主义文学作者解构的思想意识、异样的思维方式、先锋的艺术实验精神、“互文”的艺术手段、马赛克式的话语拼贴等各种诗学元素已经成为 21 世纪不同形态和样式的俄罗斯文学内在的叙事构成，甚至成为一部分作家的文化自觉，其中包括对后现代主义深恶痛绝的现实主义作家。有批评家说，“甚至连那些在批评文章中激烈抨击后现代主义的作家也充分掌握了后现代主义的审美理念，如 Д·贝科夫（Дмитрий Быков）”。[②] 无论是现实主义的，还是现代主义的，无论是带有感伤主义倾向的文学创作，还是作为通俗读物的大众文学，我们都能在不同的文学作品中发现后现代主义的美学因素。比如，马卡宁的《地下人，或当代英雄》（*Андерграунд, или Герой нашего времени*），О. 斯拉夫尼科娃（Ольга Славникова）的《永远的梦》（*Бессмертный*）《2017》（*2017*），Ю. 马姆列耶夫（Юрий Мамлеев）的《世界与哈哈大笑》（*Мир и хохот*），Б. 阿库宁（Борис Акунин）的历史侦探小说等。

五　俄罗斯后现代主义文学急速没落的原因

在体察俄罗斯后现代主义文学发展的历史轨迹，探索其文化思想的建构，剖析它在俄罗斯文学发展进程中的价值、意义的同时，我们需要思考的是，作为一种强大的文学思潮，俄罗斯后现代主义文学的狂飙突进期为何只有短短十余年，其迅速走向衰败终结的内在成因究竟是什么？

---

① М. Липовецкий, Паралогии Трансформации (пост)модернистского дискурса в культуре 19202000-х годов, Новое литературное обозрение, М., 2008, с. 457.

② М. Липовецкий, Паралогии Трансформации (пост)модернистского дискурса в культуре 19202000-х годов, Новое литературное обозрение, М., 2008, с. 464.

第一，以否弃、解构、颠覆为己任的后现代主义文学有强大的破坏性。到了20世纪末，苏联解体10年后，曾经起过独特的反思、批判功能的后现代主义文学被解构的文化土壤已显贫瘠，类似的解构与颠覆已经不再新鲜，一批新的不了解这一文化背景的年轻的作家群崛起，这些都是它失去读者的重要原因。

第二，颠覆原有的语义体系，重新臆造虚拟的、荒诞的、非逻辑的语义体系毕竟不是文学的功能、使命与未来所在，文学的使命不仅仅在于颠覆，而更在于新的创造。昆德拉说，文学在于不断拓展人类生存的可能，而不是摧毁这种可能。被称为"现代批评之父"的法国批评家圣勃夫说，要"让批评的光芒唤出过去的生命，闪现出过去所没有发现的光芒"。[①] 凌乱、无序，毫无章法，缺乏明晰的价值取向，这样的文学审美是无法引起读者兴趣的。与西方的后现代主义文学相比，俄罗斯的后现代主义文学无论在思想发现上，还是在美学创造上都是贫弱的。由于缺乏文化的智性扩展，俄罗斯的后现代主义文学始终滞留在封闭的自我中。

第三，打破文学的和社会文化的言语规范（例如非规范语言、黑话俚语、污言秽语等），打破所有道德伦理的禁忌（具体而又猥亵的性描写和反审美的生理体验），打破传统经典的文学范式（如时空的有序性、思维的逻辑性等）、事件与现象因果关系的合理叙说、人物行为的正常动机、情节发展的合理逻辑必然给读者带来极大的困惑、茫然，甚至将他们引入歧途：怀疑现实的真实存在，怀疑文化的和社会历史的现实存在，甚至怀疑个人与历史的时间存在，乃至最终完全怀疑合理解释人与世界存在的可能。

---

① 〔法〕圣勃夫:《圣勃夫文学批评文选》，范希衡译，南京大学出版社，2016，第1152页。

19、20世纪之交的斯洛伐克现实主义文学

南力丹 *

摘　要：19、20 世纪之交，斯洛伐克出现了一股强大的现实主义文学潮流，它比欧美现实主义文学的流行时间大约晚了 50 年。此间的现实主义文学充分反映了民族意识的觉醒，表达了对民族解放、民族独立的强烈诉求。斯洛伐克现实主义文学经历了两个不同的发展阶段，再现了农村生活、底层人民的生活状态，批判了丑陋、黑暗的社会现实，具有极大的影响力，在斯洛伐克文学史与民族文化发展史上具有重要的意义。

关键词：斯洛伐克文学　现实主义　民族意识　赫维兹多斯拉夫

现实主义是 19 世纪继浪漫主义之后在西方世界广泛流行且有广泛影响的文艺思潮，现实主义流派作家主张用现实主义替代浪漫主义，主张关怀现实而排斥"理想主义""空想主义"，尊崇狄德罗（Denis Diderot）①、司汤达（Stendhal）②、巴尔扎克（Honoré de Balzac）③ 的创作。作为中东欧文学的一

* 南力丹，北京外国语大学欧洲语言文化学院斯洛伐克语教研室教师，博士在读，研究方向为斯洛伐克文学、中国和中东欧国家文化交流。

① 狄德罗（1713~1784），19 世纪法国启蒙思想家，唯物主义哲学家，法国百科全书派核心人物，《百科全书》主编，著有《对自然的解释》以及《达朗贝和狄德罗的谈话》等。

② 司汤达（1783~1842），19 世纪法国批判现实主义作家，代表作为《阿尔芒斯》《红与黑》《帕尔马修道院》。

③ 巴尔扎克（1799~1850），19 世纪法国伟大的批判现实主义作家，被称为"现代法国小说之父"，著有《人间喜剧》《朱安党人》《驴皮记》等。

部分，斯洛伐克文学不可避免地受到现实主义文学思潮的影响，但与西欧国家相比，中东欧国家的社会现实、文化背景有所不同，对现实主义文学的接受和改造也各具特色，呈现出本民族独有的不可模仿的特点，展现了民族性格和对自我角色的剖析。

斯洛伐克，地处欧洲中心，在历史上长期受到其他民族的统治。由于其资本主义发展的滞后性以及语言文学发展的先天不足等，斯洛伐克的现实主义文学比欧洲普遍流行时间大约晚了50年。在斯洛伐克民族意识逐渐觉醒的历史背景下，现实主义作家肩负独特的历史使命，遵循现实主义文学创作原则，展现了一个“弱小民族”用文学定义自我，反抗压迫，追求独立的艰难进程。

一　19、20世纪之交的斯洛伐克社会与现实主义文学的诞生

斯洛伐克现实主义文学在斯洛伐克文学史上具有重要的地位，诞生了一批至今都具有影响力的作家和文学作品，这与当时的历史背景及斯洛伐克的民族命运密切相关。现实主义文学在斯洛伐克的产生与发展受到内部与外部因素的影响：19世纪末20世纪初，资本主义开始在斯洛伐克萌芽，社会问题日益凸显，匈牙利实行“匈牙利化”政策，意图同化统治范围内的非匈牙利族人；斯洛伐克文化界对匈牙利的文化压制有了更大程度的反弹，民族语言和文学得到了长足的发展，知识分子纷纷在外学习交流，在这样的背景下，具有斯洛伐克民族特色的现实主义文学应运而生。

知识分子以及文学家在斯洛伐克的民族复兴运动中发挥了重要作用。东欧社会的发展整体落后于西欧，大多数东欧地区国家民族意识的觉醒相对滞后，受到18世纪末法国大革命以及19世纪上半期欧洲革命的影响，中东欧地区民族的自我意识开始觉醒，民族独立、民族解放的诉求日益强大，知识分子文化精英——语言改革者、历史学家、作家、诗人等在民族复兴中发挥了重要作用，成为推动民族意识复苏、民族复兴运动的先驱。他们希望通过唤醒民众的民族意识、民族自豪感、民族自信心来促进民族复兴，而通常所采取的措施有：①撰写本民族的历史书籍；②创办本民族语言授课的世俗学校；③提升本民族语言的地位——早在18世纪，斯洛伐克神学家和语言学家安东尼·贝尔诺拉克（Anton Bernolák）就写

了《斯洛伐克词源学》（*Etymológia slovenských slov*）、《斯洛伐克语－捷克－拉丁语－德语－匈牙利语词典》（*Slowár Slowenskí, Česko-Laťinsko-Ňemecko-Uherskí*），为斯洛伐克现代语言的产生奠定了基础；④出版赞美民族精神的文学作品。[①]而斯洛伐克作为中东欧众多民族之一，在追求民族独立的道路上也与大多数东欧国家相同，为民族解放运动奠定了基调。

斯洛伐克长期以来一直受匈牙利统治，语言、文学、文化受到一定程度的压制，19 世纪末的“文学反抗”成为传达不满以及反抗强权的重要载体。公元 906 年，大摩拉维亚公国[②]（The Great Maravian Empire）灭亡后，斯洛伐克一直处于匈牙利人的统治下。11 世纪，斯洛伐克成为匈牙利王国的一部分，1526 年随同匈牙利归于奥地利君主管辖，于 1867 年正式成为奥匈帝国的一部分。因此，斯洛伐克在将近 1000 年的时间里隶属于匈牙利。1848 年欧洲革命兴起之后，从 1867 年开始，奥匈帝国尤其是匈牙利采取了比较强硬的民族政策。在斯洛伐克具体表现为强制要求斯洛伐克统一使用匈牙利语作为官方语言，并于 1874 年关停了三所教授斯洛伐克语的中学。此项政策实行之后，直至 1918 年，斯洛伐克都未曾开设能够教授斯洛伐克语的中学。此外，匈牙利政府于 1875 年取缔了当时斯洛伐克最大的文化组织、推行斯洛伐克民族文化的最强阵地——斯洛伐克协会（Matica slovenská）[③]，引起了文化界的普遍不满，更刺激了文学家、艺术家团结起来，通过艺术创作进行抗争。

除了政治原因，从语言文学本身出发，斯洛伐克语言发展在 19 世纪中后期也取得了突破，为文学创作提供了先决条件。现代斯洛伐克官方语言出现得很晚，19 世纪 40 年代，语言学家、文学家什图尔（Ľudovít Štúr）在斯洛伐克中部方言的基础上创造了“什图尔斯洛伐克语”，经过不断地协商与修改，1851 年，“什图尔斯洛伐克语”被宗教界与文化界多数人士认可为共同的书面语。1863 年，这种语言在斯洛伐克协会的支持下

① 孔寒冰:《东欧传》，人民出版社，2000，第 127~129 页。

② 大摩拉维亚公国，也称大摩拉维亚帝国，始建于 830 年，是最早的西斯拉夫国家，也是第一个包括捷克人和斯洛伐克人的国家，地域包括波希米亚、摩拉维亚和西斯洛伐克的一部分，于 906 年灭亡。

③ 斯洛伐克协会是于 1863 年在斯洛伐克马丁城创立的民族性非官方的文化机构，主张推行具有斯洛伐克民族特点的文化，在政治、宗教、教育、文学、戏剧、音乐、美术等方面均有涉及。

得到大范围的推广，逐渐成为被广大斯洛伐克人使用的统一的语言。语言的发展与文学创作相辅相成，不可分割，现代斯洛伐克语言和文字的产生和逐渐成熟奠定了文学创作的基础，与此同时，本民族语言成为这些中东欧长期受压迫的弱小国家进行民族斗争的重要手段。现实主义文学正值此时进入斯洛伐克，因此，用斯洛伐克语进行现实主义文学创作也是时代的选择。

在社会现实方面，现实主义文学于19世纪中后期开始在斯洛伐克流行，这一时期，斯洛伐克资本主义已开始萌芽，但作为一个长期以农业生产为主的国家，斯洛伐克资本主义发展十分缓慢，主要工业命脉仍旧掌握在匈牙利资产阶级的手中，人民生活十分贫困，社会发展远远落后于西欧国家。大批斯洛伐克人，特别是出身于农村的农民，由于生活贫困、经济困难纷纷选择移民美国，人口流失成为一个严重的社会问题，直到1918年捷克斯洛伐克共和国成立之后，移民问题也没有得到解决。在错综复杂的社会矛盾中，主要矛盾是斯洛伐克人与匈牙利人之间的矛盾，斯洛伐克对匈牙利的不满愈加明显。人们渴望有人能够站出来为斯洛伐克人民发声、奋斗，建立独立民主的国家。泛斯拉夫主义也开始流行，年轻人中亲俄国、政治上向俄国靠拢的思想开始流行。因此，在斯洛伐克现实主义文学的创作中，追求民族独立、抒发爱国主义情怀、反抗贵族势力、追求阶级平等、探讨斯洛伐克民族身份认同以及农村生活现实是经常出现的主题。

由以上各个方面可以看出，斯洛伐克现实主义文学产生于十分复杂的社会现实之下，经济上的落后、政治上的压制以及文化上的复兴多个方面影响了文学的创作，民族主义与现实主义的碰撞和融合是那个时代斯洛伐克现实主义作家必须面临的课题。现实主义文学是斯洛伐克人民长期以来被压抑的申诉，是对抗异族统治的斗争，是一个民族在追寻自我道路上的表达，这一切造就了现实主义文学在斯洛伐克文学史上独特的地位，是一个民族不可磨灭的文学记忆。

二　斯洛伐克现实主义文学的发展历程

按照不同时期作家的特点、作品主题、写作方法，斯洛伐克现实主义文学主要可以分为两个阶段：描述性现实主义阶段（1880~1900）与批判性现实主义阶段（1900~1918）。两个阶段的作家秉承了现实主义文学刻画社会现实、塑造典型人物的创作原则，但在社会问题的关注点、文学风格、创作手法上各有不同，代表了不同阶段斯洛伐克作家对社会现实、民族问题以及文学本身的不同思考。

（一）描述性现实主义

描述性现实主义（Opisný realizmus）于19世纪80年代末期开始流行，产生了以小说家斯韦托扎尔·胡尔班－瓦扬斯基（Svetozár Hurban-Vajanský，1847–1916）、诗人帕沃尔·奥尔斯扎克赫·赫维兹多斯拉夫（Pavol Országh Hviezdoslav，1849–1921）、小说家马尔丁·库库钦（Martin Kukučín，1860–1928）为代表的一大批优秀作家，为斯洛伐克文坛带来了翻天覆地的变化。

这批现实主义作家大多出身于知识分子、富农等家庭，接受过比较完整的教育，并且大多都有过留学经历，有稳定的职业，如瓦扬斯基和赫维兹多斯拉夫是律师，马尔丁·库库钦是医生，还有一些是编辑等。他们在少年时期就表现出对文学的兴趣，立志用斯洛伐克语进行文学创作，并且受到西欧以及周边国家的作家影响，如赫维兹多斯拉夫就十分推崇匈牙利的爱国诗人裴多菲的诗歌。除了醉心于个人的文学创作，这批最早的现实主义作家同样十分团结，并且注重为年轻人提供更多的机会。很多作家都是斯洛伐克爱国组织斯洛伐克协会的成员。赫维兹多斯拉夫和戈罗曼·班绍夫（Koloman Banšell）在1871年共同创建的年刊《向前》（*Napred*）[①] 集合了当年最优秀的现实主义文学作品，传达了年轻作家的思想和创作理念，是当时最重要的现实主义文学阵地。而现实主义文学女作家特蕾西亚·万索娃（Terézia Vansová）创办了第一本女性杂志《晨星》（*Dennica*），这些都为未来斯洛伐克文学发展奠定了重要基础。

斯洛伐克描述性现实主义作家们注重对社会现实的刻画，作品的题材主要为国民的社会生活，塑造表现社会各个阶层的人物，对斯洛伐克的社会问题十分关注，如贫富差异、阶级鸿沟、财富分配、商业贸易、斯洛伐克人民的婚姻状况、酗酒问题、农村现实等。在描述性现实主义作家的作品中，有被贵族破坏安宁生活的普通人的无奈和痛苦，展示了阶级之间不可调和的矛盾，如帕沃尔·奥尔斯扎克赫·赫维兹多斯拉夫的《守林人的妻子》

① Viliam Abert atď, *Literatúra 2* (Bratislava: vydavateľstvo LITERA, 1997), pp.75-77.

（*Hájnikova žena*），也有地主和农民间的恋爱悲剧，如马尔丁·库库钦的《斜坡上的房子》（*Dom v stráni*），还有家庭的聚散离合，展现了一代人的生老病死，喜怒哀乐，思考与挣扎，描绘了一幅幅展现斯洛伐克人民生活的风物长卷，唤醒了读者对自己身处环境的共鸣和思考，但针对作品中呈现的社会问题却没有提出有效的解决方案，这也是描述性现实主义的最大局限。

在人物塑造方面，不同于浪漫主义热衷于描绘英雄人物，现实主义故事的主角都是生活中的普通人，甚至会有很多缺点，通过分析这些"不理想"的人物，读者可以感受到角色所代表的社会阶层在现实中的处境，从而感同身受。在描述性现实主义作家的作品中，主角是成长的，是改变的。他们有的出身底层，是农民、守林人、手工匠人，试图通过自己的双手来改善生活现状，却总被贵族横加破坏，无奈之下只能奋起反抗；有的是知识分子或者是地主阶级出身，在不断的学习和游历中看到残酷的社会现实，最终投身于改造社会的运动之中。这些文学作品中的"平民英雄"是那个时代斯洛伐克人的缩影，他们既平凡又不平凡，演绎了斯洛伐克式的"罗密欧与朱丽叶""人间喜剧"故事。

值得注意的是，描述性现实主义作为斯洛伐克现实主义的开端，在语言文字和作品主题上有极大的民族特色。在语言方面，描述性现实主义作家大量使用社会各个阶层的语言，不同于过去只使用上层人士看得懂的语言，在诗歌、小说中大量使用民间语言，包括但不限于谚语、口语化表达、方言、古语等，通俗易懂，能够吸引社会各阶层包括文化水平较低的读者阅读，增加了作品的普及度，也更具有斯洛伐克民族的特色，这是当时文学上的一个重大突破。

描述性现实主义诗人赫维兹多斯拉夫在抒情诗、叙事诗、戏剧等方面都有建树，他最大的成就在于诗歌，他的诗作形式优美有独创性，多使用抑扬格，朗朗上口，词语丰富形象，且多来自民间语言，情感热烈真挚，深受斯洛伐克读者喜爱。他的抒情诗集《嫩枝》（*Letorosty*）是一部日记形式的诗集，记录了生活中喜悦和悲伤的各个时刻，表达了他丰富的内心情感、对斯洛伐克人民苦难生活的同情，以及对他们的挚爱与美好的希望。[①] 在《嫩枝》

① 冯植生主编《20世纪中欧、东南欧文学史》，上海外语教育出版社，2008，第123页。

中他写过这样一篇诗[①]：

他们都是诗人——幸运的孩子们，
如同太阳一般闪耀；
在这片宁静的国度中，这样美好地生活着，
总是在不断地做梦，做梦，做梦……

我嫉妒他们如同歌曲中的音符，
像一场永恒的梦一般；
可想要生存，就必须摇摆，
挣扎，创造！

尽管人们总是用大脑思索着，
这关于梦想的种子；
但也终归只是黄粱一梦；
人类在历史的长河中颠簸前行，
但也仅仅是随波逐流；
请注意！当种子发芽的时候，
美丽的羽毛就能升起了吗？

而当果实已逐渐成熟，
为了能让她在水中拔然而起；
那就用我们心脏深处，
最滚烫的热血来浇灌吧！[②]

这样一则短诗，开头描绘了一幅如梦如诗的美好画面，最后点出希望种子落地发芽、结出果实的愿望，情感真挚热烈，表现了诗人反对虚无的空想主义，对人民尤其是对青年的热爱与支持。

斯洛伐克描述性现实主义集中关注以及回答了两个社会问题：第一，谁

① 节选自帕沃尔·奥尔斯扎克赫·赫维兹多斯拉夫诗集《嫩枝》(*Letorosty*)，由笔者翻译。

② Natália Inhátková atď , *Čítanka 2* (Bratislava: vydavateľstvo LITERA, 1997), p.200.

能够领导斯洛伐克民族走向未来？第二，小地主阶级（zemianstvo）在斯洛伐克有怎样的社会地位，能够发挥什么样的作用？这里的小地主阶级，相当于中国的富农阶级，是当时斯洛伐克社会的一支重要力量，他们不是贵族，与匈牙利政权的关系并不紧密。但相较于知识分子或普通市民、农民，小地主阶级的力量与影响力更大，部分小地主还拥有一定的武装力量。因此，当时不少渴望社会变革的知识分子都寄希望于小地主阶级，认为他们是可以发动革命，改变现实的主要力量，相应地，作家们也花了大量笔墨描写斯洛伐克的乡村，以小地主阶级为主角。例如，瓦扬斯基的农村三部曲《叶的阴影》（*Letiace tiene*）、《干树枝》（*Suchá ratolesť*）、《根与芽》（*Koreň a výhonky*）就是其中最具代表性的作品，其中《叶的阴影》讲述了乡绅的女儿和一位立志改变社会、提高民族地位的医生的爱情故事，表明了作者希望知识分子与地主阶级结合，共同反抗斯洛伐克民族被压迫的命运。《干树枝》讲述了一位出身于斯洛伐克地主家庭的青年斯坦尼斯拉夫（Stanislav Rudopoľský）个人成长和转变的故事：主人公年少时在维也纳学习法律，阅历颇丰，回乡后在与自己老师和恋人的接触、交往中逐渐对自己的民族身份产生兴趣，经过战争等磨难后，他最终认识到了自己作为斯洛伐克人的责任和使命，从而走上了与自己父辈不同的道路。

现实主义文学是斯洛伐克现代书面语言逐渐成熟后第一个广泛流行的文学流派，而描述性现实主义在发展之初就为后期的文学发展奠定了朴实、厚重且亲切的基调，代表文学作品也都被奉为经典。描述性现实主义文学看到了斯洛伐克人民并以他们为主角，其不断创新丰富的词语和表达，诗歌、小说和散文的韵律结构，直面现实且不乏幽默的风格及其蕴含的真挚丰富的情感不断被后来的斯洛伐克作家们借鉴，代表了斯洛伐克人民用文学来抗争的第一阶段的特点。

（二）批判现实主义

批判现实主义（Kritický realizmu）是继描述性现实主义后在斯洛伐克流行的现实主义文学潮流，与描述性现实主义相比，批判现实主义所蕴含的思想更为深刻，风格也更为尖锐。代表作家有鲍日娜·斯兰奇科娃·季姆拉娃（Božena Slančíková-Timrava，1867–1951）、约瑟夫·格列戈尔·塔约夫斯基（Jozef Gregor Tajovský，1874–1940）和柳德米拉·鲍德雅琳斯卡（Ľudmiľa Podjavorinská，1872–1951）等。

斯洛伐克批判现实主义代表作家人生经历大多十分坎坷，女作家季姆拉娃出身于农村的基督教牧师家庭，家庭民族意识浓厚，未曾接受过系统的教育，终身未嫁，父亲过世后离开家庭独立找工作时也几经波折。塔约夫斯基出身于斯洛伐克小城镇的一个手工匠人家庭，当过老师，做过银行职员，在第一次世界大战期间曾应征入伍，加入捷克斯洛伐克军团。复杂且坎坷的人生经历、与不同阶层人的交往经历为他们的文学创作提供了源源不断的动力和素材，使他们更能写出底层人民的痛苦和挣扎。批判性现实主义作家在继承描述性现实主义的基础上，创作更为大胆，文学体裁也更加丰富。

相比于描述性现实主义，批判现实主义的风格更加尖锐，看问题的角度更深入，并对改造社会提出了一定的设想和方案。同时，受第一次世界大战影响，战争成为批判性现实主义文学的主要背景之一。19世纪末，斯洛伐克社会贫富差距逐渐拉大，底层人民贫困加剧，人口流失严重，社会上流行拜金的价值观，判断一个人的价值不是通过人品、性格而是基于他的财富多少，针对这种社会风气，批判性现实主义作家在文学作品中展开批判性思考和辛辣的讽刺，他们批判的不单是社会上不公平不合理的社会现象，也批判人性中阴暗、贪婪的一面，所以在作品中也会更多地描写现实中黑暗的、让人难以接受的部分，如死亡、战争、贫困、疾病、逃亡等，希望通过“丑”来突出美，引起读者的反思。

在人物塑造方面，描述性现实主义文学描绘了斯洛伐克各个阶层的生活，批判现实主义文学的主人公则几乎全是社会最底层的人物，如女佣、农民、流浪者等，通过他们的痛苦来触动读者的内心。在塑造人物时，作家十分注重人物内心世界的刻画和心理活动的描写，对人贪婪、自私、懒惰的本性进行毫不留情的批判，有的作品主角从一开始就是彻底的反面人物，如为了钱在儿子重病弥留之际仍不愿去看一眼的守财奴父亲，为了钱不惜出卖女儿幸福的母亲，塔约夫斯基的戏剧作品《田庄—混乱》（*Statky-zmätky*）的男主角就是一个为了金钱结婚，之后又抛妻弃子的贪婪小人。这些故事的结局大部分还是正义和善良战胜不义，其中生动而又真实的反面角色往往成了最大的亮点。

在语言和文学体裁方面，批判现实主义文学作品坚持用最原汁原味的斯洛伐克语进行创作，并不断改进和创新。批判现实主义诗歌在语法上更为简化，从主题上看，多为抒发作者内心情感的抒情诗歌，叙事诗有所减少；批判现实主义散文主题涉及人物的内心生活、社会现状和对社会结构、社会问题的分析，理性之外也透露着作者对社会现实的不满和失望；批判现实主义戏剧在数量和质量上都比描述性现实主义有较大的飞跃，语言直接采用当下民间流行的口语，主题多为生活中的冲突和矛盾、流行故事和写实的人物角色，激烈的戏剧冲突、鲜明的人物特征与“接地气”的故事背景都使这类戏剧作品在当时十分受欢迎。

批判现实主义最显著的特点有以下两点：一方面，批判现实主义将创作重点转移到对社会现实的批判，描写了小地主阶级（Zeminstvo）的逐渐衰落、斯洛伐克人物质和精神世界的匮乏、人们艰难的生存状况，并试图分析现实，提出造成这些问题的根本原因和改造方案。女作家季姆拉娃的作品被称为“19世纪末20世纪初斯洛伐克农村生活的艺术文献”①，其代表作中篇小说《加帕科维茨一家》（*Ťapákovci*）对农村生活中的阴暗面进行了深刻剖析，描绘了根深蒂固的保守主义在斯洛伐克农村家庭生活中的种种表现，批判了父权和保守主义；短篇小说《迷人的大地》（*Tá zem vábna*）描绘了贫困但对幸福生活抱有幻想的斯洛伐克农民纷纷远走他乡、移民国外的情景，对当时这一突出的社会问题，作者不吝笔墨，做了生动形象的描绘。另一方面，批判现实主义十分注重对人物内心世界的描写，大段人物独白、第一视角和上帝视角的写作手法已接近现代主义文学风格。②

批判现实主义文学对社会现实的刻画无限接近当时斯洛伐克人民的真实生活，用讽刺、批判的手法写出了斯洛伐克民族长久存在的“顽疾”，毫不回避斯洛伐克人自身的缺点，哀其不幸，怒其不争，用文学鞭笞读者的内心，但在根本上仍寄托了作者对民族未来的担忧，对斯洛伐克人未来的希冀和企盼。

三 斯洛伐克现实主义文学的特征及影响

从现实主义文学作家不同阶段作品的语言、内容和精神内核等方面可以看出，斯洛伐克现实主义文学将现实与民族的命运相关联。文学同民族意

① 冯植生主编《20世纪中欧、东南欧文学史》，上海外语教育出版社，2008，第124页。

② Viliam Abert atď, *Literatúra 2* (Bratislava: vydavateľstvo LITERA, 1997), pp.98-100.

识、民族复兴联系十分紧密，互相融合，是用来对抗异族压制、阶级鸿沟、社会不公的“软武器”，其特征及影响具体表现为以下几个方面。

1. 呼唤使用本民族语言和关注本民族文化，实现语言的民族性

从语言上看，当时斯洛伐克自身语言的发展历史尚短，出于对匈牙利文化同化政策的反弹以及便于广大人民群众阅读和理解，斯洛伐克现实主义文学家在进行文学创作时更重视使用民族语言——斯洛伐克民间语言，包括各地的方言、民间谚语、口头语以及古斯拉夫语，从最根本、最贴近普通大众的地方寻求语言上的支撑，并用这样的语言讲述斯洛伐克民族的历史（如大摩拉维亚公国时期的历史故事），讲述斯洛伐克人自己的故事，推广斯洛伐克本民族文化，并且试图在其他国家进行传播。这一做法看似普通平常，但在高压文化政策以及本民族语言尚不成熟的时期，作家们在创作时承受着相当大的压力和风险。在此期间，现实主义作家使文学走向了大众，并通过这样的方式来提高读者对民族身份的认同，增强民族文化自信，促进民族意识的觉醒。

大诗人赫维兹多斯拉夫被誉为斯洛伐克的“莎士比亚”“歌德”，他对文学的贡献除饱含深情的作品外，还包括将民间方言、外来语引入其作品中，他的诗篇被称为“斯洛伐克语言宝库”，深受大众的喜爱。由此可见，这一时期语言不仅是工具或武器，其存在本身便具有破旧立新的作用。

2. 以农村生活为基本题材，以农民为主人公，塑造具有民族特色的英雄

从内容上看，斯洛伐克现实主义文学作品大量描写农村和农民的生活，一方面，与斯洛伐克的历史以及其主要的生产方式有关，农村与农民的社会问题值得读者去关注；另一方面，广大的农民以及市民，是最接近真正的“斯洛伐克人”（Slovák）的阶层，他们从血缘或经济关系上与匈牙利人的联系少，且长期以来一直受到压迫。斯洛伐克现实主义作家将改造社会现实的主要力量寄托于广大农民和小地主阶级，他们在作品中强调农民的作用，刻画农民与贵族的现实矛盾，希望能够唤醒农民的民族意识并号召他们奋起反抗。

现实主义文学故事的主人公是农村的农民、牧鹅人、木匠、守林人，从他们身上可以看到斯洛伐克乡村的风俗习惯、人们的性格爱好以及宗教信仰。他们热爱美酒佳肴，幽默风趣，热情正直，乐于助人，女性温柔顺从。

他们都是虔诚的天主教徒，也有文化水平低、贪图小利、顽固保守的缺点。这一时期的现实主义文学作品塑造出敢爱敢恨、英勇无畏但也有缺点的小人物英雄，安慰、感染、激励了一代苦难的斯洛伐克民众，成为斯洛伐克人追求自由不屈意志的代表，是完完全全属于斯洛伐克人的英雄。

3. 对本民族自我意识的关切及对民族独立解放的强烈渴望

从精神内核上看，无论是描述性现实主义还是批判现实主义，无论是同情和热爱还是无情的鞭笞，斯洛伐克民族人民的生存状况和精神状态永远是不变的主题和灵魂。斯洛伐克现实主义诗歌表达了对本民族和本民族人民浓烈的爱，小说故事情节强调主人公作为斯洛伐克人的民族身份，戏剧作品则通过戏剧冲突来表达对民族的忧虑和关心。一些作家，特别是批判性现实主义作家，在其作品中毫不回避斯洛伐克人民的缺点，如酗酒、文盲多、懒惰、软弱、麻木等，但这恰恰反映了作家们对民族未来命运的关切。

从赫维兹多斯拉夫的叙事长诗《希律王与希罗底》(*Herodes a Herodias*)借《圣经》借古讽今到“民族拷问者”塔约夫斯基在戏剧《波士特科娃老妈妈》(*Mamka Pôstková*)和《妇女的法典》(*Ženský zákon*)中直接、辛辣的讽刺，斯洛伐克现实主义在十几年内获得了长足的发展。作家理性中不乏情感，在作品中表达了对斯洛伐克人民的热爱、对青年的关注和鼓励、对社会现实的批判、对未来社会的畅想，掀起了文学界的民族复兴运动，为斯洛伐克即将到来的民族独立运动播下了思想的种子。

结　语

现实主义文学对斯洛伐克各个领域都产生了深远而广泛的影响，斯洛伐克现实主义文学史是一个长期受压迫的民族的抗争史。在语言和文化层面，斯洛伐克现实主义文学发展于官方语言诞生后的过渡期，因此，现实主义文学作品大大丰富了斯洛伐克语的词汇、表达、句式结构，为语言和文学后来的发展奠定了基础。在社会改造层面，无论是对社会现实的如实描写还是深刻批判，抑或改造设想，都对斯洛伐克人民认清社会现实、发现社会矛盾起到了积极的推动作用。知识分子、文人作家之间的讨论、设想也为社会的进一步发展提供了借鉴意义，为未来斯洛伐克成为民主国家奠定了思想基础。而在民族复兴层面，越小的国家就越珍视自身的民族性，斯洛伐克文学中所体现的对本民族情感的浓度高于大国文学。这些具有强烈民族性的小说、诗歌、戏剧在传播流行的过程中也达到了唤醒、教育大众的目的，使民众增强了对自身民族身份的认同感、作为本民族成员的自信，以及对本民族的忠诚，在世界文学之林中熠熠生辉。

聚焦欧洲社会

European Society

保加利亚人口国际迁移现状探析（2007~2016）

陈　巧*

摘　要：移民现象历史悠久，它所带来的社会、经济、文化、政治效应都深刻地影响迁出国、迁入国和过境国。保加利亚的人口国际迁移一度对本国的人口发展造成了严重的影响。1989 年民主变革之后，保加利亚出现了大规模的移民浪潮，导致该国人口大量减少。2007 年加入欧盟后，保加利亚的外迁人口持续增加，但因迁入保加利亚的人口也呈现增长的势头，该国的人口机械增长率较 20 世纪 90 年代有了很大的提高，逐步向正数靠近。本文将从保加利亚近十年移民总趋势、外迁移民的特点及目的地选择、中保两国人口双向流动三方面进行分析，以描述保加利亚入盟后的移民概况。

关键词：人口国际迁移　保加利亚　移民趋势　中保人口双向流动

在全球化的时代，人类社会逐渐成为一个多元文化、多元价值、多元结构的综合体，随着商品和资金的大量流动，以提高生活质量为目的的劳动力流动也逐渐增加。这使得跨国迁移逐渐成为现代生活不可缺少的一部分，它被当代一些理论家称为继商品、资本之后的"全球化第三大浪潮"，逐渐引

* 陈巧，硕士研究生，北京外国语大学欧洲语言文化学院教师，主要从事保加利亚社会文化研究。曾发表《当今保加利亚土耳其人和罗姆人的文化适应——以教育和就业情况为例》《2016 年保加利亚文学概览》《从姓氏比较中国和保加利亚民族文化异同》等文章。

起世界各国政府及学术界的重视。

“移民”一词源于拉丁语（migro，即从一处迁到另一处）。保加利亚移民研究专家安娜·科勒斯特娃（Анна Кръстева）在其著作《从移民到流动——政策与路途》（*От миграция към мобилност – политики и пътища*）中总结道，目前对于“移民”最为普遍的定义为“在国境外生活一年以上的人”。[①] 这个定义虽然简洁明确，但也存在很多争议。事实上，随着社会的发展，人口迁移的原因和类型越来越多元化，所以要精确统计每种类型的移民数量有很大的难度，随之便会影响对“移民”一词的准确定义。塔妮娅·西莫娃（Таня Симова）在文章《劳动力的流动与迁移——立法角度分析》（Мобилността и миграцията на работната сила – законодателен преглед и нормативна оценка, *Право, политика, администрация*）中将其定义为：“移民是一个复杂的人口学、地理学与社会经济学进程，它与人口的自然流动与地域再分配密切相关，指以更换居住地生活或工作为目的而迁移出境的人。”[②] 这个解释从迁移原因及其产生的各方面影响出发，对“移民”做了较为全面的阐释。除以上两位外，约尔旦·科列夫（Йордан Колев）在其2005年出版的著作《国境之外的保加利亚人》（*Българите извън България*）中，按照大洲对世界上的保加利亚侨民做了总结和分析。总的来说，目前关于保加利亚移民方面的专著较少，论文也大多着眼于法律和经济方面，且很少分析2007年入盟以后的情况。因此，从社会学角度出发，对2007年以后保加利亚移民情况进行资料整理与数据分析是一项重要的补充性工作。

一　入盟后保加利亚人口国际迁移总趋势

保加利亚的人口国际迁移一度对本国的人口发展造成严重的影响。1989年民主变革之后，保加利亚出现了大规模的移民浪潮。由于1984年到1989年保加利亚政权强迫境内的土耳其人改变自身的语言、姓名和穿着等，造成大量少数民族外迁，因此，这期间的移民浪潮具有政治性和民族性。而随着经济全球化的发展，人口国际迁移逐渐增加了更多的经济特征。《保加利亚

① Анна Кръстева: *От миграция към мобилност – политики и пътища*, София: Издателство на Нов български университет, 2014г, стр.28.

② Таня Симова: Мобилността и миграцията на работната сила – законодателен преглед и нормативна оценка, *Право, политика, администрация*, Том 3, Брой 2/2016., стр.33.

共和国人口发展战略（2006~2020）》（以下简称《战略 2006》）[①] 揭示："1989 年至 2002 年，人口迁出导致全国常住人口减少了 71.5 万余人。" [②] 对一个人口不多的国家来说，这无疑是一个严峻的挑战。最近十年，即 2007 年保加利亚加入欧盟之后，外迁人口持续增加，该国的人口机械增长率较 20 世纪 90 年代有了很大的提高，逐步向正数靠近。《战略 2006》中甚至做了预测："到 2020 年之前，我国人口国际迁移的差额会呈正数。" [③] 战略还指出，保加利亚在某种程度上已进入"移民疲惫期"（Емиграционна изтощеност），这是因为移民的主要构成部分——大部分保加利亚年轻人已经在该国领土之外了。2007~2016 年保加利亚移民迁入与迁出情况见表 1。

表 1　保加利亚移民迁入与迁出情况统计（2007~2016）

	2007 年	2008 年	2009 年	2010 年	2011 年	2012 年	2013 年	2014 年	2015 年	2016 年
迁入人口	1560	1236	3310	3518	4722	14103	18570	26615	25223	21241
迁出人口	2958	2112	19039	27708	9517	16615	19678	28727	29470	30570
差额	−1398	−876	−15729	−24190	−4795	−2512	−1108	−2112	−4247	−9329

资料来源：保加利亚国家统计局。

从 2011 年开始，保加利亚迁出与迁入人口的差额一度缩小，虽然 2015 年、2016 年的差额有所增加，但总的来说，未来保加利亚的人口机械增长率有提高的机会。主要原因有以下几点。

（一）国内出生率的降低及人口老龄化的加重

从 1925 年起，保加利亚就一直面临人口生育率低的难题。出生率的降低客观上取决于人口、社会和经济方面的许多因素，也与移民有紧密的联系。1989 年以来的社会经济变化加速了出生率降低的进程，并导致它在

① 该发展战略的保加利亚语全称为 *Национална стратегия за демографско развитие на Република България(2006-2020)*。

② *Национална стратегия за демографско развитие на Република България(2006-2020)*, p.12. http://www.strategy.bg/StrategicDocuments/View.aspx?Id=444，最后访问日期：2018 年 2 月 27 日。

③ *Национална стратегия за демографско развитие на Република България(2006-2020)*, p.13. http://www.strategy.bg/StrategicDocuments/View.aspx?Id=444，最后访问日期：2018 年 2 月 27 日。

1997 年下降到 7.7‰。[①] 之后尽管这个进程逐渐稳定下来，但仍然是该国面临的一个严重问题。

如表 2 所示，尽管有小幅波动，但以上三项人口统计数据总体都趋于下降，这就使得保加利亚的总人口，特别是年轻人数量（有劳动能力）有所减少，从而直接削弱了该国人口的迁移能力。与此同时，保加利亚人口的死亡率低，平均寿命长，人口的平均年龄持续增长（如图 1 所示），这就涉及另一个人口问题——老龄化。在以劳动力迁移为主的时代，老龄化加深也影响国家人口的流动能力。

表 2　保加利亚人口、新生儿（成活）与生育率情况统计（2007~2016）

	人口	新生儿（成活）	生育率 (‰)
2007	7640238	75349	9.8
2008	7606551	77712	10.2
2009	7563710	80956	10.7
2010	7504868	75513	10.0
2011	7327224	70846	9.6
2012	7284552	69121	9.5
2013	7245677	66578	9.2
2014	7202198	67585	9.4
2015	7153784	65950	9.2
2016	7101859	64984	9.1

资料来源：保加利亚国家统计局。

（二）国内经济的发展，迁入人口的增加

2007 年以来迁入保加利亚的人数大量增加（2007 年为 1560 人，2016 年为 21241 人）。与此同时，在迁入人口中，劳动力年龄人口占了大部分（表 3 中，2016 年 20~59 岁人口占 64.3%），这对国家的经济发展十分有利，

① *Национална стратегия за демографско развитие на Република България (2006-2020)*, p.7. http://www.strategy.bg/StrategicDocuments/View.aspx?Id=444，最后访问日期：2018 年 2 月 27 日。

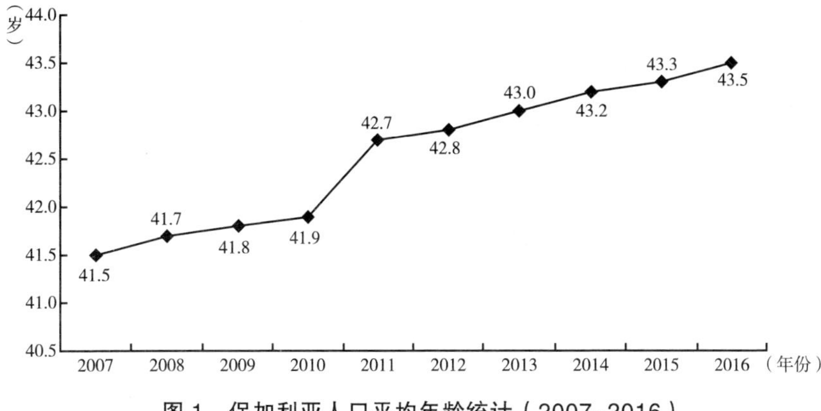

图 1　保加利亚人口平均年龄统计（2007~2016）

资料来源：保加利亚国家统计局。

因为年轻的人口会带来新鲜的生产力，从而营造一个更健康的工作和生活环境，以便将来吸引更多的移民。

表 3　保加利亚迁入人口年龄构成（2010~2016）

单位：%

年份	年龄			
	20 岁以下	20~39 岁	40~59 岁	60 岁及以上
2010	18.0	32.0	35.0	15.0
2011	21.5	39.6	27.1	11.8
2012	13.9	37.0	32.5	16.5
2013	13.4	43.3	27.0	16.3
2014	18.4	35.1	28.1	18.5
2015	17.2	35.3	29.9	17.6
2016	16.7	33.8	30.5	19.0

资料来源：保加利亚国家统计局。

在迁入人口中，有来自外国的移民，也有保加利亚籍人在迁出一段时间后选择回国。当一个国家的经济呈现增长和发展的趋势时，就会吸引自己的人民回到国内。2016 年，保加利亚经济自 2007 年以来达到顶峰（见图 2），与 2007 年相比，2016 年人均实际国内生产总值已增长 22.4%，首次突破

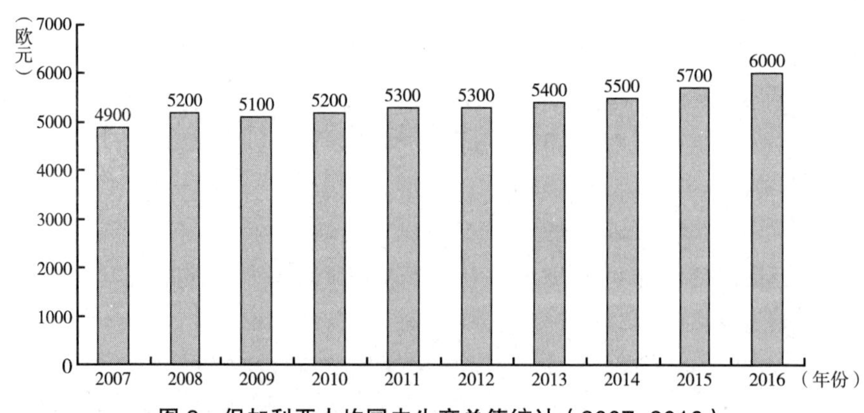

图 2　保加利亚人均国内生产总值统计（2007~2016）

资料来源：保加利亚国家统计局。

6000 欧元，显示出积极的上升势头。经济的增长伴随就业岗位的增加和就业质量的提升，进而吸引了保加利亚侨民的回归。

除此之外，保加利亚从 2008 年开始也在一些比较受欢迎的移民国（如希腊、西班牙、德国等）设置了专门的职业介绍所、宣传日或开展职业宣传活动等。这些活动一方面致力于吸引年轻劳动力，另一方面旨在吸引外国投资，为他们提供专门的便捷的谈判场所。这类举措在保持该国行政当局和民间社会与外国机构之间的可持续关系方面具有良好的影响力。其中一些机构，如劳动力与社会政策部（Министерство на труда и социалната политика）、保加利亚侨民局（Държавна агенция за българите в чужбина）、劳动与社会事务所（Служби по трудовите и социалните въпроси）等在拓展活动、加强影响力等方面做出了重要贡献。

（三）国内移民政策的改善

移民是一种全球现象，如果适时出台治理机制，就可以对国内甚至欧盟范围内的社会发展产生积极影响。保加利亚的移民政策制定得相对较晚，在 2007 年以前，移民政策只是人口发展战略中的一小部分，并没有单独成册的官方文件。加入欧盟以后，政府认识到了移民带来的社会影响，制定了专门的移民政策、战略和措施，以减少外迁移民量，鼓励保加利亚人归国，降低移民对本国的负面影响。

2008 年，政府出台了《保加利亚共和国移民与一体化战略（2008~2015）》①（简称《战略 2008》），保知名学者安娜·科勒斯特娃评论："这是第一份全面性的移民政策，它体现了保加利亚对本国移民状况、最佳移民状态以及如何从现实过渡到最佳状态的看法。这也是第一份汇总移民官方数据的文件。"②此后，保加利亚不断完善移民政策，并在 2011 年和 2015 年分别出台了《保加利亚共和国移民、庇护与一体化战略（2011~2020）》③（简称《战略 2011》）和《保加利亚共和国移民、庇护与一体化战略（2015~2020）》④（简称《战略 2015》），三部战略分别有不同的政策目标（见表 4）。

表 4　保加利亚三部移民战略的政策目标

《战略 2008》	《战略 2011》	《战略 2015》
吸引居住在境外的保加利亚人和有外国国籍的保加利亚裔永久返回和定居在保加利亚共和国； 在对外国人的**接收**、**一体化**以及有效控制移民进程方面采取适当政策	建立全面和可持续的监管与行政基础，以确保成功管理合法移民及其一体化，同时防范和打击非法移民，具体表现为： **预防**和**有效抵制**非法移民； 更有效地**管理**经济型移民及其一体化； 使移民和人口流动成为经济和人口发展的积极影响因素	建立全面和可持续的监管和行政基础，以确保成功管理合法移民及其一体化，同时防范和打击非法移民，并为在保加利亚寻求和接受国际庇护的申请人提供必要的关照，具体表现为： 更有效地**管理**移民及其一体化； 发展和改善**国际庇护**制度； 使移民和人口流动成为经济和人口发展的**积极影响**因素； 将国际庇护寻求人成功融入保加利亚社会，并**有效利用**其对国家社会经济发展有益的潜力； **预防**和**有效抵制**非法移民及贩运人口

资料来源：笔者根据以上三部移民战略归纳总结。

《战略 2008》的关键词是"吸引""接收""一体化"，而 2011 年的战略关键词是"预防""抵制""管理"，这意味着该国的移民策略从无条件吸引转向了有条件吸引（限制）。这是一个质的变化，因为有条件和有控制的移民状态可以帮助该国创造一个安全的社会环境。在此基础上，《战略 2015》

① 该发展战略的保加利亚语全称为 *Национална стратегия на Република България по миграция и интеграция(2008-2015)*。

② Анна Кръстева, *От миграция към мобилност – политики и пътища*, София: Издателство на Нов български университет, 2014, P.619.

③ 该发展战略的保加利亚语全称为 *Национална стратегия в областта на миграцията, убежището и интеграцията(2011-2020)*。

④ 该发展战略的保加利亚语全称为 *Национална стратегия в областта на миграцията, убежището и интеграцията(2015-2020)*。

将前两者结合起来，同时开始关注国家庇护管理体制，提升了移民的安全性。这三项政策体现了国家在移民问题上日渐成熟的处理方式和态度，有助于保障国内治安和经济发展，吸引更多高质量的移民。

二　保加利亚外迁移民的特点分析

（一）外迁移民的年龄构成

2013 年，保加利亚专门做社会研究的阿菲斯机构（Агенция “Афис”）以“是否有移民到欧盟其他国家的可能”为题对 1028 名 15~55 岁的保加利亚公民进行了问卷调查。调查结果显示，78% 的受访者认为自己很有可能移民到其他国家，而最有可能的迁移原因是想找到更好的工作。这 78% 的受访者的移民目的又主要分为以下几类。

①找到不考虑专业和受教育水平的工作——54%；

②找到与自己的受教育程度相符的工作——24%；

③出国留学——13%；

④旅游和娱乐——4%；

⑤家庭团聚或跨国婚姻—— 2.2%；

⑥获得社会福利——0.5%。

可见，大多数人选择移民是因为想找到更好的工作或接受更好的教育，从而追求更高水平的生活。

如表 5 所示，在每年的外迁移民中，处于生育年龄和最有可能接受优质教育（年龄在 20~39 岁）的移民占比例最大。其次是 40~59 岁的年龄段，这个年龄段的移民因为已经有了一定的社会经历，最有可能掌握成熟的专业技术。占比第三的是 20 岁以下的年轻人，他们对国家的未来发展至关重要。

表 5　保加利亚外迁移民的年龄构成（2008 ~ 2016）

单位：%

年龄	2008 年	2009 年	2010 年	2011 年	2012 年	2013 年	2014 年	2015 年	2016 年
20 岁以下	12.6	21	15	12.5	15	14.2	12.5	17.5	14.3
20~39 岁	51.3	52	48	54	51	56	55	43.6	53.5
40~59 岁	34.8	24	31	28	26	21.5	25.8	25.3	23.5
60 岁以上	1.3	3	6	5.8	8.5	8.9	6.6	13.5	8.7

资料来源：保加利亚国家统计局。

劳动力移民是当今世界最受欢迎的移民形式，保加利亚和欧盟其他成员国之间巨大的收入差距成为强劲的移民推动力。劳动力外迁在一定程度上会缓解了保加利亚的就业压力，但同时也会带来一些负面影响。

积极影响：

①劳动力外迁能够缓解国内某些部门的就业压力，从而给本国的劳动力市场一个自我调节的时间。

②劳动力外迁为提高国内平均工资水平提供了先决条件。

③临时性的移民为劳动力在国外习得专业技术创造了条件。

④保加利亚移民会在外国寻找本国产品，从而小规模地打开国内商品的国际市场。

⑤劳动力移民通常利用境外所得资本回国创业。

⑥归国的移民会带来新的知识和宝贵的经验，从而提升国内的劳动力质量。因此可以把计划未来归国的移民看作一种投资。

消极影响：

①大多数移民都不到60岁，这会导致本国人口结构失衡。保加利亚国家统计局预测，到2070年，保加利亚的人口将减少到500万～600万，同时人口老龄化情况加重，劳动力人口的比例将大幅下降。2015年，保加利亚20~59岁的人口占总人口的54%，60岁及以上人口占28%，而到2070年，这两个年龄层次的人口将分别占46%和37%，与此同时也会给退休养老制度的可持续发展带来一定的压力。

②前面的分析提到，保加利亚近十年经济稳定增长，人均国内生产总值逐年提高，会带来就业岗位的增加。但是由于劳动力外迁和老龄化的加深，长期下去会导致该国出现劳动力短缺的问题。

（二）外迁移民的性别构成

如表6所示，在外迁移民中，女性移民所占的比例一直和男性不相上下，甚至一度超过50%。而就一个国家或地区而言，人口的发展包括人口自然增长和人口机械增长，自然增长由出生率和死亡率决定，而机械增长则由迁入人口与迁出人口即移民所决定。出生率、死亡率和移民三个因素相互联系、相互作用，女性移民一方面直接减少了保加利亚的人口，另一方面间接影响了该国的出生率（下一代的人口数量）。从这个角度来看，国际移民与一个国家的人口发展有密切的联系。

表 6　保加利亚外迁移民的性别比例

单位：%

	2008 年	2009 年	2010 年	2011 年	2012 年	2013 年	2014 年	2015 年	2016 年
男性移民	46	44	45	46.9	47.3	50	54.8	52.1	50.4
女性移民	54	56	55	53.1	52.7	50	45.2	47.9	49.6

资料来源：保加利亚国家统计局。

（三）外迁移民的目的地

在上述阿菲斯机构 2013 年做的调查研究中，还涉及移民目的国的问题。其中，43.4% 的受访者选择了德国，34% 的人选择了英国，其次是西班牙、法国、意大利和荷兰，选择美国的人只占 3.2%。可见，欧盟国家尤其是德国对保加利亚移民有绝对的吸引力，而美国、加拿大和俄罗斯等逐渐失去了吸引力。根据保加利亚国家统计局的数据，在过去三年中，选择德国为目的国的移民占比最大（2014 年 19.6%，2015 年 23%，2016 年 21.7%），其次是英国（2014 年 16.1%，2015 年 14.3%，2016 年 15.5%），第三是西班牙（2014 年 15.1%，2015 年 11.5%，2016 年 12.1%）。

除欧盟国家外，美国也是保加利亚移民的热门目的地之一。特别是 1989 年民主变革以后，大规模的移民涌入美国。由于美国当时有相对成熟的移民管理体系、较高水平的教育和培训机构以及较高的劳务薪酬，大部分保加利亚高素质专家和年轻家庭都会首选美国。但随着保加利亚加入欧盟，近些年美国对保加利亚移民的吸引力相对减弱。

如图 3 所示，这些年来，德国对保加利亚人的吸引力迅速增长，2015 年在德的保加利亚人数量是 2009 年的 3.7 倍，相比之下，在美国的保加利亚人数量增长速度缓慢。这主要取决于以下因素。

第一，地理距离。与欧洲国家相比，北美洲（美国和加拿大）和其他大洲的国家都相对较远。地理因素对人们的选择影响非常大，如果移民因为家庭团聚或工作急于回国，那么他们从德国、西班牙、希腊等国回家，乘坐飞机只需要 3~4 小时。

第二，自由通行权。保加利亚人在欧盟国家享有自由通行权，入境方便。而进入美国则不像在欧盟成员国那么容易，他们需要交付一定的费用并且提供一系列入境文件。申请签证时还必须考虑申请哪种类型的签证，在哪里提交

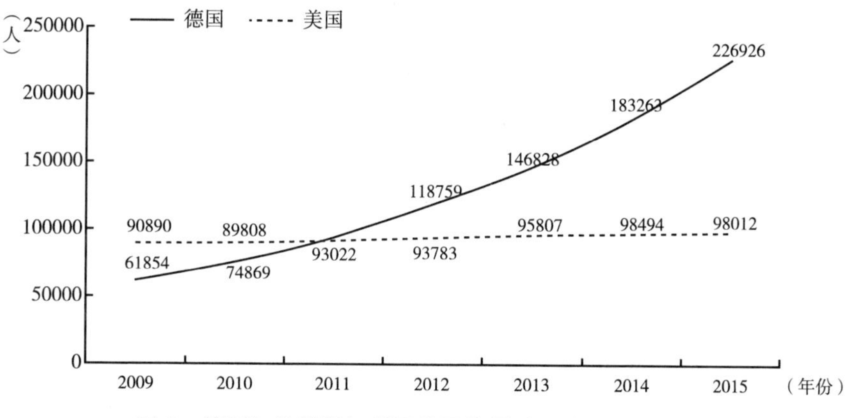

图 3　德国与美国保加利亚移民数量对比（2009~2015）

资料来源：保加利亚国家统计局。

文件等问题。这是保加利亚人偏爱欧盟国家的最直接、最明显的原因。

第三，文化距离。与欧洲国家相比，保加利亚人与美国人之间存在文化差异。人们的价值观、宗教信仰和生活习惯等各个方面都存在较大的差异。从文化适应的角度看，保加利亚人在融入美国当地社会时需要付出更多的努力。因此，相对来说，美国对保加利亚的高水平技术人员具有更大的吸引力，对普通移民吸引力不大。

三　中国与保加利亚的人口双向流动

1949 年中国和保加利亚建交以后，两国关系发展顺利。20 世纪 60 年代，受到中苏关系的影响，双边交流大幅减少。80 年代后，两国的交流与合作在不同领域逐渐增加。如今，随着“一带一路”与“16+1 合作”倡议的提出，两国关系有了进一步的发展，双方的人口互动也开始增多。

目前在保加利亚，中国人算一个较新的移民群体。他们在保加利亚主要从事餐馆、贸易、宾馆、艺术等方面的工作。1992~1995 年，移民到保加利亚的中国人主要来自北京，此后，来自华南地区的移民逐渐增加，其中 90% 的人在伊利安茨（Илиянци）商品市场工作，他们善于经商，开拓了一定的保加利亚市场。“目前有 250 多家中国公司在保加利亚注册，其中 90% 以上是中国资本，小部分是混合资本，另外还有 3 家是中国公司的贸易代表。在保加利亚的中国人尽管数量不多，却丰富了保加利亚社会的多样性，并占据了自己的市场地位。”①

而在中国，保加利亚人也算一个较新的移民群体，因此，目前还没有关于保加利亚移民人数的官方统计数字。据使馆人员介绍，2016 年，在北京参加保加利亚总统和议会选举的投票人数为 80~100 人。他们主要包括以下几类：外交官、高等教育机构的专家和讲师、中学教师、留学生、公司雇员、商人、与中国人结婚的保加利亚人等。保加利亚人主要分布在北京、上海、广州等有较多工作机会和生活水平较高的城市。

与其他国家相比，保加利亚和中国间的移民规模相对较小。但从政治、经济、文化等各方面讲，中保两国之间的合作与发展将对人口的交流产生积极影响。

政治交流会对两国其他各方面的交流产生影响。近些年来，合作已成为世界主要话题之一，随着“一带一路”倡议和“16+1”合作机制的发展，中国与中东欧国家合作的深化也促进了中国和保加利亚之间的交流。2014 年保加利亚总统罗森·普列夫内利埃夫（Росен Плевнелиев）访华，2015 年保加利亚总统和总理会见中国外长王毅，以及其他一系列高层互访活动，促进了中保两国全面合作系列文件的签署和执行。如《中华人民共和国政府和保加利亚共和国政府经济合作协定》（2006 年）、《中华人民共和国人事部和保加利亚共和国国家行政和行政改革部合作备忘录》（2008 年）、《中华人民共和国卫生部和保加利亚共和国卫生部关于卫生医学合作的执行计划》（2009 年）、《中华人民共和国铁道部和保加利亚共和国交通、信息技术和通讯部铁路合作谅解备忘录》（2010 年）、《中华人民共和国教育部与保加利亚共和国教育、青年与科学部 2012~2015 年教育合作协议》（2012 年）、《中华人民共和国和保加利亚共和国建立全面友好合作伙伴关系的联合公报》（2014 年）等。

在经济交流方面，保加利亚一直致力于在自身的优势领域吸引中国大型投资，包括机械制造、汽车制造、电子和电气工程、信息和通信技术、农业和食品工业等。根据保加利亚国家银行数据，1996~2015 年中国在保的投资达到 8640 万欧元。

尽管有一些小波动，但双边贸易增长是总趋势。如表 7 所示，2012 年，两国之间的贸易总额与 2011 年相比增长了 29%，达到 17.385 亿美元，中国

① Анна Кръстева, *Тенденции в трансграничната миграция на работна сила и свободното движение на хора – ефекти на България*, София:Институт Отворено общество – София, 2010, p.101.

成为继土耳其之后保加利亚在欧盟外的第二大出口贸易伙伴。2013 年双边贸易依旧呈现增长态势。2014 年，由于主要商品的价值量下降，比如精炼铜和铜合金（下降 27.2%）、铜矿及其精矿（下降 37.9%）、铜废料和碎屑（下降 47.4%）[①] 等，保加利亚对中国的出口交易总额有所减少，中国排在欧盟、土耳其和新加坡之后。2015 年和 2016 年，中国又跻身为保加利亚在欧盟之外的第二大贸易伙伴。

表 7　中国和保加利亚贸易总额统计

单位：百万美元

	2009 年	2010 年	2011 年	2012 年	2013 年	2014 年	2015 年	2016 年
出口（到中国）	136.8	250.0	404.7	761.5	868.1	714.5	612.4	516
进口（从中国）	628.4	653.8	942.8	977.0	1020.2	1159.5	1076.3	1153.8
贸易总额	765.2	903.8	1347.5	1738.5	1888.3	1874.0	1688.7	1669.8

资料来源：保加利亚共和国商务部。

在文化交流方面，中国和保加利亚的文化差异很大，因此文化适应并不是一件容易的事，这是以前两国人很少选择到对方国家永久定居的原因。但是，随着两国政治和经济关系的发展，文化交流也日益频繁，中保两国人民之间的相互了解也逐渐加深。从语言角度看，1953 年，保加利亚索非亚大学首次开设了汉语课程，为两国的文化交流拉开了序幕。2006 年，保加利亚索非亚孔子学院成立。它在教授保加利亚人中文、推广中国语言文化知识、发展两国友好关系、发展中国与世界各国在教育领域的国际交流与合作等方面发挥了重要作用。2012 年，保加利亚第二所孔子学院——大特尔诺沃大学孔子学院开设。两所孔院一所以传统见长，一所是后起之秀，共同为两国的语言互动贡献力量。从学生交流来看，自 2008 年以来，两国政府互换奖学金人数从 25 人增加到 35 人。目前，保加利亚约有 70 名中国学生，而中国约有 170 名保加利亚学生。从合作协议来看，2009 年，两国政府签署了《中华人民共和国和保加利亚共和国文化部 2008 年至 2012 年文化合作计划》，2014 年，两国签署了《中华人民共和国文化部和保加利亚共和国文化部关于互设文化中心的备忘录》。在此基础上，2014 年，在索非亚大学设立了欧洲

① 资料来源：保加利亚共和国商务部：https://www.mi.government.bg/bg/themes/kitai-192-333.html?p=eyJwYWdlIjo0fQ==，最后访问时间：2018 年 3 月 6 日。

第一个“中国与中东欧国家高等教育机构联合会”秘书处。文化合作协议是两国文化交流的指引性文件，在官方互动和文化教育机构的共同努力下，近些年越来越多的文化精粹进入中保两国，加深了两国人民之间的相互认识。

总的来说，随着2007年加入欧盟，保加利亚和外部世界的人口交流日益频繁。在以劳动力移民为主的时代，越来越多的保加利亚人选择迁移到世界各地，特别是到欧盟国家谋生。但同时，经济稳步发展和移民管理体系日益完善的保加利亚也在逐渐吸引世界的目光，使越来越多的人迁入该国，提升了保加利亚的人口机械增长率。在移民目的地方面，除了欧盟国家和北美国家外，保加利亚和中国的相互了解也随着中国—中东欧国家的合作而加深，政治、经济、文化等各方面的交流都提高了两国人民的相互影响，也使双边移民逐年增多。移民现象历史悠久，它所带来的社会、经济、文化、政治效应都深刻地影响迁出国、迁入国和过境国。而这种人口的流动在为世界各国带来社会治安、人口发展、经济提升等各方面挑战的同时，也为各国提供了新的全方位的合作机会。因此，移民已经成为世界各国政府、商业团体和科研机构必须共同面对的课题。

中国与欧洲

China and Europe

米兰·约万诺维奇的《徘徊在东方》及其中的中国形象*

彭裕超**

摘　要： 米兰·约万诺维奇是塞尔维亚19世纪最重要的旅行作家之一，他曾任奥地利罗伊德（Lloyd）船运公司随行医生。1878年至1882年，跟随商船前往中东、印度和远东地区，最终到达中国南海，登陆香港。关于香港之旅，他写了一篇“香港游记”，1894年随游记文集《徘徊在东方》出版。本文旨在讲述约万诺维奇的生平和来华经历，以“香港游记”作为切入点，分析和解读约万诺维奇笔下的中国、中国人和中国文化，总结他的游记文本在文学、文化以及中塞两国文化关系中的价值。

关键词： 塞尔维亚　《徘徊在东方》　中国游记　中国形象

米兰·约万诺维奇·摩尔斯基（Milan Jovanović Morski）是19世纪塞尔维亚最重要的旅行作家之一，他曾踏足中国，并且用翔实的文字记录了他的中国之旅。他的笔触温柔而细腻，饱含感情，字里行间流露出他在探寻这一陌生的东方国度时亦喜亦忧、亦敬亦畏的复杂心理。可以说，凭借关于中国的游记，约万诺维奇在中塞文化关系史上留下了浓重的一笔。约万诺维奇眼中的中国，究竟是什么样子的呢？他是如何理解中国人的物质生活和精神

* 本项目受到北京外国语大学院系自主项目经费支持。

** 彭裕超，北京外国语大学塞尔维亚语讲师，在读博士，研究方向为塞尔维亚语言文学、中国—塞尔维亚文化关系史。出版译著《竹书》《永远的“瓦尔特”——巴塔传》。

生活的？他对中国和欧洲的交往又有什么评价？搞清楚这些问题，不仅能帮助我们理清中塞文化关系的发展脉络，而且能帮助我们客观地认识自身。以此为镜，反观自身，可以更好地帮助我们避开主观偏见，认清真实面貌。

一　米兰·约万诺维奇·摩尔斯基的生平

米兰·约万诺维奇的身份是多元的，他既是旅行作家、剧作家、小说家，同时也是一位职业医生和教授。1834 年 4 月 24 日，约万诺维奇出生于塞尔维亚北部伏伊伏丁那的亚尔科瓦茨（Jarkovac，该地区当时属奥匈帝国统治）。少年时期，他曾在多个地方求学。1862 年，约万诺维奇入读维也纳大学医学院，1865 年获得学位后返回家乡，在贝尔格莱德的高等学校教授医学和卫生学。由于医术高明，约万诺维奇很快在医学界获得认可。1876 年至 1878 年，他来到黑山，担任尼古拉一世[①]的私人医生。1878 年至 1882 年，他担任奥地利罗伊德（Lloyd）船运公司随行医生，跟随商船多次前往中东、印度和远东地区，最终到达中国南海，登陆香港。在东方的见闻，带给他耳目一新的感觉，让他文思泉涌。他以高涨的热情，深入观察身边的一切，仔细记录下当时的见闻和感受，对“东方”这个“巨大的他者”以及本民族的文化认同进行了深入的思考。这一过程，恰恰代表了当时塞尔维亚文学思潮的特征。

约万诺维奇写作生涯中最重要的文学作品正是在旅行东方这一时期完成的，随后陆续在《塞尔维亚曙光报》（*Srpska zora*）、《塞尔维亚画报》（*Srpske ilustrovane novine*）、《祖国报》（*Otadžbina*）等多家塞尔维亚报刊上发表。1882 年，他结束了航海生涯，回到贝尔格莱德，一边行医，一边继续投身文学创作，并将自己的游记作品集结成《从海而来，由地而至》（*S mora i sa suva*）和《徘徊在东方》（*Tamo amo po Istoku*）两本书，分别于 1892 年和 1894 年出版。本文所关注和着重介绍的“香港游记”正是《徘徊在东方》下册中的一个章节。

除游记外，约万诺维奇还写作剧本、小说和医学教科书。不过，与他的游记相比，这些作品不算突出，并未引起广泛关注。1896 年 7 月 6 日，约万诺维奇在贝尔格莱德逝世，享年 62 岁。

---

① 尼古拉一世，门特内哥罗（黑山）大公 (1860~1910)、国王 (1910~1918)。俄国陆军元帅。曾留学巴黎。1860 年继大公位。1862 年和 1876 年两次抗击土耳其人，最后取得辉煌胜利。根据柏林会议决定，其领土增加了一倍，并成为主权国家。

二 《徘徊在东方》中关于中国的记述

约万诺维奇一生出版了几部游记作品，除了上文提到的《从海而来，由地而至》和《徘徊在东方》，还有《那不勒斯的上上下下》（*Gore i dole po Napulju*）等。而关于中国的记载，基本集中在《徘徊在东方》一书中。

《徘徊在东方》一书分为上、下两册，1894 年和 1895 年分别由塞尔维亚文学会（Srpska književna zadruga）和塞尔维亚王国印刷局（Državna štamparija Kraljevine Srbije）在贝尔格莱德出版。上、下册的篇幅各为 200 页左右，上册有如下章节：①亚历山大（埃及）；②苏伊士运河；③红海沿海；④亚丁；⑤在海上；⑥孟买；⑦锡兰；⑧附录：词典。下册的章节为：⑨加尔各答；⑩孟加拉；⑪马来西亚海；⑫新加坡；⑬南海；⑭香港；⑮附录：词典。每一章的内容都按地理方位和时间顺序进行编排。内容之间相互独立，记录了作者本人多样化的旅行活动和途中见闻。根据这一编排规律，我们可以很容易看出约万诺维奇进入中国的路线：从地中海出发，经苏伊士运河，过红海和亚丁湾，到印度洋和马六甲海峡，最后抵达南海，于香港登陆。

2006 年，贝尔格莱德大学语言学院的拉多萨夫·普西奇（Prof. Radosav Pušić）教授把一系列塞尔维亚人写的中国游记，编辑成《天朝帝国——塞尔维亚人关于中国的记叙（1725~1940）》（*Podnebesko carstvo: Srbi o Kini 1725-1940*）一书，书中收录了《徘徊在东方》中关于中国的游记，包括本文的研究对象“香港游记”。如无特别强调，本文所用例证均来源于此书。

（一）《徘徊在东方》对中国人的描写

在《徘徊在东方》的第十四章“香港”中有多处对中国人的描写，就算在今天看来，这些描述依然独到而深入。约万诺维奇运用了对比的手法，将中国人与希腊人、阿拉伯人等进行对比，以更好地刻画中国人的总体形象。如文中提道：

> 中国人就像希腊人，当他们旅行时，举家行动，互相扶持，互相保护。[①]

① R. Pišić, *Podnebesko castvo: Srbi o Kini 1725-1940* (Beograd: Čigoja, 2006), p.33.

又如：

与阿拉伯人相反，他们非常安静，不喜欢喧闹；他们总是安静地做自己的事。[①]

再如：

像土耳其人在路上会带着自己的"咖啡壶"那样，每个中国人都随身带着一套茶具：茶壶和几口茶杯，家里有几口人，就有几口茶杯。在用餐后，他们总会为自己泡上一壶好茶，怀着东方人特有的宁静与虔诚，静静品味。[②]

以及：

中国人跟穆斯林很不一样，当他们需要寻求宗教的安慰和鼓励时，才会登上佛塔去许愿。而不会像穆斯林那样，无论是在海上还是在沙漠，无论有没有清真寺，只要到了时间，就会规律地向他们的先知朝拜。我必须承认，中国人宗教崇拜的方式，更接近梵蒂冈的罗马人，他们追求的是感官上的领悟，而不是灵魂上的慰藉。当我在香港游荡时，我常常会感到惊讶，因为他们的这些宗教习俗跟我们非常相像。[③]

通过对比，他得出了初步的结论：

从这些中国人身上，我开始意识到一个问题，那就是我们身上很多身体和道德问题，也许是来源于我们过于丰富和味道过于刺激的食物。我不知道孔夫子是否告诫过他的人民要保持中庸，正如我们民族的伟人教导我们的那样。如果是的话，那么可以肯定地说，中国人比我们更善于听从伟人的话。在中国，没有味道浓烈的饮料或酒，因此没有醉酒，更没有酗酒。这十几天来，根本听不到船上的人说半句不友好的话。他

① R. Pišić, *Podnebesko castvo: Srbi o Kini 1725-1940* (Beograd: Čigoja, 2006), p.34.

② M. Jovanović, *Tamo amo po istoku* (Beograd: Srpska književna zadruga, 1895), p.146.

③ R. Pišić, *Podnebesko castvo: Srbi o Kini 1725-1940* (Beograd: Čigoja, 2006), p.37.

们看起来像极了和谐共处的一家人。①

在上面的引文中，约万诺维奇运用了类比和对比的手法来描绘中国人的形象，以帮助塞尔维亚读者乃至欧洲读者更好地理解。更重要的是，这些类比和对比，实质上表达了一种判断。从这寥寥几笔，我们能够看出，在与西方的对比中，作者明显倾向于把中国人放在一个正面积极的位置。

除了在总体上着笔以外，约万诺维奇还着力于细节上的描写。他为中国女性的打扮和不可估量的劳动能力所深深打动，因此在她们身上不惜笔墨：中国的妇女尽管跟丈夫一起在船上生活，但在卫生和整洁上一丝不苟，她们把船里的生活空间打理得有条不紊。② 打扮上，不管是富人还是穷人，都很在意发型，她们用竹片做的梳子和金属材质的钗仔细打扮自己。③ 穿着上，她们上身穿着长及膝盖的蓝色外衣，袖口非常宽，下身穿着布料相同的裤子。她们的衣服尽管有点旧了，但非常干净。④ 在劳动上，她们绝不含糊。她们能够带着孩子干活，同时手上的工作还一样不落。⑤

从一早开始，生机勃勃的活动就在喧闹中开始了。港口上有大量的小船靠岸或者起航，而我眼之所见，这些船只的舵手，大部分都是妇女。如果她们不是在掌舵，那就是在划桨，她们的动作丝毫不比男人慢。因为我昨天已经见识过这些瘦小的妇女力气之大了，所以今天看到她们用双手敏捷地操控着沉重的船桨时，并没有露出过于吃惊的表情。⑥

从细腻的描写中，约万诺维奇流露出对中国人劳动能力的赞美之情。在约万诺维奇的眼中，中国人在劳动方面，有灵活的技巧和执着的态度，而这两点在妇女的身上得到了淋漓尽致的体现。但是，他同时也注意到一个现象，那就是中国妇女在社会上的地位普遍较低：这点与整个东方相一致。⑦

另外，约万诺维奇对中国商人也有一段有趣的描写。他说：这些商人的

① M. Jovanović, *Tamo amo po istoku* (Beograd: Srpska književna zadruga, 1895), p.105.

② R. Pišić, *Podnebesko castvo: Srbi o Kini 1725-1940* (Beograd: Čigoja, 2006), p.37.

③ M. Jovanović, *Tamo amo po istoku* (Beograd: Srpska književna zadruga, 1895), p.145.

④ R. Pišić, *Podnebesko castvo: Srbi o Kini 1725-1940* (Beograd: Čigoja, 2006), p.35.

⑤ R. Pišić, *Podnebesko castvo: Srbi o Kini 1725-1940* (Beograd: Čigoja, 2006), p.41.

⑥ R. Pišić, *Podnebesko castvo: Srbi o Kini 1725-1940* (Beograd: Čigoja, 2006), p.40.

⑦ R. Pišić, *Podnebesko castvo: Srbi o Kini 1725-1940* (Beograd: Čigoja, 2006), p.47.

身材中等偏胖，肤色较深，头上戴着帽子。他们前额的头发剃光，而后脑勺则扎着长长的辫子，发质乌黑漆亮。他们身穿材质上好的衣裳，绑腿和皮鞋也甚为讲究。他们举止西化，每个人都会说英语，对我们商船上的杂货店所出售的商品颇感好奇。①从与中国商人的交往中，约万诺维奇也得到一点感悟，那就是，中国地大物博，应有尽有，工艺水平极高，而物品价格普遍低廉，实际上并不存在从国外进口物品的必要。

（二）《徘徊在东方》对城市景观的描写

香港开埠初期至19世纪末的数十年间，从一个地瘠山多、水源缺乏的小渔村，逐渐发展成一个转口港，成为欧洲各国向中国进行商品贸易的枢纽。在中西文化交流上，香港扮演了重要的角色。它在接受外来文化的熏陶的同时，始终没有抛弃，并且始终如一地保留着养育它的中华文化。

约万诺维奇笔下的香港，正是这样的一座城市：中西合璧，生动活泼，光怪陆离。这样的城市景观，通过约万诺维奇的刻画，如幻灯片一样呈现在读者的面前。他从海路而来，首先映入他眼帘的，当然是港口的繁忙景象了：这是一个中国的海港，却以英国女王的名字命名——维多利亚港。

> 到了交易的季节，码头上挤满了船。大多数船只都是欧洲的商船，其中以英国商船为最多。各种船只络绎不绝地把中国的商品运往欧洲。这些商品主要是茶叶，香港是重要的茶叶仓库。在维多利亚港码头，密密麻麻地摆满了板条箱，这些出口的货品一年比一年多，呈持续上升之势。大型的轮船停在离岸较远的海面上，成百上千的小帆船簇拥在了大轮船的周围，忙忙碌碌地把货物卸下来并运上岸。②

香港的发展是从海边往陆地内部逐渐延伸的，而约万诺维奇的观察和探寻，同样沿着这样的路线。有一天，约万诺维奇乘坐人力车，向这座城市的深处进发，新鲜的感受扑面而来。坐在人力车上，他留意到路面铺得非常平整，他说：我从未看见过铺得比这更平坦、更坚硬的碎石路面，不知道中国

---

① R. Pišić, *Podnebesko castvo: Srbi o Kini 1725-1940* (Beograd: Čigoja, 2006), p.42.

② R. Pišić, *Podnebesko castvo: Srbi o Kini 1725-1940* (Beograd: Čigoja, 2006), p.42.

人是怎么做到的。[①] 香港开埠以后，大量外籍人出于各种各样的原因来到香港。这些外籍移民来到香港后，族群的人口数量成一定规模，移民会选择和同族群的移民聚居，因此在地理上形成了各自的生活区域和环境，但是从整个外籍族群来看，他们在近代香港的分布是比较集中的，主要聚居在香港岛的中环（早期维多利亚城一带）和九龙半岛北部尖沙咀地区。[②] 这样，香港被分成了洋人区（原文写作“欧洲区”）和华人区两部分。

城市的东边，楼房雅致美观，墙壁装饰得非常漂亮，这一片就是所谓的“欧洲区”了。在东方的每个地方，都有这样的一片城区。楼房边上还有精心布置的园子，奇趣万千，毫无疑问，定是出于中国匠人之手。[③]

……

如果说“欧洲区”因风雅别致的楼房和庭院而仪态万千，那么“华人区”则因杂而不乱的房屋和商铺而别具一格。这里的道路纵横交错，商铺门前挂满了招牌和五彩缤纷的灯笼。每一家商铺都有阁楼，有的用于存放货物，有的则用于陈设精品。欧洲的商铺现在也开始设有陈列厅了。[④]

另外，茶餐厅（原文写作“茶馆”）和夜生活，作为香港文化的一个重要标签，也被约万诺维奇写进了游记当中：

在茶馆中，热闹从不停歇，它是中国人饮食的重要场所。一些较大的茶馆尤为特别，因为门前总挂着鱼干和腊肉。茶馆有宽敞的厨房，燃着热腾腾的火炉，煮着香喷喷的米饭。这里不管什么季节，都通宵营业，正因为中国人日日夜夜都在工作啊。[⑤]

……

在白天，无论你走进哪家商铺和作坊，角落里总有一个人在睡觉：他就是那个值夜班，通宵达旦工作的人。只有大的商铺晚上会打烊，小

① R. Pišić, *Podnebesko castvo: Srbi o Kini 1725-1940* (Beograd: Čigoja, 2006), p.46.

② 兰静:《近代香港外籍移民及其生活环境（1841~1941）》,《暨南学报》（哲学社会科学版）2013 年第 11 期。

③ R. Pišić, *Podnebesko castvo: Srbi o Kini 1725-1940* (Beograd: Čigoja, 2006), p.47.

④ R. Pišić, *Podnebesko castvo: Srbi o Kini 1725-1940* (Beograd: Čigoja, 2006), p.48.

⑤ R. Pišić, *Podnebesko castvo: Srbi o Kini 1725-1940* (Beograd: Čigoja, 2006), p.48.

商铺都会通宵营业。到了夜晚，商铺会亮起各种颜色的霓虹灯，构成一幅灯火辉煌的美丽画面。①

这几处描写的措辞极为生动优美，所言之物跃然纸上。约万诺维奇通过细腻的文笔，展现出色彩斑斓、生机勃勃的城市景观，唤起读者的想象。字里行间流露着欣赏和赞美之情。

香港是中西方文化交融的地方，它的每一种事物都散发出别样的诱惑力。它既是近代中国人观察西方社会的窗口，也是西方人观察中国社会的窗口。在这个意义上，约万诺维奇撰写的游记，既帮助西方社会了解了中国，客观上又促进了中国本土文化的西传。

（三）《徘徊在东方》对中国社会的描写

约万诺维奇的游记并不是单纯的地理信息记录，他在记录的同时，还进行了深入的思考。在写作中，他有意识地将笔触伸至深层次的话题，来对中国的社会制度和现象，以及中国人的精神和心理进行深度探寻。总体上说，他对中国社会和文化的认识，大部分都是正面积极的。

《徘徊在东方》的“香港游记”洋溢着作者对高超的中国工艺水平的倾慕之情。

我脚上这双草编的拖鞋，已经穿了十四年，穿了无数次，而它却历久弥新；我的这块猩红色的小手帕，它那么薄，放在口袋里根本难以察觉啊，而它也一样历久弥新。中国的工艺就是以坚韧和美丽而著称的，在欧洲，这两种品质大概是不可兼得的。②

约万诺维奇还对中国的丝织品进行了科学而详细的介绍，按照原料成分和织造方法的区别，对绫、罗、绸、缎做了精准的区分，反映出他对中国纺织工艺的了解程度之深。约万诺维奇认为，中国工艺水平之高超，深层次上归因于中国人勤勉、坚毅和严于律己的民族性格。他说：“中国人对工作是锲而不舍的，从不问做一件事要多长时间，只管把它做好。如果今天

① R. Pišić, *Podnebesko castvo: Srbi o Kini 1725-1940* (Beograd: Čigoja, 2006), p.48.

② R. Pišić, *Podnebesko castvo: Srbi o Kini 1725-1940* (Beograd: Čigoja, 2006), p.48.

完成不了，他就明天继续做，周而复始。直到有一天他要去世了，他的后人就会继续把这件事做下去。这样的延续性，为中国的工艺提供了一个宽广的基础。”[①]

除了高度评价中国人的民族性格外，约万诺维奇还对中国的社会制度做了积极的评价。他认为：中国的社会大体上是公平的，因为它没有像印度那样的“种姓制度”，所有的人都可以通过自己的努力而成为商人和官员。[②]中国的知识分子，非常受社会尊重，知识分子一般供职于官府。另外，社会的百姓，对官府的尊重程度之高，甚至可以说得上是敬畏。在见官的时候，他们总是跪着，如果见到国家要员，他们都点头哈腰。[③]他认为中国社会的阶级制度非常严酷，却有积极的方面：

> 中国社会生活的整体，与尊卑分明的阶级制度密不可分。这样的等级制度也许是僵硬的，但是它保证了这个国家国家机构的稳定性。[④]

约万诺维奇对中国人的民俗文化，也有深入的观察。比如，他注意到中国的每家每户都置有佛像，佛坛上放着鲜花和油灯，感到中国人信仰之虔诚。[⑤]甚至还从文化比较的角度对中国的“春节”进行了思考。在他的眼中，中国的“春节”与意大利的嘉年华狂欢节像极了。他说：到了二月份，中国将迎来新年，所有的中国人都要放十五天的假，连卖食物的商铺都休息，如果你没有提早准备食物的话，那恐怕就要饿肚子了。过节的时候，万人空巷，每个人的脸上都挂着笑容，“整个中国都为新年而疯狂”。[⑥]

> 中国和意大利，都是二月份过节！人们都戴着面具上街狂欢！难道这不是很奇妙的吗？如果说戴面具的习俗是从罗马的戏剧传到中国来的话，那么嘉年华的欢腾或许是从中国传到我们欧洲的吧。而究竟有谁走过那段连通了世界两端的路呢？[⑦]

---

① M. Jovanović, *Tamo amo po istoku* (Beograd: Srpska književna zadruga, 1895), p.179.

② R. Pišić, *Podnebesko castvo: Srbi o Kini 1725-1940* (Beograd: Čigoja, 2006), p.45.

③ R. Pišić, *Podnebesko castvo: Srbi o Kini 1725-1940* (Beograd: Čigoja, 2006), p.45.

④ R. Pišić, *Podnebesko castvo: Srbi o Kini 1725-1940* (Beograd: Čigoja, 2006), p.46.

⑤ R. Pišić, *Podnebesko castvo: Srbi o Kini 1725-1940* (Beograd: Čigoja, 2006), p.41.

⑥ R. Pišić, *Podnebesko castvo: Srbi o Kini 1725-1940* (Beograd: Čigoja, 2006), p.49.

⑦ R. Pišić, *Podnebesko castvo: Srbi o Kini 1725-1940* (Beograd: Čigoja, 2006), p.49.

可以看出，约万诺维奇对中国社会的记录是全面而深入的，客观上为所在国家和地区的读者了解中国提供了宝贵的文献资料。

三 《徘徊在东方》的认识价值

如上文所述，《徘徊在东方》上、下两册分别出版于1894年和1895年。在当时，约万诺维奇的游记作品，算不上受欢迎。在那个年代，受欢迎的游记作品大都是“关于与本民族接近的民族”的篇章，绝不是“关于遥远而陌生的民族”的“妙趣横生”的游记文章。[①] 而约万诺维奇的作品恰恰属于后者，因此，主流的文学评论对约万诺维奇的作品并不关注，他和他的作品在塞尔维亚文学史上只有零星几处记载，关于他的文学研究，更是少之又少。

后来，随着塞尔维亚文学思潮的改变，游记文学的批评和鉴赏角度发生了改变，约万诺维奇的作品才重新进入读者和文学评论家的视野。他的游记中详细而客观的地理信息，独特的写作手法，富有诗意的修辞方式，充满人道主义关怀的思想，呼应了后来的塞尔维亚文学诉求，使约万诺维奇终于获得文学界的肯定。只不过，这已经是他去世后大半个世纪的事情了。

（一）文学价值

游记作为一种文学形式，表达的主题一般有以下几个方面：对一个或多个地方信息的记载，对旅行活动和事件的记录，对旅途中所接触到的人的描述，以及其他记录，等等。同时，游记还会以作者的视角和信息判断，对当地的社会活动和人文知识展开记录和叙述。所以，作者的信息取舍和审美情趣，直接决定了游记作品的信息水平、修辞水平和文学价值。

“高度集中的地理信息性”和“准确客观的纪实性”，是18、19世纪作为一种文学体裁而存在的游记的根本所依，适应的正是欧洲殖民扩张的需要。这两个要素，客观上规定了游记文学的写作方法，并且影响了塞尔维亚文学界对游记作品的价值取向。约万诺维奇作品中地理信息的记载详细而准确，人文信息的记录比较全面，而且客观中肯，因此有非常高的可信度，这是他作为文人对当时游记文学要求的回应和满足。不过，当时塞尔维亚文学

① Aleksandar Kostadinović, “Putnička projekcija intime(Putopisna priča Milana Jovanovića Morskog)” in *Literarni oblici kao izraz privatnog života* (Niš: Univerzitet u Niš), p.208.

界对游记作品过于苛刻的信息要求，反而使作为“文学力量”的感性认识、修辞表达和艺术手法受到了严重的限制和压抑，使作品的思想和美学价值得不到应有的重视。在这样的背景下，约万诺维奇作品在当时其实是受到排挤和忽视的，其重要的原因正是在于，作品在思想和美学上的追求超出了本身传递的信息价值。

19世纪末20世纪初，浪漫主义文学在塞尔维亚真正兴起，顺应这股潮流，游记文学的地位得到提高，成为一种受到广泛认可的文学体裁。在这样的背景下，《徘徊在东方》的价值得到重视。书中所呈现的较高水平的文学修辞和审美趣味，以及独特的写作方式，曾经受到排挤，后来反而成为他的文学地位得到认可的主要原因。

在游记的写作中，约万诺维奇另辟蹊径，试图突破典型游记写法上的传统要求。综合来看，作者在“香港游记”乃至《徘徊在东方》全书中写作策略、修辞手法、叙事手法、传递信息等方面的取舍中，明显更倾向于运用新颖的艺术性表达，而不再采用罗列信息式游记的写作方法。在“香港游记”中，作者基本按照时间顺序来对自己的旅行活动和途中见闻展开叙述，行文节奏明快，描写形象生动，极具个性和原创性，字里行间还流露出充沛的情感和情绪。作品中蕴含的神秘而奇幻的异域风情，符合浪漫主义文学的美学期待。比如，在“香港游记”的开篇，约万诺维奇就采用了极为感性柔美的语言表达，非常值得品味：

> 我初来到陌生世界的另一端，半梦半醒地度过了第一个晚上，于是我干脆下床。我到天台上散步，一场夏雨后，天上的云朵被气流撕成一片一片的，徘徊在空中。云朵由东往西飘去，我的思绪跟随它们往我家乡的方向流淌。我面前的，就是亚洲大陆的东岸了吗？①

与过去的“信息型”游记相比，约万诺维奇的游记有颇为明显的区别，它体现了很高的文学艺术水平和美学价值。“香港游记”里讲述了各种各样的东方故事，充满了异域风情，约万诺维奇以个人独特的视角叙事和抒情，采用第一人称叙述，语言亲切自然，文风畅达，可以说代表了塞尔维亚游记文学的一次重要转型。

① R. Pišić, *Podnebesko castvo: Srbi o Kini 1725-1940* (Beograd: Čigoja, 2006), p.39.

（二）文化价值

“香港游记”除文学价值外，还有很高的文化价值。游记除了记录旅行者的旅行活动以外，往往还记录旅行者对不同文化之间差异的感悟，它实际上是一场不同文化、不同价值观之间的隔空对话，这就是游记文学的文化功能。

我们可以将文章当中的“比较”，理解为对话的形式。艾伯特·梅尔（Albert Maier）指出：“游记文章总是系统地整理不同点（‘熟知的’与‘陌生的’），强调众所周知的事物与陌生事物之间的共性或分歧，视情况而定（‘同化’与‘异化’或‘非本土化’）。类比、夸张和对比不仅构建了对外国的认识，还构建了旅行者的身份、价值观和他的‘解释群体’。他国的意象也让人们很好地了解意象缔造者的观念和信仰。”[①] 比如，约万诺维奇在描写中国人时，与希腊人、土耳其人、阿拉伯人等进行比较；在描写中国的节日时，与意大利的嘉年华进行比较；在描写中国的信仰习俗时，与基督教进行比较。总而言之，比较的手法在“香港游记”中随处可见。从文本上看，比较的手法能帮助作者进行描写，帮助读者进行理解；而从文化上看，反映的是作者深层次的文化身份和价值判断。

同时期的某些欧洲的旅行家曾把中国人看作对西方文明的一种“黄色威胁”或者“黄祸”，而约万诺维奇打破了这一偏见，他对中国人所抱有的是欣赏和赞美的积极态度。但是，这种积极的态度并不是凭空而来的，而是在跟中国人的接触过程中逐渐形成的。在与中国发生亲身接触以前，约万诺维奇对中国和中国人的印象大概来源于西方，他心怀芥蒂：

> 我来到了中华帝国的海岸，对我来说，这是一个奇异而陌生的国度。这个东方世界充满了对西方外国人的仇恨。我在无眠的夜里，竖起耳朵听着楼上的中国人的声音。但是我什么都听不见，他们的脚步比猫还轻盈。[②]

从这一段描述中，可以感受到约万诺维奇对充满神秘感的中国人有一

① 托马什·埃韦托夫斯基、吴永练：《两位东欧旅行家眼中的中西文化交流——米卢廷·韦利米罗维奇与康斯坦蒂·希莫诺雷维奇的游记》，《肇庆学院学报》2016年第1期。

② R. Pišić, *Podnebesko castvo: Srbi o Kini 1725-1940* (Beograd: Čigoja, 2006), p.39.

丝畏惧之情。约万诺维奇是敏锐的观察者，后来，随着与中国人的接触，他对中国人的性格和生活方式有了进一步的了解，对中国人的印象很快就趋向具体而正面。他认识到中华民族是勤劳、专注、坚韧、安静、和平的东方民族。约万诺维奇的这一欣赏的观点非常重要，他为塞尔维亚乃至欧洲的读者，呈现出更加客观而具体的中国人的形象，同时也是对过往误解的一种“澄清”。

另外，在“香港游记”中，“东方”这一概念扮演了重要的角色。波兰学者托马什·埃韦托夫斯基（Tomasz Ewertowski）在其文章《两位东欧旅行家眼中的中西文化交流》中提出：“东方”这一主要作为地理概念的词语被当作描述性的概念，当作各种现象的解释范畴。总体而言，在19世纪和20世纪，“东方”概念被当作一个代表异域的流行词语，为日常生活和文化中的差异提供了一种简便的解释。“东方”概念含有多重意义，因而非常模糊。这个词并没有带来有关对象的真正信息，却带来了奇怪的意象，不同于那些被认为是欧洲的东西。① 他的这番论点，同样适用于“香港游记”的分析。在“香港游记”中，约万诺维奇在“东方”一词的运用上或许也有不确定的暧昧成分。在他看来，“东方”既是地理概念，也是文化概念。比如此书的名字——《徘徊在东方》中的“东方”，是一个地理方位概念，这点比较清晰。然而在写到中国人品茶的时候，他说：“在用餐后，他们（中国人）总会为自己泡上一壶好茶，怀着东方人特有的宁静与虔诚，静静品味。”② 这里的“东方”，并非具体所指，不存在定义的量化指标，作者用词的动机在于描述一种“区别于西方”的文化心态和品位，以“东方”来标识文化他者，从而反过来认识自身。

19世纪的欧洲，“东方”作为“巨大的他者”，一直作用于民族自我认同感的建设过程，塞尔维亚也不例外。19世纪末的塞尔维亚，政治上刚刚从奥斯曼土耳其的统治下挣脱出来，文化上刚刚经历了民族文化复兴运动，民族意识迅速觉醒，迫切渴望“认识自我”。“认识自我”，正是当时塞尔维亚文学的重要诉求。在这样的背景下，游记文学提供了重要的信息渠道。约万诺维奇的游记《徘徊在东方》，作为一种非纯虚构文本，从客观上对“东方”的真实知识做了重要的补充和完善，为塞尔维亚的东方学研究、旅行史研究

① 托马什·埃韦托夫斯基、吴永练：《两位东欧旅行家眼中的中西文化交流——米卢廷·韦利米罗维奇与康斯坦蒂·西莫诺雷维奇的游记》，《肇庆学院学报》2016年1月第1期。

② M. Jovanović, *Tamo amo po istoku* (Beograd: Srpska književna zadruga, 1895), p.146.

和游记文学提供了宝贵的参考。尽管出版时，该书并没有立即受到关注，但在此书得到重视之后，其中蕴含的“东方元素”，大大地丰富了有关这一“巨大的他者”的话语和素材，从某种程度上，对塞尔维亚民族文化中自我认同的构成也起了积极的作用。

（三）文化关系史价值

从文体上看，这本书是一本游记，而从文化关系史的角度看，它是塞尔维亚人与中国文化的一次对话，也是对中欧文化关系发展的一次分析。19世纪中国与欧洲的文化交流，以极其激烈的方式进行，以两次鸦片战争为高峰。在《徘徊在东方》一书中，约万诺维奇指出：

> 为了利润，英国两次向中国宣战，迫使中国允许进口鸦片，此举对中国人的身心健康造成极大的损害。所谓的欧洲文明，就是以这样的形式，在整个亚洲形成不可忽视的影响。①

约万诺维奇提出一连串的问题，引起人们深思：

> 我们与东方民族，尤其是与中国的亲密接触，会对我们产生什么影响吗？如果会，那将是何种影响？这些乐观而热爱和平的民族，会引领我们这些好战的民族返回到全人类共同的人道主义和宽容的发展道路上吗？抑或，这些民族会像日本民族那样，吸收了我们的狂野和扩张本性，执起我们给的武器与我们决斗？②

从这一段描述可以看出，约万诺维奇对西方入侵者是持批评态度的，认为中国人是列强侵略的受害者。在中国的见闻，让约万诺维奇得到了“和平”“人道主义”“宽容”的启示，他认为这些正是西方人应该向中国人学习的价值观。

19世纪是西方殖民主义、种族主义和沙文主义发展的高峰，中国国力以极大的差距落后于西方，受尽殖民者的折磨和屈辱。在思想上，西方对中国

① M. Jovanović, *Tamo amo po istoku* (Beograd: Srpska književna zadruga, 1895), p.113.

② M. Jovanović, *Tamo amo po istoku* (Beograd: Srpska književna zadruga, 1895), p.194.

的态度是居高临下的，欧洲自觉站在了文明的顶点，对中国的评价大体是负面和批判性的，把中国的形象塑造得邪恶而丑陋。然而在这样的欧洲思想背景下，约万诺维奇对中国文化和民族性格高度赞美，同时声讨西方殖民者贪婪的欲望和武力侵略行为，可以看作对中国和中华民族的声援。他对中国这份充满道义的关怀，也许是来自自身民族的相似经历——当时的塞尔维亚民族也饱受奥斯曼土耳其和奥匈帝国的摧残。

19世纪，同时还是中国近代历史上西学东渐的发展高潮，与这股浪潮相比，中国文化的西传只不过是一股涓涓细流。虽然如此，约万诺维奇作为中外文化交流的使者，著书立说，对中国的风物、人民以及社会现象进行了详细的记录，从感性和理性的角度进行透彻分析，从而促进了塞尔维亚人乃至西方对中国的了解，做出了重要贡献，在中外文化交流史上是值得记录的一笔。

米洛什·茨尔年斯基有关东方文化的译作及诗作简论

洪羽青 *

摘　要： 米洛什·茨尔年斯基（Miloš Crnjanski）是塞尔维亚著名的文学家、诗人、出版家、美术评论家。塞尔维亚文学界认为他是塞尔维亚文学先锋派、表现主义的代表人物，引领塞尔维亚文学进入现代主义文学。在塞尔维亚乃至整个欧洲地区，茨尔年斯基同诺贝尔文学奖得主伊沃·安德里奇（Ivo Andrić）齐名，但在中国却鲜为人知。他的文学语言、表达方式、创作题材、思想理念都不同于同时代的塞尔维亚作家。值得研究的是，在他的早期作品中有不少东方元素的直接体现，后期小说《迁徙》（*Seobe*）中也有东方哲学的身影。因此，本文旨在梳理米洛什·茨尔年斯基如何与东方文化结缘，又是如何在东方命题下进行文学翻译与创作的。

关键词： 米洛什·茨尔年斯基　东方命题　塞尔维亚文学

塞尔维亚现代作家对东亚文学的兴趣与研究始于第一次世界大战之前，并在南斯拉夫建立后继续发展。其中最有影响力的作家当数米洛什·茨尔年斯基（Miloš Crnjanski，1893–1977）。米洛什·茨尔年斯基是塞尔维亚著名的文学家、诗人、出版家、美术评论家。他出生于匈牙利，少年时期在克罗地亚、奥地利等地学习，曾参加第一次世界大战。战争结束后，他于1920年

*　洪羽青，塞尔维亚贝尔格莱德大学文学硕士，研究方向为南部斯拉夫文学。

赴巴黎游学，开始翻译诗歌、文学创作。其间，茨尔年斯基逐渐形成了自己独特的创作风格。他作品的文学语言、表达方式、创作题材、思想理念都领先于同时代的塞尔维亚作家。评论家认为他引领塞尔维亚文学走向现代主义与表现主义。[①] 他长期旅居海外，足迹遍布欧洲大陆。旅居海外的经历对他的文学创作产生了极其深远的影响。其代表作有长篇小说《迁徙》（*Seobe*）、《伦敦故事》（*Roman o Londonu*）、《托斯卡纳之爱》（*Ljubav u Toskani*），戏剧《康纳克》（*Konak*），抒情诗集《伊萨卡诗歌》（*Lirika Itake*）等。

他的诗歌充满激情，直观但朦胧。他的小说以人类的痛苦为言说对象。除此以外，他还是第一位把东方文化，特别是中国古诗及日本古诗翻译介绍给南斯拉夫读者的诗人。[②]

塞尔维亚著名女作家伊西多拉·赛库里奇（Isidora Sekulić）[③] 曾经如此评论他："米洛什·茨尔年斯基有关东方的文学作品对于塞尔维亚当代文坛来说是一股春风，是一个很有新意的现象。"[④]

米洛什·茨尔年斯基同东方文化的联系被文学批评家奈伯伊沙·拉兹奇（Nebojša Lazić）称为"归属感的选择"（izbor po srodnosti），可以说他是当时全欧洲为数不多的主张展开东西方文化交流的知识分子之一。茨尔年斯基缘何偏偏对东方情有独钟呢？本文将简要叙述茨尔年斯基与东方文化结缘的经历，并对茨尔年斯基在东方命题下进行的翻译及诗歌创作进行梳理与分析。需要特别指出的是，这里的"东方"，或者说茨尔年斯基心里的"东方"（Istok）指的是东亚文化圈。而在东亚文化圈中，茨尔年斯基又对中国和日本有特别浓厚的兴趣。因此，本文所探讨的米洛什·茨尔年斯基的"东方文化"侧重于中国与日本的文化元素。

一　与东方文化结缘

1913 年秋天，米洛什·茨尔年斯基赴维也纳读书，父亲为他选择了医学专业，但年轻气盛的茨尔年斯基把自己的专业改成了哲学和艺术史。他参观

① Jovan Deretić, *Kratka istorija srpske književnosti*, (Novi Sad: Adresa, 2007), p247.

② 〔南斯拉夫〕睹山·弝引等编《我没有时间了：南斯拉夫当代诗选（1950~1995）》，张香华等译，中国友谊出版公司，1998，第 16 页。

③ 伊西多拉·赛库里奇（Isidora Sekulić，1877–1958），塞尔维亚著名散文家、小说家、美术评论家。

④ Isidora Sekulić, *Srpski knjižcvni glasnik* (1923), p.79.

各个博物馆，接触到了众多的异国文化，特别是中国文化和日本文化。这段留学经历对茨尔年斯基产生了极大的影响，从此他开始对中国文化深深着迷。

1919 年，米洛什·茨尔年斯基在担任文学杂志《天》（*Dan*）编辑期间发表了李白的诗歌译作（“Dve frule”[①]）。1920 年，茨尔年斯基赴巴黎游学期间有机会进一步接触中国文化，并开始着手甄选、翻译、编纂中日文学与哲学经典作品。1923 年，茨尔年斯基出版了《中国诗选》（*Antologija kineske lirike*），而后又于 1928 年出版了《日本古代诗歌》（*Pesme starog Japana*）。

茨尔年斯基对东方文化的认知、钟情，是从对《道德经》《易经》《论语》等中国古代哲学典籍与中国、日本古代诗词和书法绘画等的认知开始的。

他阅读《易经》主要参考了比利时东方学家哈雷兹[②]的著作《易经》法译本——《〈易经〉——复原、翻译与注释》（*Le Yih-king: texte primitif rétabli, traduit et commenté*）和法国东方学家霍道生[③]的《易经》法译本。茨尔年斯基对《道德经》的理解主要来源于英国汉学家理雅各（James Legge）[④]编撰的《中国经典》（*The Sacred Books of China*）六卷本之一——《道德经》，与此同时，德国学者赫提·考夫曼·费德曼（Herti Kaufman

① Kajoko Jamasaki, Japanska Avangardna Poezija u Poređenju sa Srpskom Poezijom (Beograd: Filip Višnjić, 2004), p.186.

② 哈雷兹（Charles-Joseph de Harlez de Deulin，1832–1899），1887 年他首先在《亚洲学报》（*Le Journal asiatique*）上发表《易经原文》(*Le texte Originaire du Yih-King, sa Nature et son Interprétation*)，后在巴黎单独成篇出版。1896 年又在《通报》（*T'oung Pao*）第七期上发表了《〈易经〉注解》（*Le Yi-King Traduit d'Après les Interprètes Chinois Avec la Version Mandchoue*）一文，这是他研究《易经》的重要成果之一。哈雷兹的法译本《易经》至今还享有盛名。哈雷兹认为汉字符号应该同卦一起使用，而不是单纯的名字选择，他的方法和理论在西方产生过一定的影响。

③ 保罗 - 路易 - 费利克斯·菲拉斯特（Paul-Louis-Félix Philastre，1837–1902），越南史料称其为“霍道生”，法国殖民官员、外交官、东方学家，出生于比利时布鲁塞尔。霍道生写下了不少关于中国和越南的研究著作。最重要的是，他是第一位将《易经》翻译成法语的人，并且是第一位完整地将越南的《嘉隆法典》（越南语：Hoàng Việt luật lệ）翻译为法语的人。

④ 理雅各（James Legge，1815–1897），英国汉学家、牛津大学教授，曾在香港主持英华书院，同时也是法国汉学儒莲奖得主。1879 年至 1891 年相继出版《中国经典》（*The Sacred Books of China*）六卷，包括《书经》、《诗经》（与宗教有关的部分）、《孝经》、《易经》、《礼记》、《道德经》、《庄子》等。

Federmann)①的《道德经》德译本也给茨尔年斯基提供了一定的参考。他对中国佛学经典的研究则依赖于英国传教士、汉学家艾约瑟(Joseph Edkins)②撰写的《中国宗教状况》(*The Religious Condition of Chinese*)一书。

与此同时，茨尔年斯基还阅读了大量关于中国诗歌、绘画与音乐的著作，其中对他影响比较深的是英国著名汉学家克莱默·宾(L. Cranmer-Byng)③的三本汉诗选译本《玉琵琶》(*A Lute of Jade*)、《灯笼节》(*A Feast of Lanterns*)和《诗经》(*The Odes of Confucius*)。

二 有关东方文化的译作

(一)哲学典籍译作

米洛什·茨尔年斯基选译了《道德经》中的十五章，并将其与一段《易经》的翻译及两段《论语》的翻译放在《中国诗选》的开篇，作为"诗化了的解释性文本"(programski tekst)，使塞尔维亚读者有机会接触东方智慧，便于读者了解中国诗歌以及他对中国诗歌的理解。

在东方哲学中，给米洛什·茨尔年斯基以最大影响的是道家思想。茨尔年斯基曾经写下这样的话："在巴黎，我一直校对书稿，流连于博物馆。长夜漫漫，我总把目光投在银色的屏风上，投在古老的丝绸上，平静地微笑。只有这样，我才能真正理解老子的哲学。"④

《道德经》是一部意义深邃的哲学著作、"哲学诗"，在中国乃至世界文明史上产生了深远的影响，至今已有三百多个译本。《道德经》文短意长，对句丰富，流畅优美；修辞手法丰富，集中了排比、比喻、顶真、回环等多种手法。《道德经》的诗学特点注定会给译者带来巨大的挑战。茨尔年斯基

---

① 赫提·考夫曼·费德曼(Herti Kaufman Federmann，1882-？)，1920年曾将《道德经》翻译成德语：H. Federmann, *Tao Teh King : vom Geist und seiner Tugend Laotse* (C.H. Beck, 1920)。

② 艾约瑟(Joseph Edkins，1823–1905)，英国传教士和著名汉学家，字迪瑾。他是第一位用中文和英文撰写有关佛教论著的来华传教士。1859年，艾约瑟出版《中国宗教状况》一书，1877年再版。1882年，这本书被译为法语，茨尔年斯基参考的即此书的法文版。

③ 英国著名汉学家克莱默·宾(L. Cranmer-Byng, 1872–1945)，在欧美享有"中国古诗专家"之誉。其代表性汉诗选译本为《玉琵琶》(*A Lute of Jade*)和《灯笼节》(*A Feast of Lanterns*)。其中《灯笼节》于1916年出版后曾被多家出版社再版、重印。克莱默·宾所译的唐诗虽然数量不多，但是影响较大，促进了当时英译杜甫诗作的传播。

④ Miloš Crnjanski, *Antologija kineske lirike* (Beograd: Tanesi, 2012), p.52.

深知他作为译者所面临的巨大挑战，因此他在接受采访时表示他的目标从不是将这些中国古代哲学作品完整、科学地翻译，而是希望从一个更诗化、更艺术的角度将中国古代哲学作品的基本理念传达给塞尔维亚读者。[①] 以下笔者将从茨尔年斯基译本的字词、句型和修辞三个方面做一个简要的分析。

1. 字词层面

《道德经》，又称《老子》，文章寓意深远，很多字词具有极大的灵活性和多义性，这也是译者在翻译过程中面临的一大挑战。

在中国文化语境中，“道”是道教教义的核心，是老子哲学体系中的最高范畴。“道”的本义是人行走的道路，后来引申出技艺、方法、事理、秩序等含义。“道”这个字在《老子》书中出现了 73 次，不同语境中的意义不尽相同。 我国批评界认为，“道”一词在《道德经》中至少有四种含义：其一，构成世界的实体；其二，创造宇宙的动力；其三，万物运动的规律；其四，人类社会的准则。[②] 由于其意义的复杂多样，“道”在译者的笔下也体现出了多义性。

《中国诗选》中《道德经》部分的翻译标题是《老子：道德经》（“Lao Ce: Tao Te King”），这里的“道”（Tao）是遵循当时的威妥玛拼音规则（Wade-Giles romanization）翻译的，保留了书名的汉语发音，容易引起读者们的兴趣和关注。译作的副标题是“一本关于意义和德行的书”（“Iz knjige o smislu i vrlini”）。茨尔年斯基是从“意义”（smisao）和“德行”（vrlina）两个语义层面来展开翻译的。

比如《道德经》第一章中的首句：

> 道可道，非常道。名可名，非常名。
>
> Najdublji smisao nije smisao, koji se daje zamisliti.
>
> Ime, koje se može izreći, nije večno ime.

又如第八章的“故几于道”被茨尔年斯基翻译成为“ali blizu smisla”。

茨尔年斯基将“道”翻译成“smisao”，这个词在塞尔维亚语中有“意义、能力”的意思，与中国批评家对“道”的四种解释的任何一种都不完全吻合。

① Miloš Crnjanski, *Antologija Kineske Lirike* (Beograd: Tanesi, 2012), p.51.

② 陈鼓应：《老子今注今译》，商务印书馆，2016，第 73~280 页。文中的中文例句均引自此书。

另举一例：

俗人昭昭，我独昏昏。俗人察察，我独闷闷。

——第二十章

Gomila vidi jasno,
  ona vidi jasno,
  ja, jedini, lutam po mraku.
Obični ljudi su radosni,
  oni su radosni.
Samo sam ja tužan.

经过多次考证与修订，国内学界对第二句“察察”与“闷闷”的意思有了一致的认识：分别是“严苛的样子”和“淳朴的样子”[①]，但茨尔年斯基却把它们理解成“开心愉悦”和“闷闷不乐”的意思，并译成“radosni”和“tužan”，与原文意思有一定出入。

2. 句型层面

《道德经》不但内容丰富，其句型也别具特色。每每三字、四字构成对句，极富语言美和音韵美。这种句型特点的表达对译者更富于挑战性。[②]原文中这种对句数量非常多，由于汉塞两种语言在结构、语法、表达方式上有巨大的差别，要在塞语中找到对应的句型绝非易事。而米洛什·茨尔年斯基通过英、法、德语译本进行再一次的转译，其困难程度可想而知。

第二十二章：

曲则全，枉则直，洼则盈，蔽则新，少则得，多则惑。

Polovina, biće celo.
Krivo, biće pravo.
Prazno, biće puno.
Staro, biće novo.
Malo će se umnožiti.

① 陈鼓应：《老子今注今译》，第153页。

② 杨柳、衡浏桦：《〈道德经〉的诗学特色与翻译》，《中国翻译》2011年第6期。

Što je mnogo, to će se gubiti.

茨尔年斯基的译文保留了三字骈句的形式，从而在极大程度上保留了句式的原始性和工整性。头四句的结尾都押“o”韵，后两句以动词结尾，押“i”韵，有很强的节奏感和音乐性，读起来优美流畅，朗朗上口。尽管塞译句型的诠释非常困难，但无疑茨尔年斯基做出了成功的尝试。

3. 修辞层面

修辞，无疑是《道德经》最为经典的部分。茨尔年斯基在翻译过程中如何处理原文的修辞特色，本文中仅以比喻和排比为例加以说明。

比喻

上善若水。水利万物而不争。

——第八章

Najviša dobrota slična je vodi. U svojoj dobroti, dobra je prema svakom biću i ničemu se ne opire.

茨尔年斯基原原本本地表达出“最善的人好像水一样，水善于滋润万物而不与万物相争”的意思，并且用“slična je vodi”很好地处理了“若水”这一比喻。这句话之所以被完美地诠释，源于句中蕴含着具有普世价值和意义的哲理。

排比

以此：天下多忌讳，而民弥贫；人多利器，国家滋昏；人多伎巧，奇物滋起；法令滋彰，盗贼多有。故圣人云：“我无为，而民自化；我好静，而民自正；我无事，而民自富；我无欲，而民自朴。”

——第五十七章

Što se više čuva pobožnost,
tim više siromaši narod.
Što više prilike za dobit,
tim veća zbrka u državi.
Što više ljudi zna zanate,
tim više lopova i razbojnika.

Ne uzdižu li se sposobni,
  narod se neće svađati.
Ne cene li se blaga neobična,
  narod neće krasti.
Ne pokazuje li se nešto dostojno žudi,
  narod se neće uznemiriti.

茨尔年斯基虽然对文本理解、表达受到了一定的局限，为保持句型的对应性不得不做出一定的妥协，以至于漏译了“以此”“故圣人云”，且“人多伎巧，奇物滋起”同“法令滋彰，盗贼多有”前后两句的翻译也似有混淆，但前三句和后三句的句式还是能够明显地看出茨尔年斯基保留了排比的修辞手法，层次鲜明、条理清晰，同时具有音韵美。

茨尔年斯基在 1928 年出版的《日本古诗》（*Pesme starog Japana*）中添加了《道德经》第四十二章的翻译：

道生一，一生二，二生三，三生万物。万物负阴而抱阳，冲气以为和。人之所恶，唯孤、寡、不谷，而王公以为称。故物或损之而益，或益之而损。人之所教，我亦教之。强梁者不得其死，吾将以为教父。

Docnije kaže Lao-Ce, po Žilienovom prevodu: Tao (smisao, put, duh, um) rađa jeininu, jednina rađa dvojstvo, dvojstvo rađa trojstvo, trojstvo rađa sva bića.

除了《道德经》，茨尔年斯基对其他中国哲学典籍也有涉猎。其中《易经》部分的翻译是作者参考哈雷兹、霍道生、理雅各等人的《易经》译本，将《易经》乾卦、坤卦等章节中元、亨、利、贞等概念翻译成塞尔维亚语，并组成一章，但从严格意义上来说，这并不是逐字逐句的翻译。

Smisao se javlja u znaku Začetnika.
Ispunjava u znaku Blagog.
Dopušta da se sagleda u znaku Prividnog.
Nateruje na služenje u znaku Majke.
Obraduje u znaku Vedrog.

Bori se u znaku Dejstva.
Zadaje truda u znaku Bezdana.
Završava u znaku Mirnoće.

《道德经》等中国古代哲学典籍本身具有多样性和开放性，有些词无论采取何种方式翻译都很难传递其完整的意思，如“道”。还有些词，由于不同译者的理解和解释不同，译文不同也在所难免。[①] 但也正是由于诗学的多样性和开放性，才给了众多译者和学者翻译和研究的空间和动力，无疑推动了中国哲学经典的传播和发展。尽管由于语言和时代的限制，茨尔年斯基的译本与原文有所出入，但中国古代哲学经典的第一个塞尔维亚译本是有开创性的，对后来塞尔维亚的文学家与汉学家极具启发性、指导性。茨尔年斯基向塞尔维亚读者和文坛传递中国古代哲学基本理念的尝试无疑是成功的。

（二）中国古诗译作

1. 对中国古诗的翻译——《中国诗选》

《中国诗选》出版于1923年，由米洛什·茨尔年斯基翻译、整理、编撰而成，是塞尔维亚历史上第一本选集（Anthology）形式的出版物。它不仅收录了前面提到的《易经》《道德经》《论语》的部分译文，还收录了李白、杜甫、白居易、王维、孟浩然、张九龄、苏轼、王安石等中国古代著名诗人脍炙人口的作品，书画家文徵明、恽寿平、金农等人的诗作亦被收录其中。其中又以李白（12首）、白居易（9首）、苏轼（5首）、杜甫（3首）、王维（2首）等人的诗作为多。如《静夜思》：

静夜思

床前明月光，疑是地上霜。
举头望明月，低头思故乡。
——李白

Na prenoćitmu

Mesečina pada po asuri i, kad se probudihm učini mi se, kao da je palo

① 杨柳、衡浏桦:《〈道德经〉的诗学特色与翻译》,《中国翻译》2011年第6期。

inje ...

Podižem glavu i zagledam se u Mesec; polako mi klone ... misli na svoj zavičaj.

—Li Tai Po

若将塞译本反译成汉语，译诗的内容是这样的：

在晚上

月光落在席上，我正醒来，想着，月光好似降下的霜……我抬头望向月亮；缓缓低头……想念我的故乡。

茨尔年斯基在《中国诗选》序言中说，这本书最主要的任务是将中国哲学、诗歌与艺术介绍给塞尔维亚读者。在茨尔年斯基时代，中国古诗的译本在欧洲大国（英、法、德、意、俄）早已出现，但塞尔维亚读者对此一无所知。因此，茨尔年斯基认为有必要让塞尔维亚读者有机会接触到中国古老的文学艺术，而他也自觉地担当此任。在书的后记中，茨尔年斯基认真地梳理了编撰《中国诗选》的过程、本书问世过程中遇到的困难，也详细地列举、比较了各种参考文献、参考译本的优缺点。比如，德译本的最大优点是在很大程度上记录、保留了关于中国文学和艺术的文献来源，但其中的有些翻译与原文意义相距甚远，因此德译本只能作为辅助性参考文献。英国译本翻译的意思与原文更为接近，但是较缺乏东方意境和情趣。从诗句、韵律、音调整个意境来看，他们都只是在创作一首英国新诗，而失去了中国古诗的本真。[①] 茨尔年斯基甚至在后记中轻微地戏谑了英译本中出现的一个问题："他们居然把李白最美的一首诗结尾翻译成'我的祖国啊！'，就像翻译成了英国国歌一样。明明这里写的是诗人对故乡的思念，他们却偏偏要把含义扯到政治意味浓厚的祖国上去。"[②] 笔者猜测这里说的是李白的《静夜思》。英国译本将"低头思故乡"翻译成"我的祖国啊"，但茨尔年斯基善于对英译本取长补短，成功地翻译了这句诗，准确地表达了诗人李白抬头望月、低头思乡的哀愁。

① Miloš Crnjanski, *Antologija Kineske Lirike* (Beograd: Tanesi, 2012), p.50.

② Miloš Crnjanski, *Antologija Kineske Lirike* (Beograd: Tanesi, 2012), p.50.

相较于英译本，茨尔年斯基认为，法译本在古诗意蕴上把握得更好。他还特别强调了法国巴黎各博物馆的资料为他翻译《中国诗选》一书所起到的巨大作用。他常去的有：吉美国立亚洲艺术博物馆（Musée national des Arts asiatiques-Guimet）[①]、采耳努诗博物馆（Musée Cernuschi）[②]以及枫丹白露宫。在茨尔年斯基看来，以上几个博物馆的展览与藏品的翻译都无可挑剔。[③]

前面提到的收录在《中国诗选》之中的几位书画家的作品，正是茨尔年斯基在吉美博物馆藏品中发现的。“我看见他们（的诗）被题在丝绸画布的最底部，上面是优美的山水画，译得如此美好，让我忍不住将他们收录进来。”[④]

米洛什·茨尔年斯基在总结《中国诗选》一书的编撰过程时认为，尽管困难重重，但是最大的困难仍是文本的甄选。茨尔年斯基编撰的这本《中国诗选》是塞尔维亚文学史上第一本这样的作品，他在搜集、翻译、校对材料的过程中费尽心血、一丝不苟。[⑤]他甚至还请求与他住在同一旅店的中国年轻人替他筛选最贴切的文本和材料。

《中国诗选》一问世就引起了塞尔维亚文坛的强烈反响。同年，塞尔维亚著名女作家伊西多拉·赛库里奇（Isidora Sekulić）在《塞尔维亚文学报》（*Srpski književni glasnik*）上发表文章，高度赞扬了茨尔年斯基的《中国诗选》:“中国、日本诗歌都非常委婉，充满距离感、静默、含蓄。悲伤的海洋上，只有悲伤诗歌的这一叶扁舟在孤独航行。茨尔年斯基先生在向我们介绍远东诗歌的事业上非常成功。”[⑥]

---

① 吉美国立亚洲艺术博物馆（Musée National des Arts Asiatiques-Guimet），位于法国巴黎十六区，是亚洲地区外最大的亚洲艺术收藏地之一。详情请参考如下网址：http://www.guimet.fr/。

② 采耳努诗博物馆（Musée Cernuschi），位于法国巴黎，专注于举办关于中国、日本及远东国家艺术的各种展览。详情请参考如下网址：http://www.cernuschi.paris.fr/en/museum/history-museum。

③ Miloš Crnjanski, *Antologija Kineske Lirike* (Beograd: Tanesi, 2012), p.51.

④ Miloš Crnjanski, *Antologija Kineske Lirike* (Beograd: Tanesi, 2012), p.51.

⑤ Miloš Crnjanski, *Antologija Kineske Lirike* (Beograd: Tanesi, 2012), p.51.

⑥ Isidora Sekulić, “Beleške uz Knjigu Antologija Kineske Lirike,” *Srpski književni glasnik* (1923): 79 .

（三）有关东方文化的诗歌创作

苏门答腊[①]

如今，我们无忧无虑，恬静而温柔
遥想着：寂寞肃静，白雪皑皑的
乌拉尔山峰

苍白的脸孔，令我们哀伤
有个夜晚告别了它，我们
肯定在某一个地方，有一条小溪
替代它，正殷红的流淌！

清晨，在异邦有份爱情
将我们的心紧紧缠绕
那里，蔚蓝色的大海安详无垠
红珊瑚正闪烁不定
犹如故乡的紫樱桃

夜半醒来，我们欣然微笑
凝视弯弯的月牙
一只手轻轻抚摸
冰雪覆盖，幽林封闭的山头

Sumatra[②]

Sad smo bezbrižni, laki i nežni.
Pomislimo: kako su tihi, snežni
vrhovi Urala.
Rastuži li nas kakav bledi lik,

① 〔南斯拉夫〕睹山·卯引等编《我没有时间了：南斯拉夫当代诗选（1950~1995）》，张香华等译，中国友谊出版公司，1998，第 17 页。《苏门答腊》一诗作为米洛什·茨尔年斯基的代表作被收录进这本诗选中。

② Miloš Crnjanski, *Pesme* (Beograd: Nolit, 1983), p.31.

što ga izgubismo jedno veče,
znamo da, negde, neki potok
mesto njega teče!
Po jedna ljubav, jutro, u tuđini,
dušu nam uvija, sve tešnje,
beskrajnim mirom plavih mora,
iz kojih crvene zrna korala,
kao, iz zavičaja, trešnje.
Probudimo se noću i smešimo, drago,
na Mesec sa zapetim lukom.
I milujemo daleka brda
i ledene gore, blago, rukom.

苏门答腊是遥远海洋中的一个岛屿，茨尔年斯基将它用来象征东方的海洋文化，也是他梦寐以求的世界，与诗中“乌拉尔山”象征的大陆文化遥相呼应。①

1920 年发表的这首《苏门答腊》曾在塞尔维亚文坛引起巨大轰动。诗中完全新颖的表达方式和独特的思想吸引了众多读者的关注和探究，于是茨尔年斯基应著名评论家博格丹·波波维奇②（Bogdan Popović）之邀于第二年发表了一篇名为《苏门答腊·解释篇》（“Objašnjenje Sumatre”）的文章，在其中向读者阐释他的创作灵感与艺术理念。他认为，万物之间皆有联系，生命不会消亡，只是从一种形式转化成另一种存在形式。评论家把这种观念称为“苏门答腊主义”（Sumatraizam）。“苏门答腊主义”随着茨尔年斯基对自我、对世界的感悟慢慢充盈，逐渐成为贯穿他整个文学生涯的理念：生命表现为不同的形式，不论是植物、动物、人或是其他。

茨尔年斯基常在他的作品中提及相距遥远的土地和人与人之间那种被称为“苏门答腊主义”的联系，时常强调他对东亚神秘而又无以言表的牵绊：

“大洲之间存在某种联系。人民之间存在某种联系。我和亚洲之间也存

① 〔南斯拉夫〕睹山·弝引等编《我没有时间了：南斯拉夫当代诗选（1950~1995）》，张香华等译，中国友谊出版公司，1998，第 17 页。

② 博格丹·波波维奇（Bogdan Popović，1863–1944），塞尔维亚艺术科学院院士，塞尔维亚历史上最伟大的文学评论家之一。

在这种牵绊，这种牵绊无人知晓，我也无法言说。”[①]

可以说，茨尔年斯基和亚洲大地的这种“牵绊”是无形的，无法被简单定义的、“苏门答腊主义”式的联系。

茨尔年斯基诗歌中这种人与自然的相互作用，被学者奈博伊沙·拉兹奇（Nebojša Lazić）评论为是“禅、佛教思想”的体现，诗人茨尔年斯基将生命从具体的人、动物、植物中抽象出来，又重新具象到大自然、周边的景色等另一种形式中，使生命得以不断延续。

茨尔年斯基对东方古诗的评价——“……这种印象式的抒情，如此迅速、直接地记录下情绪。诗歌的风格并不仅仅是一个标志、一个表意文字，更是一幅画面。最重要的是观察世界的视角和距离。一切都是气，没有间断……”[②]因此，他被评论家们视为塞尔维亚绝无仅有的，也是欧洲大陆上为数不多的理解东方诗歌精神的人。

1956年，米洛什·茨尔年斯基还在英国写下了一首名为《贝尔格莱德上的哀叹》（*Lament nad Beogradom*）的诗。1965年，这首诗同另外两首长诗《斯特拉日洛沃》（*Stražilovo*）[③]、《塞尔维亚》（*Srbija*）一起组成诗集《三首诗》（*Tri poeme*）出版，这也是茨尔年斯基文学生涯的最后一本诗集。

贝尔格莱德上的哀叹[④]（节选）

人生，灰暗，我知道，
一片树叶，一只海鸥，一颗果实，和海面上的一轮圆月，
最终只不过是一场醉生梦死，
只不过是舞台上的匆匆过客。
所有的这些，包括我，
不及一瞬间，如幻灭的泡沫。
中国的梦呓，像一颗心，在喃喃细语中冷却：
明、阴、阳，道、樱桃[⑤]，

---

① Miloš Crnjanski, *Antologija Kineske Lirike* (Beograd: Tanesi, 2012), p.52.

② Miloš Crnjanski, *Pesme* (Beograd: Nolit, 1983), p.86.

③ 斯特拉日洛沃（Stražilovo）是塞尔维亚北部山区中的一个山谷。

④ 这首诗由笔者翻译。

⑤ “樱桃”是米洛什·茨尔年斯基诗歌中的一个重要意象。他将“樱桃”指代故乡。但也有评论家认为，“樱桃”是“易逝”（prolaznost）的一种指代，是他对日本“樱花”文化的解读和运用。

又或是达官贵人，什么都不会留下，
没有人，没有。

然而，你闪着光，穿过我的梦，
透过无尽的泪水，越过无际的黑暗与尘埃。
你的血，像露水一般滴落，
像是断气之前最后的哀叹。
又一次，我拥抱你，拥抱萨瓦河，
拥抱断崖陡壁，多瑙河在慵懒舒展。
在我的梦中，阳光初露锋芒。
闪耀吧！飞起吧！怒吼吧！
你的名字，就是晴空的雷声。
当你古老的表盘，把我的时间阻挡，
你的名字，就是我最后的哀叹。

Lament nad Beogradom - deo ①

ŽIVOT ljudski, i hrt,
sveo list, galeb, srna, i Mesec na pučini,
priviđaju mi se, na kraju, ko san, kao i smrt
jednog po jednog glumca našeg pozorišta.
Samo, sve to, i ja, nismo nikad ni bili više,
nego neka pena, trenutci, šapat u Kini,
što sapće, kao i srce, sve hladnije i tiše:
da ne ostaju, ni Ming, ni yang, ni yin,
ni Tao, trešnje, ni mandarin.
Niko i ništa.

Ti, međutim, sjaš, i sad, kroz san moj tavni,
kroz bezbroj suza naših, večan, u mrak, i prah.
Krv tvoja ko rosa pala je na ravni,
ko nekad, da hladi tolikih samrtnički dah.

① Miloš Crnjanski, *Pesme* (Beograd: Nolit, 1983), p.103.

Grlim još jednom, na Tvoj kamen strmi,
i Tebe, i Savu, i Tvoj Dunav trom.
Sunce se rađa u mom snu. Sini! Sevni! Zagrmi!
Ime Tvoje, kao iz vedrog neba grom.
A kad i meni odbije čas stari sahat Tvoj,
to ime će biti poslednji šapat moj.

“明，是中国的古代王朝。阴、阳则是中国古代哲学思想的法则之一。道，道家哲学的基本准则。达官贵人，则代表中国古代官僚体系中的权威和最高秩序。”[①] 上面这段作者的解释性文本向读者阐释了他本人以及诗歌精神中深藏的东方意蕴。

“阴”“阳”是《贝尔格莱德上的哀叹》一诗的关键。但诗人没有直接向读者点出，也许是想留一些奇巧的心思等待读者自己探索：甚至连诗本身的结构都遵循“阴阳法则”。全诗一共十二节，诗人将单数节作为“阳”节，其后的双数节则是“阴”节。“阴”节都以“然而，你……”开头，与“阳”节相呼应。此诗结构精妙有趣，用词考究，值得进一步研读和赏析。

结 论

茨尔年斯基的译作和诗作兼具多面性和复杂性，它们既是灵动的、写实的、社会的，又是严肃的、意识流的、宇宙主义的。与东方文化的相遇使茨尔年斯基更多地选择了后者。

可以说，茨尔年斯基在东方思想（中国与日本）中找到了自己的信仰所在。更确切地说，他在东方哲学中找到了与自己无意识的、尚未言明的精神系统的契合点。茨尔年斯基是塞尔维亚同时代作家中第一位“克服欧洲中心主义”[②] 的欧洲现代作家。长期旅居海外的人生经历使他更直接地接触、感受、理解“西方”文化、“西方”价值观、“西方”标准，使他能更深入地思考“欧洲中心主义”“小国文化自信”等命题之间的联系。独特的人生经历

① Miloš Crnjanski, *Dela Miloša Crnjanskog I* (Beograd: Zadužbina Miloša Crnjanskog, 1993), p.237.

② Zoran Milutinović, *Getting Over Europe: The Construction of Europe in Serbian Culture* (Amsterdam – New York, 2011), p. 31.

与人生观造就了他对东方文化情有独钟的独特的世界观，使他得以用“世界主义”（cosmopolitanism）克服“欧洲中心主义”，使他能超越“不西方，毋宁死”（Either west or death）[①]的话语偏颇，打破“西方—东方必然对立”的话语建构，探索出了塞尔维亚民族文化发展的“第三条路”——走民族之路，“成为自己”。

中塞两国相隔万水千山，在20世纪以前，两个民族之间缺乏直接接触，更遑论文化互动。20世纪，尽管人员交往有所增加，但文化关系、文学关系并没有被唤醒，直到茨尔年斯基出现，南欧民族才以文学的方式，将来自东方的古老智慧和文学艺术传译到塞尔维亚，实现了突破地理、时代与文化限制的勇敢尝试。由于茨尔年斯基的精神内核与文学尝试过于前卫，他的作品在他那个时代没有得到共鸣，直到半个世纪后，他的作品和精神才被塞尔维亚主流文学界所理解、接受。但这并不影响茨尔年斯基被批评界视为塞尔维亚先锋派代表人物，一个开塞尔维亚现代主义、表现主义文学之先河的重要诗人。茨尔年斯基还影响了一大批知名的现当代作家，如著名的诗人斯特万·拉伊奇科维奇（Stevan Raičković），小说家弗拉迪斯拉夫·巴亚茨（Vladislav Bajac）等。

茨尔年斯基虽然没有完整地翻译《道德经》与《易经》等哲学经典，但他确实是有迹可循的翻译道家哲学的第一位塞尔维亚人。尽管欧洲读者对这些哲学思想的接受度并不高，但是，这些思想毕竟启发了一大批后来的学者与文人，为激发学界与大众对东方文化的探索热情发挥了巨大的引导作用。

① 由20世纪初塞尔维亚文学评论家 Jovan Sekulić 提出。

译介传播

Communication through Translation

反讽与嘲笑
——卡尔维诺与昆德拉

〔意〕马西莫·李詹特 著　许金菁 译*

本文最早发表于杂志《小说工作坊》(*Atelier du Roman*)2000 年第 21 期，后收入马西莫·李詹特个人论文集《树》(*L'albero*)，由 Marsilio 出版社出版(2007 年，第 156~170 页)。该论文集由昆德拉作序，并指出，这本文集中的每篇论文，都采取不同的结构和形式，亦是对论文叙事结构的一种探索。

文章分为两个部分，其一是卡尔维诺思想的发展与时代，其二是对昆德拉和卡尔维诺的小说的叙事结构以及创作手法进行对比和探讨。从结构上讲，卡尔维诺在既定小说框架中，对各元素进行再组合，达到统一性与多样性的结合；而昆德拉则认为，每部小说都有自主性，有独特的结构，小说的叙事应当通过对同一主题的变奏来实现。从创作手法来看，卡尔维诺的"宇宙反讽"手法是他观察和理解现实的一种方式；而昆德拉则是利用小说的体裁特点，对人类的既存经验进行嘲笑和解构。

——译者按

---

* 马西莫·李詹特(Massimo Rizzante)，意大利诗人、批评家。1992~1997 年师从米兰·昆德拉，现任意大利特伦托大学文哲学院教授。研究方向：比较文学、意大利近现代文学。许金菁，博士，北京外国语大学欧洲语言文化学院讲师，研究方向：比较文学、意大利近现代文学、马耳他研究。

一 音乐记忆

初至巴黎，文学之于我，如暴风之于小船，我翻滚于海浪。理论的浪潮，侵入船舱，我望不到天际。那时，我终日挣扎，只求不溺于海。

忽有一日，我从卡尔维诺的散文观与昆德拉小说的技艺中，获得新生。我终于从理论中逃离，从意识形态中逃离，完成一次文学诠释。这是一次自由主义的经历。

在第一版《小说的艺术》（*Atelier du Roman*，1986）中，昆德拉将卡尔维诺看作小说家，而不是散文家（但在最后一版法语杂志中，卡尔维诺的名字已从小说家一栏中消失）。卡尔维诺是小说家，昆德拉如是说：

> 他不太注重表达自己的思想。他是个发现者。他摸索着，努力揭示存在中不为人知的一面。他兼具原创性思维和独特的叙事声调，他活用各种文体（包括小说）。他所有的作品，都有其思维的印记，有其声调的展示，并使它们都成为作品的一部分。[①]

昆德拉主持的研讨课的最后几节的主题是《小说与音乐》。其间，一台便携式播放机，播放着音乐，大部分是贝多芬，多是奏鸣曲。我记得，门外还挂着一个告示牌，上面写道："无线电播放中，请勿打扰。"中场休息时，我与昆德拉谈起我的困惑。我说，当我试图解读卡尔维诺，试图在小说史中发现他的价值时，感到越来越困难。昆德拉似乎同意我的观点，带着些许狡黠的笑，回答道："也许我们根源不同。"什么意思？散文家与小说家的根源不同？然后呢？我边自问边埋头于注释，昆德拉之前多次说过："除了塞万提斯，小说家不必在乎其他人"[②]，卡尔维诺也是如此？我又自问：卡尔维诺是以小说家的方式理解文学形式和人物的吗？

我认为，卡尔维诺的作品，是探索人和宇宙的关系，通过人物来揭示存在所不为人知的一面。

两位作家对"散文"和"小说"的定义，相同吗？

---

① Milan Kundera, *L'arte del romanzo*(Adelphi: Milano 1988), pp. 204-205.

② 塞万提斯的《堂吉诃德》被认为是欧洲长篇小说的鼻祖，故有此说。——译者注

二　从月亮说起

卡尔维诺在《迷宫的挑战》(*La sfida al labirinto*，1962) 中提出，从文学中，读者可以获得一种“宇宙意象”。如今，知识不断增殖，但人类却在知识世界中迷失了。而文学“是找到解决方法的最佳方式，尽管文学也是另一个迷宫”。卡尔维诺认为，如果人类无法逃离当下的知识迷宫，那么我们至少有权利，把囚禁自己的牢笼“尽可能细致地”描绘出来。《时间零》(*Ti Con Zero*) 故事的最后，基督山伯爵和法利亚被困在“如果要塞”(fortezza di IF)，审视全局后，总结说：逃离的唯一办法是“要能找到思想要塞与真实要塞的不同之处”。

客观世界与思维世界的间隙就是自由的艺术空间。在此，知识构筑的理性文化与诗歌内涵的感性直觉交汇贯通；逻辑的科学性挑战诗歌的直觉意向。

我曾试图去解释卡尔维诺对科学的热爱，对伽利略[①]的师承。卡尔维诺认为，伽利略的散文能完美地处理细节描写和诗歌意象，细节描写触手可感，诗意要素可视性强。卡尔维诺还认为，莱奥帕尔迪 (Giacomo Leopardi)[②]在作品中同样具有处理精确性和细节性的综合能力。

莱奥帕尔迪笔下的月亮承袭于伽利略，而伽利略又与阿斯托尔福在伊博格里夫上的宇宙冒险有关联。从另一角度来说，伽利略喜欢的诗人正是阿里奥斯托 (Ludovico Ariosto)[③]，他是宇宙和月亮的诗人。阿斯托尔福与骑着飞毯、飞鸟、飞船的英雄们很相近。

由此，我试着理解卡尔维诺对童话和对民间传统故事的热爱，我把卡尔维诺想象成某部作品的主人公，但不知怎么给他一个符号名称。[④]我想象卡尔维诺失足坠落在地球上，但始终觉得亏欠月宫，他在地球拥有之物，月宫早已赏赐给他了。“发现未知，并创造新的意义，进而创造新的存在以填

---

① 伽利略 (Galileo Galilei, 1564–1642)，意大利著名物理学、天文学家，同时也是一位散文家和哲学家。——译者注

② 莱奥帕尔迪 (Giacomo Leopardi, 1798–1837)，意大利诗人、散文家、哲学家。意大利浪漫主义代表人物。——译者注

③ 阿里奥斯托 (Ludovico Ariosto, 1474–1533)，意大利文艺复兴时期诗人。代表作为《疯狂的罗兰》。——译者注

④ 《宇宙奇趣》的主人公，名字都由字母组成，无法读出来。——译者注

补过去的未知”，如卡尔维诺在《世界的记忆与宇宙奇趣的其他故事》（*La memoria del mondo e altre storie cosmicomiche*）最后所写的那样。

站在月球，观察客观世界，提供一个迷宫般的世界，绘制“尽可能详细”的地图。我认为，这是卡尔维诺从六十年代开始创作思想的主旨。观察世界，即从微观描写事物和存在起。“尽可能详细地”绘制地图，意即文学是各种知识的交汇场域，文学是反映纷繁社会的镜子，文学是衍生方法论、学科、范式的工具。卡尔维诺的终极目标，是汇集单个意象、个体描写，制成诠释客观世界的目录；或是从日常信息中，从科学假设中，从人类学的习俗中，回归单个意象，回归物之特性，回到某个故事。①

由此，我试着理解卡尔维诺“百科全书”式的创作思想。

从月亮的高度观察客观世界意味着什么？也许意味着：将人类理解为宇宙中的一个元素，一个非特权的、非特殊的元素，是宇宙秩序中的一个组成部分；意味着将文学创作视为连接无限知识与个人经验的桥梁，将散文视为一部百科全书，一个可重新组合的本体。

卡尔维诺站在月球的高度，充满无限的渴望，满怀和谐的渴望。他期待人与世界的和谐、形式特殊性与多样性的和谐、人与非人的和谐。这种渴望源于诗歌，被卡尔维诺引入散文创作中。卡尔维诺和瓦莱里（Valéry）②和格诺（Queneau）③一样，是位散文诗人。视觉想象，哲学精神，简短的叙事结构（这个结构中每一个元素也是整体的一部分，是一个自足的有机体），修辞的种类，每个章节、每个句子、每个词语所凸显的重要性，以及最后，他将宇宙学说置于历史的大背景下，以上这些特点使卡尔维诺的散文具有了诗性。

三 现代阿斯托尔福之书

然而，如果卡尔维诺认为，“不存在的”、无限的、“不成文的世界”，是抒写“存在的”“成文的世界”的必要手段，那么，叙述无尽的小说形式

① 卡尔维诺于20世纪60年代开始放弃现实主义道路，开始结构主义、现象学探索。力求寻找世界本体，力求回归事物本身。——译者注

② 保尔·瓦莱里（Paul Valery, 1871–1945），法国象征派诗人，代表作有《幻美集》《海滨墓园》等。——译者注

③ 雷蒙·格诺（Raymond Queneau, 1903–1976），法国诗人、小说家。OULIPO（潜在文学实验工厂）创始人之一。——译者注

这一愿望，就面临两个问题。

卡尔维诺对前者的定义如下：

> 是否有可能在宇宙中讲述故事？当故事与故事产生联系，故事之间不停干扰、“相互控制”，故事扩张到整个宇宙的时候，是否有可能将某个故事从其他故事中剥离？①

卡尔维诺的方案是用“组合艺术”手法，这是卡尔维诺在遇到结构主义和 OULIPO② 创作实验前，就找到的解决方式。这一思想始于伽利略：

> 伽利略认为，字母表是人类最伟大的发明，因为 20 多个字母的组合，让人想到宇宙中丰富的多种形式。③

每一种“宇宙意象”均可由少量元素构建。这是童话和民间故事的法则。在审视人类命运时，科学的逻辑和诗歌的视觉意象交汇。

卡尔维诺基于叙事的无限性特征，将叙事形式重新组合，创造出自己的文学机制。这一机制中，已经写完的故事，总是与无限的、不存在的故事紧密联系。从《命运交叉的城堡》(*Il castello dei destini incrociati*) 到《看不见的城市》(*Le città invisibili*)，再到《如果在冬夜，一个旅人》(*Se una notte d'inverno un viaggiatore*)，卡尔维诺感兴趣的，不是某一特定的故事，而是每个故事所散发出的魅力，从每个故事的人类学内核中提炼出的史诗的权威性。他想利用叙事的无限性特征，通过对比，发现缺失的、不存在的部分，创造一种结构，将不存在转化为现有秩序的一部分。伽利略在文学的形式下，对宇宙不断地进行代数—几何式的组装和拆卸工作。阿里奥斯托的宇宙反讽和月亮反讽，让叙事机器得以运行；他对奇幻冒险的喜爱，让文学与科学冒险和伽利略的实验能够联系起来。

---

① Italo Calvino, "Cominciare e Finire," in *Saggi I* (Milano: Mondadori 1995), p. 751.

② OULIPO（潜在文学创作实验工厂）是 20 世纪 60 年代法国兴起的一种文艺思潮和创作方法论，同时也是一个文学创作团体。其宗旨是通过语言、文字的游戏，挖掘文学创作的可能性。卡尔维诺 1964 年迁居法国，接触到该团体，通过重新组合章节，或重新组合不同风格、题材的文学素材的方法，打破传统小说的叙事结构，让小说结构重新获得内容上、视觉上的魅力，形成别具一格的“组合文学”创作方法。——译者注

③ Italo Calvino, "Il Libro, i Libri," in *Saggi II* (Mondadori: Milano 1995), p.1850.

第二个问题，随着时间流逝，卡尔维诺真正着迷的是“阿斯托尔福之书的问题”。

> 作者自问，魔法书中规定语言的权利是什么？语言可以改变客观世界吗？或者语言有消融客观世界的力量吗？又或语言成为客观世界的一部分，能在那个未成文的世界中构建语言自身？[①]

阿特兰特（Atlante）[②]的魔法书，促成了阿斯托尔福的冒险。他只有手拿魔法书，才能骑上鹰头马身兽，飞向月球。如果本书中某个比阿特兰特还恶毒的魔法师不让阿斯托尔福登上月球，观察世界，使世界消失，结果会如何？符号、语言、名词的增殖，重新掩盖了地球表面，阿斯托尔福的冒险变成了帕洛玛先生[③]焦虑的寻找，最后迷失在对宇宙的无尽解读之中。

如果构成作品的本体是字母的话，字母“组合”的艺术就可以展现现实世界无尽的、潜在的意蕴。有了这本魔法书，阿斯托尔福不断冒险、尝试，从而拥有了独立的生活和独特的经历。卡尔维诺认为，客观世界不在书本中，但客观世界可以像书本一样阅读和书写：现代版的“阿斯托尔福”尝试从“百科全书知识”中解读“个体存在的话语”。

《美洲豹在阳光下》（*Sotto il sole giaguaro*）讲述的是一对夫妻在墨西哥旅行，渴望了解美食的故事。然而这种对美食的欲望，实际上催生了另一个，即情色的欲望。两个故事都发生在休假期间。

故事结尾，品尝了各种美食后，夫妻俩坐在桌旁，吃一种“丰腴”的“黄油”肉丸，肉丸名叫“牛油肥妞”（orditas pellizcadas con manteca）。丈夫那副吃相，活像是在品尝妻子芳香的肉体。“牛油肥妞”这个名字，象征着品尝、吸纳和拥有。甚至在饭后，这个名字的魔力还在继续。

之后，夫妻进入酒店房间，他们是婚姻受害者这一咒语被打破了，主人公重拾爱情，我于是想道：也许，肉丸不会引发爱欲，但符号会；也许，身体和书本的界限由此消失了；也许，美食能战胜个人的品位，文化能战胜感官，智慧能战胜科学。

---

① Italo Calvino, “Il Libro, i Libri”, in *Saggi* II (Mondadori: Milano 1995), p. 1849.

② 阿特兰特是《疯狂的罗兰》（阿里奥斯托著）中的魔法师。——译者注

③ 卡尔维诺晚期小说《帕洛玛》(*Palomar*) 中的主人公。——译者注

《美洲豹在阳光下》、监票人[①]、马可·波罗和忽必烈、帕洛玛，实际上都是现代阿斯托尔福的化身，一个流浪和冒险的骑士，狂热的宇宙发现者，他深陷于符号的组合，沉迷于魔法的书本。他想证明：这个世界，除了在魔法书中，冒险已不再可能。

四 地球、地球[②]

记得当年我在昆德拉的欧洲小说论坛上，给大家读卡尔维诺。那时我和多数同龄人一样，沦为“变石”（alessandrite）。这种疾病的表征是什么？两个方面：一是由于学院派高强度的理论教学，将每部作品浓缩为一个文本，即浓缩为符号的集合，我无法从个人维度审视艺术。此外，我还将任何事物都当作文本来阅读[③]——小说、诗歌、短篇小说、漫画、电影，还有我的梦、我无意识的生活、我的情与爱。世界变成巨大的原始文本 (Ur-text)。我痴迷于以解读文本的方式去解读事件，存在主义式的研究不复存在。我像现代阿斯托尔福一样努力着。我的思想，如精心调制的鸡尾酒，被理论流派仔细地调配着。但很遗憾，不同于卡尔维诺笔下的人物，我没有他们的宇宙灵感。我无法爬上月亮，品尝甜美浓郁的牛奶。

卡尔维诺将文学的技艺与科学融会贯通，将隐形的世界可视化，用宇宙反讽和“月亮”反讽的视角，看管自己的领地。卡尔维诺试图将科学引入人文学科，但与此同时，科学会让艺术窒息，而艺术是人类最特殊的、唯一的防线。卡尔维诺不愿背负用书本替换客观现实的罪名，他试图把故事自然化，将个人置于宇宙中，置于遥远的，比他的时代更远的时光。这种做法，在某种程度上构成了卡尔维诺笔下人物的某些特点，这些人物不是昆德拉所定义的“我——实验者”，而是“我——百科全书者”，他们才是构筑和解构宇宙无限可能性的典范人物，卡尔维诺这样做的目的是检验生存的主题。卡尔维诺笔下的人物住在地球，但（昆德拉的）小说人物更加真实，他们住在“地球的地球”[④]上。

---

① 监票人是指卡尔维诺小说《监票人的一天》（*La Giornata di uno Scrutatore*）中的主人公。

② 指世俗的、朴素的世界。——译者注

③ 指欧洲 20 世纪七八十年代，文学理论层出不穷，符号学把所有事物都看作文本和符号，忽略作品的文学性。——译者注

④ 地球的地球，此处特指小说人物的生活环境简单、世俗，比卡尔维诺笔下的人物更加真实。——译者注

昆德拉说过，小说的源头，即拉伯雷（François Rabelais）[①]和塞万提斯的小说，是试图从散文世界，从日常的、具体的、肉体的存在中，从社会底层挖掘传奇式的英雄。小说人物的冒险不是理论的、百科全书式的冒险，而是充满幽默感的。我认为，最根本的问题是：反理论的和反百科全书式的，执着而不敬的挑战，是构筑小说的要素之一。小说从一开始，便从根本上质疑非个人经验的、非自由创造的、个体批判的知识。

巴奴日（Panurge）[②]问：我是否应该结婚？基本的、决定性的答案要由他自己做出。问遍博学之士，却无人能够回答。末了，他茫然不知所措。但同时，作者用最可笑的问题，嘲笑了现世所有的知识。堂吉诃德过度相信阅读中获得的经验，以至于迷失自我，成为一个流浪的骑士。塞万提斯，利用堂吉诃德阅读经验的严肃性，摧毁了那个时代学术经验和文学经验的严肃性。

帕洛玛是在那个时代的理论精神，以及科学的阅读观中应运而生的。他眼中的世界，去物质化，去实体，变成符号。但是，他去物质化的行为，进行得并不彻底，而是将存在的分类变成抽象的分类。帕洛玛转动科学思维逻辑的引擎，同时保持其严肃性。帕洛玛不自由，他永远被置于预先设定好的，探寻知识无限可能性的框架中。当他无法描述客观世界时，他就查阅百科全书。帕洛玛渴望从月亮上观察事物，对比有限与无限、书写的和未被书写的世界；帕洛玛如卡尔维诺在《美国讲稿》(*Lezioni americane*）最后写的，想要超越个人的、"自我的"界限，想让"那些没有语言能力的，屋檐上的鸟儿、春天和秋天的树、石头、水泥、塑料……"开口说话，这些都是宇宙反讽的手法。

巴奴日和堂吉诃德从社会底层观察世界，帕洛玛的观察，则是现代版阿斯托尔福的全新角度。

五　知识的冒险

记得初读卡尔维诺时，与其他评论家一样，我注意到卡尔维诺创作的断层，自五十年代末的《不存在的骑士》(*Il cavaliere inesistente*，1959）至《监票人的一天》(*La giornata di uno scrutatore*，1963)，再到《宇宙奇趣》

① 弗朗索瓦·拉伯雷（François Rabelais，约1493–1553），法国文艺复兴时期作家、人文主义者。代表作为《巨人传》。——译者注

② 《巨人传》小说中的人物。——译者注

（*Le mosmicomiche*，1965）。

这个断层的生成，正值卡尔维诺即将步入中年，也正逢他即将对政治和历史失去信心之时。卡尔维诺年少时，曾盲目地拥抱政治信仰和某个学派。[①]他若相信历史，只因尚且年少。《乌鸦最后来》（*L'ultimo viene il corvo*）、《蛛巢小径》（*Il sentiero dei nidi di ragno*）的主人公皮恩，体现出作者对无穷想象力之爱，对情节突转和冒险精神之赞颂，应对危机的精神之赞颂；《我们的祖先》（*I nostri antenati*）三部曲，则体现出作者的信念，他将英雄作为人类经验的化身。尽管如此，卡尔维诺仍能坦然接受历史的结束和青春的终结，因为他初期的作品不仅是人生记录，而且还是一种价值观的表达。他将每部作品当作新的开始，不断改变文学形式；他将文学作为博弈的方式，把有限的世界置于小说无限可能性中做实验。其实，我现在认为，无论是《蛛巢小径》和“宇宙奇趣式”作品，或是《命运交叉的城堡》的“组合式”作品，又或是《如果在冬夜，一个旅人》的“超小说式”作品，它们之间不存在断层。

到了后期，卡尔维诺对冒险的热爱仍在，但改变了冒险的场所。同时，卡尔维诺放弃了历史视野，转变为知识视野。即，如何在知识的迷宫中构建冒险的精神。卡尔维诺自己答道：将知识本身变为一场冒险。

60年代卡尔维诺艺术上的成就，来源于冒险精神的变化，他将神话和民间传说、传奇、旅行专栏，以及所有散文体裁（包括伽利略的散文和文艺复兴时期哲人的作品）中的冒险精神转化为现代知识：从宇宙学到人类学，从物理学到语言学。在卡尔维诺之前，这种结合只有通过抽象来实现，从未有人真正实践过。卡尔维诺通过激发视觉意象，探索将概念、形式和符号可视化的可能性，让我们在知识的迷宫中冒险。当然，卡尔维诺也做过相反的尝试：在组织塔罗牌的过程中构造叙事迷宫。他利用自己的想象力，挑战全人类的想象力。在这项巨大的事业中，卡尔维诺很乐观，带有人文主义和宇宙式的冲动：卡尔维诺总认为，将文艺复兴的遗产和现代科学技术结合是有可能的。另外，在《美国讲稿》中，卡尔维诺不仅将卢克莱修 (Lucretius)[②]、奥维

---

① 指新现实主义流派。——译者注

② 提图斯·卢克莱修·卡鲁斯（Titus Lucretius Carus，约前99年－前55年），罗马共和国末期的诗人和哲学家，代表作为哲理长诗《物性论》（*De Rerum Natura*）。——译者注

德（Ovidio）[①]的古代知识和现代科学联系在一起，而且认为这两个作者的思想，最接近散文的核心，最接近客观世界，最接近他想要的未来。尽管，卡尔维诺在幕后操纵着闪闪发光的舞台，古今之作家（卢克莱修和蓬热[②]，奥维德和格诺，但丁和博尔赫斯[③]），在舞台上自由诠释其不可替代的一幕，然而此时，我似乎看到满脸焦虑和不满的帕洛玛，他那困惑的"解读者"目光，想把每块奶酪变成"文明史博物馆"。他的存在转变为无止境的尝试，将无限的谜之宇宙组装和拆卸。他试图超越知识，构筑自己的经验，却往往失败；他想要超越自己，观察事物，却屡屡受挫，一直停留在无止境的表层语言符号中。

帕洛玛的世界是我们当下的世界，在知识过剩的时代，帕洛玛只是人类的缩影。某个时刻，他意识到，如果没有形式的实验，他便不能脱离客观存在，更新自己和自己的思想。

但是，存在主题之外，人类就像在知识网络中被困住的鱼，唯一能做的，就是通过高超的技巧，将原有网络的经纬线拆除，构建新的网格，在新格子中，知识可以重新组合，将一个客观事物转换成一个符号，这个符号可以和所有可能的符号重新结合。卡尔维诺的小说，就是"链接所有知识的网络"，它隐含现代阿斯托尔福的魔力：总是专注于他的魔法书。

六 框架和主题

1959年至1968年，在欧洲的另一个省份波希米亚，昆德拉写下了他的第一部小说。法语版的《可笑的爱情》（*Risibles Amours*）于1970年发行。昆德拉选择了短篇小说这种形式，他称之为肖邦的旧策略，小作文策略。我发现，这部由7部中篇小说构成的文集，与卡尔维诺六七十年代的一些作品，如《命运交叉的城堡》或《看不见的城市》，有某种相似性，有相近的审美观。虽然作品主题有很大不同，但运用的叙述手法有相同的审美，有相同的

① 普布利乌斯·奥维修斯·纳索（Publius Ovidius Naso，笔名奥维德（Ovidio），前43年–17?18?），古罗马诗人，与贺拉斯、卡图卢斯和维吉尔齐名，代表作为《变形记》。——译者注

② 弗朗西斯·蓬热（Francis Ponge,1899–1988），法国当代诗人、评论家。——译者注

③ 豪尔赫·路易斯·博尔赫斯（Jorge Luis Borges, 1899–1986），阿根廷小说家、散文家。代表作为《小径分岔的花园》《虚构集》等。——译者注

冒险精神，有相同的渊源。这个渊源是指薄伽丘[①]在文艺复兴时期的短篇故事，亦即一种口传心授的文学传统。两位作家都喜欢象征性，都喜欢法国18世纪哲学故事中的反思，都喜欢20世纪小说家的讽刺，都喜欢虚构游戏中的认知，将这几个要素相结合。而且从语言风格的角度来说，两位小说家的选择也很一致：准确、清晰、透明、轻盈，拒绝任何抒情，对每句话、每个词精雕细琢。

但还是有一个根本的区别。

写短篇小说集的挑战在于将多样性和统一性结合。《十日谈》是欧洲最伟大的传统小说范式，其统一性体现在结构上：首先设定叙事框架，在这个框架中，小说人物（叙述者）开始讲述故事。读者可随意穿梭其中，可跟随一百个故事，也可融入情节之中，忘记谁是叙述者。但叙述者们，每日都生活在同一空间：十位小说家每天都会重新会面。这也是《命运交叉的城堡》和《看不见的城市》的手法。

卡尔维诺的这些作品，与《十日谈》的模式一样，预设一个框架结构，然后将多样性元素放入预设的框架中。卡尔维诺的唯一突破，是在传统叙事框架的基础上，增加组合性元素。框架中的叙事形式，是预先设定好的、重复的，如马可波罗的旅行故事，威尼斯人和皇帝之间的交谈，沉默者的旅行故事，就像一张张塔罗牌那样。[②]卡尔维诺将古典的框架结构和一系列的叙事策略相结合，如此，叙事框架便显得更加合理。

卡尔维诺的形式，是对《十日谈》的叙事结构与演绎精神的发扬和继承，正因为如此，伟大的先驱们第一次，在被界定的、人类的、确定的、有限的空间和时间内，将不同情境中的不同的叙事材料组织在一起。

在《可笑的爱情》中，小说集的统一性并未体现在结构上，也不是通过预设框架来实现，而是通过主题来实现其统一性的：昆德拉对一个主题进行七种变奏。他说，这是“肖邦的老策略”遇上了“贝多芬的变奏老策略”。昆德拉小说变奏的技艺，是分阶段去探索某个主题，对存在发问，对存在的解读和回答是无穷尽的。每个短篇都有其自主性，都有其独特的原始形式，各短篇之间，虽形式各异，但都与爱情这一主题有关。探讨当爱情失去其严肃性时会怎样。

---

① 薄伽丘（Giovanni Bocaccio, 1313–1375），意大利文艺复兴时期小说家、诗人。代表作为《十日谈》。——译者注

② 此处指卡尔维诺的两部作品：《看不见的城市》和《命运交叉的城堡》。——译者注

在特定情况下，昆德拉的形式主义文学其实是反转了《十日谈》的形式。在《研讨会》（*Il simposio*）这部小说中，主人公交谈、讨论爱情的不同侧面，他们处在叙事的中心位置。就像弗朗索瓦·里卡德 (Francois Ricard) 在《文学：自戕者》（*La littérature cantre elle-mème*）[①] 中说的，对话这种形式"曾处于叙事的边缘位置，而今它处于短篇小说的中心地位""《十日谈》的框架，是从外部将一百个故事，框在一起，而现在这个框架成了叙述的核心、叙事的'门厅'，它是从内部开门的钥匙，保证了连贯性和一致性"。这种借助于主题的整合工作，保证了形式的独创性。卡尔维诺预设形式的母型，并通过内容创新将预设形式填满，昆德拉则认为，框架的构建本身就是一种发明。他的小说形式并不被预设的框架所限定，昆德拉就是要打破预设框架的原则，这是他的文学传统。

七　两个薄伽丘

卡尔维诺的薄伽丘，不是昆德拉的薄伽丘。

卡尔维诺通过阿里奥斯托，通过意大利文艺复兴，通过迷宫叙事，通过英雄史诗中的宇宙反讽手法，来到薄伽丘门前。而昆德拉，则通过拉伯雷和塞万提斯的嘲笑，通过底层民众的观察，来到薄伽丘门前。对昆德拉来说，薄伽丘的短篇小说与拉伯雷和塞万提斯的伟大的小说形式之间，并无本质上的区别。卡尔维诺则将特权授予框架。这意味着：若非形式的新颖性，卡尔维诺并不认可薄伽丘。卡尔维诺的挑战是，将无限的形式和无尽的知识放入一个框架中，使文学成为多层面的交流场所。其所有的工作都沉迷于探索叙事的无限可能性。这种沉迷是必要的，它保证了人类学的权威，保证了每个故事的潜力，更在现代读者面前，保证匿名叙述者的作用。我们是现代读者，用卡尔维诺的话来说，我们是叙述之子。

昆德拉则喜欢另一个薄伽丘，十个主人公离开瘟疫肆虐的佛罗伦萨，薄伽丘实践了拉基斯·普罗乌迪斯（Lakis Proguidis）所说的"伟大的背叛"。伦理学背叛：当城邦处于危难时，主人公离开了。美学背叛：他们不再谈瘟疫或者现实，而是谈论无关之事。瘟疫不能代表全部事实，对瘟疫的探讨，不能局限于苦难中人类的生存主题这一框架中。

① Francois Ricard, *La Littérature Cantre Elle-mème*, Montréal: Boréal. [1985] 2002.

薄伽丘的现实主义的伟大之处在于，面对最普通的生存问题，最先发现现实的相对性。在《十日谈》的时代，即使在最坏的情境下，小说家都不曾忘记，有廷达罗（Tindaro）那样的人物，对处女念念不忘；也有菲利普·巴尔杜齐（Filippo Barducci）那样的人物，他向男童解释，最令男人兴奋的动物是小母鹅。

八　马丁之书

我想我已说清楚卡尔维诺的“组合技艺”与昆德拉的“写作技艺”的差别在于对形式理解的不同。卡尔维诺的小说，利用散文的潜力，重构知识。昆德拉则是将所有知识，放在散文实验之中。如此说来，也许卡尔维诺散文的概念与昆德拉的小说概念相悖。卡尔维诺认为，散文是语言的、形式的概念，是不同文类的集合，它可无止境的变形，从预设形式出发，“尽可能详细地”标记客观世界的地图，探索可见的世界，与不可见的、没有名字的、还无法写入地图的世界之间的关系。如我之前所说，卡尔维诺的理想之书，是忽必烈的图集，是一个包含无限形式的目录（皇帝的图集其实是帕洛玛的百科全书和阿斯托尔福的魔法书的变种，卡尔维诺觉得，这里就包含客观世界）。这个目录，除了其他一些特质外，还有以下特点：“揭示没有形状和没有名字的城市形式。”

然而对昆德拉来说，散文不是语言形式的变形，不仅因为散文没有押韵，更因为散文是表现生活中具体的、日常的、身体的一面。如果没有小说，昆德拉的散文世界便不存在。从这个意义上说，小说将知识置于散文的实验之下，小说将巴奴日的底层的目光置于知识之上。由于这个目光，主人公从存在主义主题出发，审视各种知识的声音。他将抽象概念转化为个人的语言。这个转化，让所有既存知识处于危机之中，让知识的表面意义变得暧昧，从而揭示其不严肃的一面。那么，昆德拉的理想之书是什么样的呢？

在《可笑的爱情》中，有一篇叫“外部欲望的金苹果”，叙述者在咖啡厅等候他的朋友马丁——一个大胆、有条不紊、勇于挑战之人。他完全被关于伊特拉斯坎文化的德文书吸引。他费尽时间和精力才在图书馆找到，因此，把它当作“圣物”一直拿在手中。他的朋友马丁迟到了，他暗自高兴。这样他能有时间虔诚地翻阅他的圣物，反思古代文化那不可逾越的宏伟。马丁来了，他指着一张桌子，桌上有咖啡，桌旁坐着一位年轻女子，马丁做着

“鬼脸”和“意味深长的手势”，想引起他的注意，然而他仍在沉思之中。马丁感到巨大的耻辱。他如此专注，连女生都未曾注意到。对马丁来说，这是不可原谅的行为！但他是马丁的朋友！于是马丁从他手中抢过德语大书，然后“自然地”，书就掉到了女孩的包中，于是他和女孩“自然地”约了下一个周六见面。他期待已久的东西，在长时间等待后，突然出现了。他感到烦恼，但又感到异常的兴奋，他理解了“欲望”为何物，他感到飘飘欲仙。

德文书是他渴望的对象吗？或者说那个少女的身体，之前甚至没有注意到她的存在。他的欲望是否是因为缺少阅读的经历，而不是开始色情冒险，或者对他来说，精神冒险和色情冒险是一样的。如果一本关于伊特拉斯坎文化的书可以很容易地分散我们对一个美丽女孩的关注，那么色情的欲望又是什么？一场比赛？模仿？一部放荡的喜剧的最后，一位业余收藏家的行动？

在散文世界中，人的身份是个问题，文化圣物的身份也是一个问题。在我们的世界中，欲望、爱、古老的知识，都没有受到重视。但是昆德拉的理想之书，模型之模型、他的“小说母型”，也许就是需要嘲笑的小说的每一个章节、每一个句子和每一个单词。

跋

今天，当我回想起我在巴黎的日子时，总会回想起同样的场景：我坐在小酒馆桌前，一杯热咖啡，手里拿着两本书，一本在左手，另一本在右手。我有些许绝望，但仍在拼命寻找，我自身所有的可能性。读到第二本时，我意识到，虽然有无限可能，但在我面前，只有一杯热气腾腾的咖啡。我必须等待，等待即宇宙。我当时没有在等任何人。我独自一人，一杯咖啡。同时，我没有放弃分类，对可见的世界和不可见的、无尽的世界。同时，我听到我旁边一个陌生人对我说道：“往右一点，先生！右边的书比左边更重。如果你想成为这个时代的文学价值的完美平衡点，你应该将右手抬得更高些！”

自我师从昆德拉开始，文学灵感就一直回荡于卡尔维诺的宇宙反讽和昆德拉的小说的嘲笑之间。

“我们所有人都引用‘它’……”：波兰当代文学中对浪漫主义的追溯

〔波〕玛格达莲娜·邦克 著　赵祯 译 *

本文原名 *„My wszyscy z Niego..."Nawiązania do romantyzmu w polskiej literaturze współczesnej*。作者在文章中选取了三篇当代文学作品，将之与浪漫主义时期的文学作品进行比较，通过题材、写作手法等方面的对比，证明波兰浪漫主义时期作品对当代文学的深刻影响，并对浪漫主义时期作品不朽的原因进行了研究。

——译者按

浪漫主义对于波兰文化来说，无疑是一个关键时期。它之所以能够长期存在，主要取决于当时的历史政治环境，不变的局势使得塑造于 19 世纪前半叶的思想、对爱国主义的理解和为祖国奉献的精神具有了与时俱进的特征。玛丽娅·亚尼翁（M. Janion）认为，只有 1989 年才是转型的一年，随

* 玛格达莲娜·邦克（Magdalena Bąk），女，伊兰奈乌什·奥帕兹基波兰文学研究院（Instytucie Nauk o Literaturze Polskiej im. Ireneusza Opackiego）教授，西里西亚大学启蒙运动和浪漫主义文学史系兼职教授。主要研究浪漫主义文学和澳大利亚文化圈。著有多篇学术文章，其中包括《斯沃瓦茨基的创作恐惧——多年后先知间的敌意》(„Twórczy lęk Słowackiego. Antagonizm wieszczów po latach")《塔斯马尼亚魔鬼说晚安的地方——波兰文学中澳大利亚的形象》(„Gdzie diabeł (tasma ń ski) mówi dobranoc. Wizerunek Australii w literaturze polskiej")。曾联合出版波兰语等级考试教辅书籍《读波兰语》(*„czytaj po polsku"*)；赵祯，北京外国语大学波兰语专业研究生。

后便出现了浪漫主义“范式的黄昏”——至少出现在其最基本的民族爱国主义领域。① 同样显而易见的是，这里所说的现象并没有瞬时性的特点，它并不会霎时间就完成，而是一种过程（在我看来这一过程远没有结束），而且浪漫主义存在于波兰文化的诸多方面，其中民族爱国主义最为重要，但毕竟不是唯一。浪漫主义者所持有的审美、知识论，尤其是人类学观点，反映在对应时期的文学创作中，对波兰人来说一直都是重要的素材。② 因此，不出意外，在当代作家的文学作品中，引用浪漫主义时期文学作品的例子不胜枚举，这些旁征博引不仅适合阳春白雪，还能配合下里巴人，而且在多种文学题材和语言形式中都占有一席之地。在此容我详细介绍几个此类引用的例子（本文主要讨论对亚当·密茨凯维奇 ③ 作品的引用）。

诗人托马斯·鲁日兹基（Tomasz Różycki）于 2004 年出版了获得波兰教会文学奖的大型史诗《十二站》（*Dwanaście stacji*），绝对证明了《塔杜施先生》这部作品对于 21 世纪的当代诗人来说是多么具有现实性和启发性。④ 整部作品里（作者特意分成“十二站”，与民族史诗的 12 部遥相呼应）随处可见与密茨凯维奇著作之间建立的联系。对于批评家们来说，这样大量的引用是个麻烦的问题。阿丽娜·希维熙恰克（Alina Świeściak）在提及这种超乎寻常的互文性联系时，用到了“模仿作品”一词。这位研究者这样写道：“我们生活在一个艰难的后现代主义时期，充斥着模仿作品。不用奇怪，这样的东西早晚都会出现”⑤，同时她还表达了一种观点，认为从当代人的角度看，密茨凯维奇的巨作一定是落后于时代的，而且重返长篇史诗体裁的尝试可能只带有挖苦、滑稽模仿和抄袭的意味，因为书评作者阿丽娜这样认为，在 21 世纪很难有人会想“严肃认真”⑥ 地写一首长篇诗歌。但话说回来，《塔杜施先生》对托马斯·鲁日兹基而言就是一个活的灵感源泉；而同样，作品向史诗巨作看齐是为了描写一个集体在对其十分关键的一系列事件背景

① M. Janion, Zmierzch Paradygmatu, *Czy Będziesz Wiedział, co Przeżyłeś?* (Warsaw: Sic! Press, 1996).

② J. Lyszczyna, „Romantycy – nasi Współcześni?" *Natura, Historia, Egzystencja* (Katowice: Uniwersytet Śląski Press, 2011).

③ 亚当·密茨凯维奇（Adam Mickiewicz），波兰浪漫主义时期最伟大的诗人、革命家。代表作《先人祭》（*Dziady*）、《塔杜施先生》(*Pan Tadeusz*)。

④ 鲁日兹基创作《十二站》的目的是向浪漫主义时期的伟大诗人密茨凯维奇致敬，所以作品与《塔杜施先生》在很大程度上有联系。——译者注

⑤ A. Świeściak, „Ironiczna nostalgia," *Dekada Literacka* 5-6 (207-208) (2004): 62–63.

⑥ A. Świeściak, „Ironiczna nostalgia," *Dekada Literacka* 5-6 (207-208) (2004): 62–63.

下的命运。但这位当代诗人独自一人创作密茨凯维奇类长篇史诗的勇气与洒脱，却不是试图滑稽模仿的表现；正相反，在这件事上他证明了自己对浪漫主义时期著作的深刻理解以及大胆的尝试，即从前人作品中学习到诗歌技巧后，运用于编写自己所梳理的故事。而且他自己的故事在许多地方要比密茨凯维奇的复杂，因为这是一个讲述在被二战、被边界线“重新”划分，人们无奈颠沛流离等人间惨剧永久改变了的世界里寻根，寻回家庭和民族认同感的故事。如果改动的结果是一首迥异于浪漫主义典范的诗歌，那么我们毕竟还要记得，《塔杜施先生》一类的诗体同样也是一个令人头疼的问题。于是，在这里，旧史诗所剩的就只有一个元素：那史诗般的事件，这里所说的就是“立陶宛的最后一次袭击”，在这一刻，现代意义上的民族认同感替代了对宗族归属感的思考。[①]当时密茨凯维奇重新描写一个传统史诗经典形象的目的与现在鲁日兹基重新塑造前者的诗是一样的——把一类诗体运用到自己的小说中，使经典变得符合时代要求，经过全新的再塑造重新焕发光彩。同样，《十二站》幽默的效果与毫无疑问的喜剧题材不一定就是滑稽模仿的结果，毕竟《塔杜施先生》也通篇可见诙谐的手法。

在这部作品中有多处借鉴了密茨凯维奇的长篇史诗。我们现在就把其中描写包饺子[②]的片段当例子。在释义经常出现于我们民族史诗中的一种诗歌形式时，才能说鲁日兹基诗中，奶奶是“最后一个这样包饺子的人”，毕竟这种诗歌形式描述的是旧世界，甚至是（狭义）不存在的世界，一个仅存在于回忆“童年国度”时的世界。而且饺子本身在这部作品里也上升到了远高于其他普通菜肴的地位。下面包饺子的过程在一种魔法奇幻的氛围中得以呈现：

> 毕竟我们已身处第三个千禧年，
> 二十一世纪，而且肯定是
> 网络烧烤花园的常客，虚拟烤肉店的忠实顾客
> 在雾气缭绕中徒然问道，到底是什么
> 正在讨论的那些饺子。那么在这里我将为之做出解释……
> 人们在厨房包饺子，在桌子旁也在大餐桌上

① Opacki I., „Romantyczna. Epopeja. Narodowa. Z Epilogiem?” in *W środku Niebokręga. Poezja Romantycznych Przełomów* (Katowice: Para Press, 1995).

② 波兰饺子与中国饺子形状相差无几，但做法和馅料有区别。

撒出大团面粉，颜色刚好
介于雪之净白与珍珠之粉白……
……之前应该
在半夜起身，因为事情有些隆重，
且须充沛的精力与思考。
同时最好套上围裙，先辈们都曾
围着围裙包过饺子，只要在家中能找到，就选那最古旧的。
这服装从不被允许用于除包饺子以外的目的
且为使其不在过程中滑落，
应用曲别针把围裙下摆别在胸前……
面粉颜色不能太暗，也不能过亮，而是刚好，
就像我们先前提过的那样。应这样撒，好让面粉
堆成一块块完整的土堆、陆地、大洲……
……撒面粉，撒出一座山
……而且在山顶要挖个火山口……
……当火山做好准备，
就得向山口打个鸡蛋并倒上水，
倒满整座山。火山熔浆，要如此准备，
以一种愤怒的方式粘到手上，而后整件衣衫。……
随后卷起袖子并推倒火山，就是让
岩浆倾泻、粉尘飞扬……
这是过程中
最壮观的一个阶段。①

不难看出，这一段明显带有模仿经典片段——密茨凯维奇描写酸菜肉——的痕迹：

锅里炖着酸菜肉；任何话语都难以表达
这酸菜炖肉真正的色、香、味之佳；
话不过是合拍的韵律和铿锵的音调，

① T. Różycki, *Dwanaście Stacji* (Krakow: Znak Press, 2005), pp.24–25.

它的内容城里人的胃口却理解不了。
要想鉴赏立陶宛的歌曲和菜肴的美
人必须健壮，住在乡下并从围猎归来。

即使缺了些调料它也是美味佳肴，
因为这是用上好的蔬菜着意烹调。
做好它要用切碎的酸酸的大白菜，
这菜，俗话说，会自己钻进你嘴里；
放进锅子里，用新鲜的菜叶裹住就行，
要把精选的上等肉切成方方的肉丁；
用大火炖，把滋补的肉汁完全炖出，
把那些包卷好的酸菜炖得黄澄澄，
待炖出的肉汁从锅里溅到锅边上
空气里便会充满它那诱人的香味。

酸菜肉炖好了。猎人们又三声欢叫，
一齐向锅子进攻，人人拿着一把汤匙，
铜器叮当，热气腾腾，酸菜肉像樟脑
挥发了，消失了；锅里的热气还在冒，
就像那火山口翻腾的烈焰熄灭了。①

鲁日兹基使用了与密茨凯维奇一样的描写手法。对饺子的描写开始于一段重要的铺垫，即在网络主宰、虚拟世界胜过现实世界的日子里，饺子的重要性，它的气味，作为复杂烹饪过程的成果，可能会成为完全不能理解的东西。诗歌中对饺子的大篇幅描写（前文展示的只有其中一小部分）有拉近距离，填补虚拟空缺的使命，虽然只是通过这一佳肴的词语等价物来实现。这无疑是出现在密茨凯维奇作品中的写作方法，同样在描写酸菜肉之前加上了大背景的描写，即这道菜的意义“城里人的胃口却理解不了”，紧接着下一段对它的着墨就有填补间隙的任务。同时在两个例子中，本身对菜肴的

① 〔波〕亚当·密茨凯维奇：《塔杜施先生》，易丽君、林洪亮译，人民文学出版社，1988，第154页。

描写，虽然大体上与烹饪一致，却带上了具体的意义，烙上了超越一般的印记。在密茨凯维奇作品中能够明显地发现，作者是怎样把白菜与肉，与其他配料一起炖这一实际上非常无聊的步骤写入需求基本元素的比喻中（火把酸菜肉的食材挤出汁液，汁液随后变成一团气体，这时香味便填满了空气），并且通过这一描写使过程带有天体演化学的意味。鲁日兹基运用了与之相类似的手法——包饺子的过程在这里也被分成了各个元素来描写（面粉山，鸡蛋里流出来的岩浆与水，粉尘爆炸，也就是飘在空中的面粉）。同时在两个选段中，制作食物的无聊过程被超乎寻常的严肃对待，做饭这一举动的重要性在任何情况下都无法带入缓解共餐者饥饿的食物准备过程，因为在两个例子中它已经上升到仪式的范畴，需要分毫不差并且一丝不苟地遵守。

克里斯托弗·科沃辛斯基（Krzysztof Kłosiński）在自己的酸菜肉分析中认为，那个不存在的描写对象之所以能够在作品中有存在感，并不是通过与文字以外的现实建立联系，而仅仅是通过文字游戏。就在上文展示的密茨凯维奇史诗选段中，文学作品间联系的对象就是奥维德《变形记》[①]的片段。鲁日兹基也利用了相似的策略，即与《塔杜施先生》选段建立联系并在这一参照的基础上完成饺子的描写。不同于表象与描述者所做的铺垫，这种描写诠释了自己完全出于文学目的而被创作，解释了本身只是文字联系游戏（与密茨凯维奇长篇史诗中的情况相类似）的描写激发了现实主义的效果。[②]

鲁日兹基的诗歌解释了在21世纪《塔杜施先生》可以被深刻理解阅读，而且在史诗中发现的，被创造性地运用到自己作品中的艺术手法，保证了一个优秀作品的诞生。与其说《十二站》是《塔杜施先生》的抄袭作品或者滑稽的模仿诗，不如说它是后者的“积极传承者”。[③]但我们在漫画《浪漫主义》(*Romantyzm*) 中——作者为格热戈日·亚努什 (Grzegorz Janusz) 和克里斯托弗·伽弗隆克维奇 (Krzysztof Gawronkiewicz)，则会发现另一种类型的引用。这种形式的创作本身面向的人群是不一样的，而且其所使用的语言形式（或许是流行文化经典）也与鲁日兹基的长篇史诗不同。这就使得这个例子更加有趣，因为它在一定程度上回答了当代“普通波兰人”（因此不包括

① K. Kłosiński, “Bigos” in M. Piechota, eds., *Pieśni Ogromnych Dwanaście...: Studia i Szkice o “Panu Tadeuszu”* (Katowice: Uniwersytet Śląski Press, 2000).

② Z. Mitosek, Litewska Nauzykaa Czyli Mickiewicza Zabawy z Literaturą, *Mimesis. Zjawisko i Problem* (Warsaw: PWN Press, 1997), p.238.

③ “积极的传承者”一词参考了《文风之间》(*Między Stylami*) 一书：S.Balbus, *Między Stylami*（Krakow: Universitas Press,1993），p.200。

浪漫主义文学学者或者专家以及非必需的，精通波兰文学的读者）是怎样看待与密茨凯维奇作品建立互文性游戏的问题。可以说这个漫画在两个方面引出了浪漫主义在波兰当代文学中的状况这一话题。第一方面，情节带来了悲观的论断。漫画作者在使用对浪漫主义来说同样典型的哥特式体裁的同时，把情节的中心定为兴起于文化与艺术的想法，是为了复活浪漫主义诗人。诗人们以吸血鬼的身份重获新生，但是他们辜负了人们的期望，已经不再创作长篇史诗，更甚于此他们还不停地要求自己同胞贡献血祭。从比喻象征的角度去看，这情节就是悲观映射浪漫主义传统在波兰当代文化领域现状的反思——浪漫主义传统就好似那只吸血鬼，一直需求新的祭品，却没有任何东西作为交换。但对漫画文本的分析却会得出更加乐观的结论。漫画中出现了许多对诗人作品的引用（以不变的形式或稍做修饰）。其中大多数引用都被加入新的，出乎意料的上下文中。这里就有一个例子，《塔杜施先生》的开卷诗中著名的片段“只有失去你的人才珍视你，把你向往”在原著中所配合的内容是情绪高昂且爱国的，而在漫画中这句话则被其中一个主角用来表达手表失而复得的激动之情。《先人祭》第四部分的原句“那时就会有盖世英雄……”（Wtenczas zagrzmi bohater），在原文中用于指代人的命运问题，而在漫画中则以字面意思出现：一声枪响（zagrzmi），吓跑了在肖邦雕塑上拉屎的鸽子，这激起了漫画其中一个角色毫不作假的愉悦，并引出以英雄的名义对枪响始作俑者的介绍。在其他地方，在戏剧性的场景中，正害怕地等着被吸血鬼咬的主角突然发现前来救援的伙伴在悄悄靠近，于是出现了一句话——由尚未成为祭品的主角传达给可能成为救世主的伙伴——“Miej serce i wbij mu kołek w serce”（拿下他的心，把木锥扎进他的心脏）。这很明显是对密茨凯维奇《浪漫主义》（*Romantyczności*）片段“Miej serce i patrzaj w serce”（有颗仁者之心，看人要看心）的改述。在这里运用了有趣的文字游戏：在原著中“serce”（心）是一种重要的认识种类，与感性认识相联系；在当代的漫画作品中“serce”成了仁慈的近义词，并用于“zlituj się nade mną”（对我仁慈一些）之类的意思之中，与现在还在使用（虽然不频繁）的短语“miej serce”一样。但是被木锥（根据民间传说）攻击的吸血鬼面对熊熊燃烧的火焰，扎在心口的木锥引自密茨凯维奇著作，诗歌《献给 M.》（*Do M****）的诗句“Precz z mego serca”（滚出我的心）。在原著中这些词都在表达记忆的浪漫概念，能寻回失去的存在感，而在漫画中我们只能又一次用字面意思去理解，因为它表达的意思只有除掉麻烦东西的愿望。

这种类型的引用在漫画文本中屡见不鲜。一方面可以说它们由意思简化的原则掌控着，可以看到每一个例子中，原著唤起的重要人类学或世界观内容都会被引用句的字面意思所消灭，所替代。这些改动的目的并不是对密茨凯维奇的作品重新进行解读，而是利用互文性游戏营造一种诙谐的氛围。然而我却更倾向于从这些文字游戏中发现浪漫主义传统对于波兰人来说仍旧是鲜活素材（反正没有完全消亡）的证据。漫画之所以能够让读者开怀一笑，不可或缺的条件就是对漫画中所用手法的了解，而且还要有认识引语出处的能力，至少能知道引用的句子在原著中所表达的意思。在没有认识到原著里那种严肃氛围的情况下，无法明白漫画所要表现的幽默。漫画所针对的广大读者群体及其有力的接受程度都证明了，至少在 2007 年亚努什和伽弗隆克维奇[①]作品上市的时候，我们对浪漫主义传统的认知程度不是完全那么糟糕。

终于轮到了所列举的例子中最新出版的作品：2015 年出版的《故事集》（*Facecje*），作者为帕特里克·布雷凌斯基 (Patryk Bryliński) 和马切依·卡钦斯基 (Maciej Kaczyński)，包含了一系列对浪漫主义整体的追根溯源，其中就有对密茨凯维奇作品的追溯，这也是本文所要集中分析的。这本书好似介绍了世界历史，但以另外一种方式，就好像那些创造历史的伟人都活在当下，且在网络论坛和社交网站中用现代化的语言诉说着自己的成就一样。已经清楚的事实就是，这种类型的出版物把密茨凯维奇的肖像当作封面，这至少间接地证明了一种印象，在“权威”形象下（签上了“第一诗人”的大名）的浪漫主义，对于两位从当代视角评价波兰文化和历史的作者来说，是一个重要的追溯对象。而且虽然在整本书中我们找不到许多单纯提及浪漫主义文学的片段，但是书中并不缺少“开卷语”片段——密茨凯维奇刚刚“发布到”网络上的最新诗歌。在这里也出现了尤利乌什·斯沃瓦茨基[②]（Juliusz Słowacki）和齐格蒙特·克拉辛斯基[③]（Zygmunt Krasiński）网络评语式的，带有批判甚至讽刺的插话。

① 这两位是上文提到的漫画《浪漫主义》的作者。

② 尤利乌什·斯沃瓦茨基（Juliusz Słowacki），19 世纪波兰剧作家、诗人，是与密茨凯维奇、克拉辛斯基齐名的浪漫主义诗人。

③ 齐格蒙特·克拉辛斯基（Zygmunt Krasi ń ski），19 世纪波兰剧作家、诗人，是与密茨凯维奇、斯沃瓦茨基齐名的浪漫主义诗人。

齐格蒙特·克拉辛斯基：干巴巴。

亚当·密茨凯维奇：你们评论的水平使我泪流成河。山上的，愚蠢的……

尤利乌什·斯沃瓦茨基：兄弟，快去别的地方当诗人吧。[①]

这种语言形式并不完全符合浪漫主义时期诗人的庄严形象，但是就其反响来看，它很好地体现了当代人对那一时期的看法，一直停留在集体意识中的几次大冲突主要都发生在那一时期，其中斯沃瓦茨基与密茨凯维奇之间的矛盾多年来最能激起不单单是研究者，更是全体波兰人的想象。虽然《故事集》一类的作品并没有带来任何对这个无疑非常神奇的文学历史事件有趣的重新解释，甚至没有任何对此更深层次的展示，但它百分百证明了“诗歌巨匠间冲突”[②]这一话题的新鲜程度，甚至在流行文化领域也不例外。现实中《故事集》的作者们在创作这一奇特、讽刺且诙谐幽默的世界著作综合体时，不可能脱离“开卷语”的片段，也不可能缺少互相争第一的密茨凯维奇与斯沃瓦茨基，由这一事实，我认为浪漫主义在集体意识和波兰人的想象中的地位仍旧非常重要。

在这篇简要概略中列举的几个例子有迥异的特征——它们证明了浪漫主义引用的鲜活且时刻激发灵感的角色（鲁日兹基的《十二站》），密茨凯维奇“语录”在当代对话中的作用（漫画《浪漫主义》），以及最后浪漫主义在当代文化中不可磨灭的存在感——虽然具有象征性且事实上比较肤浅（布雷凌斯基和卡钦斯基的《故事集》）。那么是否可以从被列举出的例子中得出有关整体规律的、超越观点的结论，即在波兰浪漫主义传统离“黄昏”尚且很远，这一传统一直都存在而且非常重要呢？我认为是可以的。在观察当代作者于各种题材和体裁中如何使用密茨凯维奇原著的同时，不管是富有创造性地运用于自己艺术创作目的，还是时不时地勇敢使用原文[③]，我可以大胆地说，波兰民族伟大诗人的作品在文学主流中很长一段时间内都处于不受威胁

① P. Bryliński, M. Kaczyński, *Facecje* (Krakow: Otwarte Press, 2015), p.38.

② 曼弗莱德·克里德在 *Antagonizm Wieszczów. Rzecz o Stosunku Słowackiego do Mickiewicza* (Warsaw: M. Arct Press, 1925) 中首次用专题论文的形式讨论这一问题，并同时留存下了诗人间关系的冲突分析模板。

③ “使用”原文这一术语在这里的意思可以参考《诠释与过度诠释》（*interpretation and overinterpretation*）中的“作者与文字之间”一文，作者 Umberto Eco, R. Rorty, J. Culler, Ch. Brooke-Rose，编辑 S. Collini，译者王宇根。

的地位。因为我认为安杰依·斯柯兰多（Andrzej Skrendo）[①]说得很有道理，他提到，如果想要进入主流，很简单，一部作品必须有符合主流的理解，这也是几代研究者、批评家和学者在密茨凯维奇作品中所关心的东西。但如果想要在主流中屹立不倒，一部作品就必须保持开放的姿态，接纳新的、非主流的解读，接受阐释并且能创造新解释的重新构造。这篇简要概略中分析的例子（以及其他许多例子，每年在波兰都出现于出版物上和艺术活动之中）都证明了至少密茨凯维奇的著作符合以上所有条件。

① A. Skrendo, „*Kanon i Lektura*" in I. Iwasiów, T. Czerska, eds., *Kanon i obrzeża* (Krakow: TAiWPN Universitas Kraków Press, 2005).

Abstracts

A Semantic Study of Icelandic Non-Nominative Subjects

WANG Shuhui

Abstract

Non-nominative case as a subject in a sentence occurs frequently in Icelandic, which has caught the attention of many linguistics in the area of case. This study attempts to thoroughly describe this phenomena through abundant examples and to analyze its causes. Non-nominative cases in Icelandic subjects could be caused by three factors: passive mood, be-sentences and predicates. When verbs determine the non-nominative case of the subject, a subtle change occurs to the meaning of the verbs.

Keywords

Case Relations; Semantics of Predicates; Non-nominative Subjects; Icelandic

About the Author

Wang Shuhui, lecturer in Icelandic in the School of European Languages and Culture, Beijing Foreign Studies University. She holds MA degree in linguistics and BA degree in both English and Icelandic. Her research interests are in the Icelandic Language and Literature. Her publications include: An analysis on Icelandic verbs based on valence theory, published in *European Languages and Cultures*, 2013 and a translated novel *Blue Fox* in the year 2014.

On the Romanian Neuters

ZHAO Fei

Abstract

The most important change during the evolution from Latin to Romance languages is the extinction of neuters. Romanian captures the interest of research because it is the only Romance language which preserves neuters as a grammatical gender. However, the three-gender system in Romanian is developed through a reorganization of masculine nouns and neuters and a special semantic reassignment, which offers Romanian neuters two features: morphologically non-feminine and semantically inanimate. This paper describes the process of the evolution from Latin neuters to Romanian neuters. The author also compares Romanian with another old Romance language, Old Italian, where the neuters once survived, to find out the differences and the reasons for their survival in Romanian.

Keywords

Romanian; Neuters; Non-feminine; Inanimate; Comparative

About the Author

Zhao Fei obtained his Master's degree in German linguistics at Capital Normal University and work as an editor at The Commercial Press at present. His research interest includes describing and explaining the evolution of the Indo-European and Turkic languages and the relationship among them, using the historical linguistic comparative method and by researching ancient literature.

The Status and Roles of the Royal Family in Romanian Modern History

DONG Xixiao

Abstract

On 5 December 2017, Michael I, the last king of Romania died on the eve of the centennial anniversary of Rmannia's Great Unification. During the past hundred years, four members from the Romanian royal family had successively come to the throne. They participated in the foundation and consolidation of the modern Romanian state, playing the roles of policymaker or witnesses in many major historic events. Based on a review of the literature, this article discusses the following two questions: (1) what factors influenced the decision-making of the royal family (including kings and other important members) in some major events? (2) what is the significance of constitutional monarchy to the modern history of Romania?

Keywords

Romania; Constitutional Monarchy; Great Union

About the Author

Dong Xixiao, Ph.D., Associate Professor at the School of European Languages and Cultures, Beijing Foreign Studies University. His research focuses on the Romanian language, society and culture, CEE language policy and discourse analysis. Dong Xixiao[5]s work has appeared in *International Forum, Foreign Language in China, and Ningxia Social Sciences*. His main publications include: The Address Terms System in Modern Romanian (monograph, 2009), Modern Romanian Grammar (textbook, 2016), History of Romanian Modern Culture (translation, 2016) and Step by Step (translation, 2016).

The Birth of the Polish-Lithuanian Commonwealth

YU Dachun

Abstract

The creation of the Polish-Lithuanian Commonwealth was a significant development for Poland, Lithuania and Central and Eastern Europe. The Polish-Lithuanian Commonwealth played an important role in the development of European national cultures, especially in that of Eastern European National Cultures. Its creation was caused by regional political changes and reflected the traditional European political culture. The research into the history of the Polish-Lithuanian Commonwealth is relevant for the study of Central and Eastern European history and European politics.

Keywords

Polish-Lithuanian Commonwealth; Regional Political Landscape; Political Culture

About the Author

Yu Dachun holds a master's degree and is now lecturer and director of the Department of the Polish Language at the College of Slavic Languages of the Harbin Normal University. The author's main research interests is the study of the Russian and Central and Eastern Europe. He is currently a member of the Slavic National Research Center in Harbin Normal University.

Religious Tolerance in Albania

JIN Qiao

Abstract

In his book *The Clash of Civilizations and the Remaking of World Order*, Samuel Huntington puts forward the view of clashes of civilizations, arguing that cultural and ideological differences will become the fuse of conflicts between the Eastern and Western civilizations; the dividing lines between them will become the future battle fronts. This view has been verified in many parts of the world, especially in the war in Bosnia and Herzegovina. However, his argument does not apply that well when it meets the case of Albania, which is also the point between Eastern and Western civilizations. Albania, which is influenced by Catholicism, Orthodox Church, and Islam, has witnessed no serious religious conflicts in it entire history. The people of different religions in various communities live together peacefully. This harmony in diversity is attributable to both historical and cultural factors as well as the national character, tradition, and nationalist movements. This article focuses on the history, traditional culture and ethnic characteristics, and nation-state building, in order to identify the main reasons for this religious tolerance and harmony, and to predict whether this could be sustained.

Keywords

Albania; Religious Tolerance; Albanian Identity

About the Author

Jin Qiao, Ph.D. candidate and lecturer of the Albanian language at the School of European Languages and Cultures, Beijing Foreign Studies University. Her Research fields include the study of Western Balkan, Albanian history and culture.

The History of Russian Postmodern Literature

ZHANG Jianhua

Abstract

This paper first describes the meanings of postmodern, postmodernism, and postmodern literature before introducing the development of Russian postmodern literature from four perspectives: its unique historical origins and basic characteristics, three different stages of development, three different manifestations, and causes for its rapid decline. Being "unconventional, Russian postmodern literature challenged traditional literary and artistic views and led the revolution in creative thinking, the way of expression, and aesthetic forms and a historic turn in cultural criticism. It also has a lasting and profound impact on literary creation and criticism. Although its aesthetic thoughts have lost their previous novelty after the decline of the thought in the 21st century, its poetic experience, accumulated for more than a decade, has profoundly influenced the generation and expression of literary meaning. This is the current state of Russian postmodern literature.

Keywords

Russia; Postmodernism; Postmodern Literature

About the Author

Zhang Jianhua, professor and Evergreen Scholar of Beijing Foreign Studies University. Prof. Zhang is mainly engaged in the teaching and research of Russian language and literature as well as literary translation. His masterpieces include Russian Novel *Research in the New Period (1985-2015)* (a monograph that was incorporated into the 2016 National Library of Philosophy and Social Sciences) and *20th-Century Russian Literature: Trends of Thought and Schools* (Theoretical Part), which won the second prize of the Beijing 13th Award for Outstanding Achievements in Philosophy and Social Sciences and the first prize of Outstanding Academic Writing of the Chinese University Press Award for Outstanding Academic Books. Prof. Zhang has also published 108 academic papers.

Slovak Realistic Literature in the Late 19th and Early 20th Century

NAN Lidan

Abstract

At the turn of the 19th to 20th centuries, a strong tide of realist literature entered Slovakia, which was about 50 years later compared with Western popular literary realism. The realist literature during this period fully reflects the awakening of national consciousness and expresses a strong appeal for national liberation and national independence. Slovak realism has experienced two different stages, reappearing the rural life, the living conditions of the people at the bottom, criticizing the ugly and dark social reality, which was influential at that time and also has a great significance in the history of Slovak literature and the history of national development.

Keywords

Slovakia Literature; Realism; National Consciousness; Pavol Orszagh Hviezdoslav

About the Author

Nan Lidan, Ph.D. candidate and lecturer of the Slovak language at the School of European Languages and Cultures, Beijing Foreign Studies University. Her Research fields include the study of Slovak literature and the cultural communications between China and CEE countries.

Bulgaria's International Migration in Recent Years (2007-2016)

CHEN Qiao

Abstract

Migration has a long history, and the social, economic, cultural and political implications it brings have profoundly affected the sending, transit and receiving countries. The outbound migration of Bulgaria once had a serious impact on the growth of its population. After the democratic reforms in 1989, a massive wave of migration led to a drastic reduction in the population of the country. After joining the European Union in 2007, the population moving to Bulgaria showed signs of increase.

The country's mechanical growth of population has significantly improved from the 1990s and gradually moved toward positive numbers. This article analyzes the trend of migration, the characteristics of outbound migration and destination selection, and the two-way flow of population between China and Bulgaria in the recent decade, thus depicting the general situation of migration after Bulgaria's accession to the EU.

Keywords

Population; Migration; Bulgaria; Bulgaria's Accession to the EU

About the Author

CHEN Qiao holds a master's degree and is a teacher of School of European Languages and Cultures, Beijing Foreign Studies University. She is mainly engaged in Bulgarian social and cultural studies. Published articles include "The Acculturation of Turks and Roma in Bulgaria--A Case Study of Education and Employment, "Bulgarian Literature Survey 2016, "Comparison of Similarities and Differences in Ethnic Cultures between China and Bulgaria from the Study of Surnames.

Here and There in the East
—Milan Jovanovic and His Travelogue about Hong Kong

PENG Yuchao

Abstract

Milan Jovanovic served as an accompanying doctor for Lloyd Shipping Company of Austria. From 1878 to 1882, he traveled to the Middle East, India and the Far East with commercial ships, and finally arrived in Hong Kong. About his trip to Hong Kong, he wrote a travelogue, published with the travel anthology *Here and There in the East* in 1894. This article describes Jovanovic's life and travel experience in China. Using "Hong Kong Travel Notes" as a starting point, this paper analyzes and interprets Jovanovic's writings on Chinese places, people and culture, and summarizes the value of his works in literal, cultural and cultural-exchange dimensions.

Keywords

Serbia; *Here and There in the East*; Travelogues about China; Image of China

About the Author

PENG Yuchao, lecturer of Serbian language at Beijing Foreign Studies

University. He is a Ph.D. candidate whose research fields include Serbian language and literature and the history of China-Serbia cultural relations. He has published two translations: *Book of bamboo and Bata: Still this way*.

Milos Crnjanski's Translation and Poetry on Oriental Culture

HONG Yuqing

Abstract

Milos Crnjanski is one of the most well-known Serbian writers, poets, publishers and art critics. The Serbian literary circle considers him to be the representative of Serbian avant-garde and expressionist literature, who led Serbian literature into modernism. In Serbia and even in the whole Europe, Crnjanski is as famous as Ivo Andric, but rarely known in China. His literary language, artistic expressions, creative themes and ideas are all different from other contemporary Serbian writers. In his early works, there were many direct manifestations of oriental elements, and in his later novel Seobe, there were also traces of oriental philosophy. This article aims to find out how Milos Cmjanski is connected with oriental culture and how he translated and created under the subject of Orient.

Keywords

Milos Crnjanski; Orient; Serbian Literature

About the Author

Hong Yuqing, Master of Southern Slavic literature, graduated from University of Belgrade, focusing on Southern Slavic research.

《欧洲语言文化研究》征稿启事

《欧洲语言文化研究》是北京外国语大学欧洲语言文化学院主办的学术集刊，为半年刊。《欧洲语言文化研究》聚焦欧洲非通用语国家或地区的语言文化与社会问题，主要刊发欧洲非通用语国家或地区语言、文学、历史、文化、社会及中欧交流等方面的研究成果，是国内外学者开展欧洲非通用语教学与研究的重要园地。

《欧洲语言文化研究》下设“名家谈欧洲”“欧洲语言与外语教学”“欧洲历史与文化”“关注欧洲文坛”“聚焦欧洲社会”“中国与欧洲”“译介传播”等栏目，诚邀国内外专家、一线教师与专业研究人员惠赐佳作。

来稿要求：

来稿须为原创或首发，要求有新意，有深度，观点鲜明，资料翔实，数据准确，论据扎实充分，论说清楚明了，条理清晰，文字精练。

来稿字数在 8000~10000 字之间为宜，最多不超过 15000 字。

来稿须提供中英文标题、中英文作者简介（包括工作单位、职务、职称、学历、学位、研究领域等内容）、200 字左右的中英文摘要、3~5 个中英文关键词。如来稿为作者承担的科研基金项目，须注明项目名称和项目编号。此外，还须注明必要的联系方式（邮箱、手机号码、微信或 QQ）。

翻译稿件需提供译者从著作权人处获得的中文翻译授权书。同时一并提供外文原文，以及原文的详细出处（出版物名称、出版年代、出版社、在出版物中的页码范围；如出自期刊，需提供相应的卷、期信息）。

来稿须遵循学术规范，凡涉及引用文献、观点、重要事实及数据时，请注明来源，注释采用页脚注形式。引用外文出版物注释请用原文，无须译为中文。引用网络资料时，请注意网站的权威性，尽量使用第一手资料，并注明网址及访问时间。

文中首次涉及的外国人名、地名、机构名称、专业术语及其他专有名词，除常见和约定俗成的以外，均须在中译名后面加圆括号注明原文。

本刊实行匿名评审制度，根据稿件要求及评审专家的意见，编辑部可能对来稿酌情删改，如不同意，请在投稿时特别注明。

本刊在接稿后三个月内将通知作者有关处理意见，在此期间请勿一稿多投。

投稿邮箱：ozyywhyj@163.com；编辑部电话：010-88815700；联系人：庞海丽。

请关注《欧洲语言文化研究》微信公众号，了解集刊最新动态。

图书在版编目(CIP)数据

欧洲语言文化研究. 2019年第1辑：总第9辑 / 赵刚主编. -- 北京：社会科学文献出版社，2019.4
ISBN 978-7-5201-4369-1

Ⅰ. ①欧… Ⅱ. ①赵… Ⅲ. ①文化语言学-研究-欧洲 Ⅳ. ①H0-05

中国版本图书馆CIP数据核字（2019）第032580号

欧洲语言文化研究 2019年第1辑/总第9辑

主　　办 / 北京外国语大学欧洲语言文化学院
主　　编 / 赵　刚
副 主 编 / 林温霜　董希骁

出 版 人 / 谢寿光
责任编辑 / 叶　娟
文稿编辑 / 张金木

出　　版 / 社会科学文献出版社 · 国别区域分社（010）59367078
地址：北京市北三环中路甲29号院华龙大厦　邮编：100029
网址：www.ssap.com.cn
发　　行 / 市场营销中心（010）59367081　59367083
印　　装 / 三河市龙林印务有限公司

规　　格 / 开　本：787mm×1092mm 1/16
印　张：15　字　数：246千字
版　　次 / 2019年4月第1版　2019年4月第1次印刷
书　　号 / ISBN 978-7-5201-4369-1
定　　价 / 89.00元

本书如有印装质量问题，请与读者服务中心（010-59367028）联系